T0286158

Brujería psíquica

MAT AURYN

# Brujería psíquica

*Una guía metafísica para la meditación,
la magia y la manifestación*

EDICIONES OBELISCO

Si este libro le ha interesado y desea que le mantengamos informado
de nuestras publicaciones, escríbanos indicándonos qué temas son de su interés
(Astrología, Autoayuda, Psicología, Artes Marciales, Naturismo,
Espiritualidad, Tradición…) y gustosamente le complaceremos.

Puede consultar nuestro catálogo en www.edicionesobelisco.com

*Los editores no han comprobado la eficacia ni el resultado de las recetas, productos, fórmulas técnicas,
ejercicios o similares contenidos en este libro. Instan a los lectores a consultar al médico o especialista
de la salud ante cualquier duda que surja. No asumen, por lo tanto, responsabilidad alguna
en cuanto a su utilización ni realizan asesoramiento al respecto.*

**Colección Magia y Ocultismo**
BRUJERÍA PSÍQUICA
*Mat Auryn*

Título original: *Psychic Witch: A Metaphysical Guide to Meditation, Magick & Manifestation*

1.ª edición: febrero de 2022
4.ª edición: enero de 2024

Traducción: *Manuel Manzano*
Corrección: *TsEdi, Teleservicios Editoriales, S. L.*
Maquetación: *Samantha Penn*
Diseño de cubierta: *Isabel Estrada*
Ilustraciones: *Tim Foley* (pàgs.: 66, 70, 73, 86, 121, 123, 145, 181, 183, 185 y 223)

© 2020, Mat Auryn
Publicado por Llewellyn Publications. www.llewellyn.com
(Reservados todos los derechos)
© 2022, Ediciones Obelisco, S. L.
(Reservados los derechos para la presente edición)

Edita: Ediciones Obelisco, S. L.
Collita, 23-25. Pol. Ind. Molí de la Bastida
08191 Rubí - Barcelona - España
Tel. 93 309 85 25
E-mail: info@edicionesobelisco.com

ISBN: 978-84-9111-818-3
Depósito Legal: B-1.663-2022

Impreso en SAGRAFIC
Passatge Carsí, 6 - 08025 Barcelona

*Printed in Spain*

Reservados todos los derechos. Ninguna parte de esta publicación, incluido el diseño de la cubierta,
puede ser reproducida, almacenada, transmitida o utilizada en manera alguna por ningún medio,
ya sea electrónico, químico, mecánico, óptico, de grabación o electrográfico, sin el previo consentimiento
por escrito del editor. Diríjase a CEDRO (Centro Español de Derechos Reprográficos, www.cedro.org)
si necesita fotocopiar o escanear algún fragmento de esta obra.

## En memoria de Raven Grimassi
## (1951-2019)

«Si el arte de la brujería se puede reducir a un aspecto, éste sería el logro de estados alterados de la conciencia… En un nivel más profundo, podemos agregar el trance (inducido por cualquier medio) y el desarrollo psíquico. Tales estados de la conciencia permiten al practicante de brujería no sólo percibir las cosas detrás de su barniz, sino también remodelar la realidad en un sentido experiencial».

—Raven Grimassi, *The Witches' Craft: The Roots of Witchcraft & Magical Transformation*—

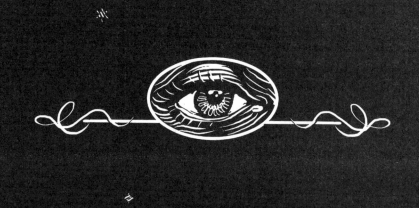

# DEDICATORIA

Este libro está dedicado a las cuatro mayores influencias en mi camino mágico, en orden cronológico: Silver Raven-Wolf, Christopher Penczak, Laurie Cabot y Devin Hunter.

Silver, tu trabajo me abrió un mundo de posibilidades en lo que respecta a la magia y a la brujería cuando era niño. Tu obra por sí sola fue una puerta de entrada que inició mi camino de espiritualidad. Sobre todo, aprendí a no limitar mis sueños basándome en lo que parecía «realista». En mi infancia, copiaba sin descanso (y a veces obsesivamente) la información de tus libros (con esa pequeña luna creciente en el lomo) en mis propios cuadernos y, finalmente, en mi primera creación, *Book of Shadows*. Soñé con escribir y publicar algún día mi propio libro con ese logo de Llewellyn, y ahora estoy aquí, habiendo logrado lo que parecía poco realista. Gracias por el impacto monumental que tu trabajo ha tenido en mi generación de brujas y brujos en ciernes y en las que me precedieron y en las posteriores. Christopher, despertaste mi pasión por la brujería y la habilidad psíquica, y tu trabajo me ha llevado al siguiente nivel. En muchos sentidos, este libro es mi carta de amor a *El templo interior de la brujería*, un libro que cambió por completo y de manera muy profunda mi práctica personal. A pesar de ser una enciclopedia oculta viva, puede ofrecer temas muy complejos y desglosarlos de una manera fácil de entender para asegurarse de que sus lectores y estudiantes comprendan los conceptos. Tu capacidad para ser humilde y tener los pies en la tierra son cualidades por las que me esfuerzo continuamente. Has sido un modelo espiritual, un mentor, un amigo y un hermano mayor, y por eso soy una mejor persona y un mejor brujo. La amistad y la guía que me brindaste durante la redacción de este libro no tienen precio. ¡*Xoxotl* para siempre!

Laurie, este libro no existiría sin tu trabajo pionero que combinó la habilidad psíquica y la brujería. A mis ojos, no hay nadie que ejemplifique al practicante de la brujería psíquica más que tú. Ha sido un gran honor compartir clases y charlar contigo entre lecturas en *Enchanted*. Predijiste que este libro existiría y, como siempre, ¡tenías razón! Gracias por todo el trabajo que has hecho para educar al mundo sobre lo que realmente es la brujería, y no sólo por dar un ejemplo de que la habilidad psíquica y la magia son reales, sino por hacer que las personas lo prueben en sí mismas en tus clases.

Devin, cuando se trata de magia y brujería, no estoy seguro de haber estado tan de acuerdo con nadie como contigo. Definitivamente creo que estamos cortados por el mismo patrón. Invertiste una enorme cantidad de tiempo y energía en mi entrenamiento. Nunca te rendiste conmigo, te tomaste el tiempo para hacerme preguntas y preocuparte por mí cuando estaba perdido, me llamaste la atención por mis errores, me motivaste, me animaste, me pusiste frente al espejo, me apoyaste, me empujaste a crecer, me desafiaste, me inspiraste y también supiste cuándo darme espacio, cuándo confiar en mis propias capacidades y, sobre todo, nunca dejaste de creer en mí o en mi potencial. Muchos amigos y conocidos han comentado que soy una persona completamente diferente por dentro y por fuera, y que he crecido y cambiado inmensamente de manera positiva como persona desde que comencé a capacitarme contigo. Si eso es cierto, la mayoría se debe únicamente a tu mentoría. Es un gran honor para mí tenerte como amigo, mentor y coconspirador.

# CONSAGRACIÓN

Este libro está consagrado en el nombre de Aquel que ve el pasado, el presente y el futuro con perfecta claridad, que tiene la llave del tiempo y lleva la corona lemniscata.

Este libro está consagrado en el nombre de Aquella de las encrucijadas, maestra de todas las artes arcanas, que tiene las llaves de todos los mundos y lleva la corona ourobórica.

Salve al gran psíquico y al gran brujo.

# OTROS AGRADECIMIENTOS

En primer lugar, me gustaría darle las gracias a Rory Mc-Cracken, sin cuyas aportaciones este libro no habría sido posible. Más allá de los nombrados en esta dedicatoria, también quiero darles las gracias a todos los que me han ayudado, animado o inspirado para llegar a este punto:

Adam Sartwell, Aidan Wachter, Ali Dossary, Alura Rose, Amy Blackthorn, Anaar Niino, Andrew Theitic, Anne Niven, Beth Beauregard, Brandon Blair, Brandon Smith y The Anix, Chas Bogan, Chester Sesco, Chris LeVasseur, Chris Morris, Chris Orapello, Courtney Weber, Cyndi Brannen, Danielle Dulsky, Danielle Dionne, Daniel Schulke, David Erwin, David Salisbury, Deborah Blake, Diotima Mantineia, Durgadas Allon Duriel, Elizabeth Autumnalis, Elysia Gallo, F. Steven Isom, Gemma Gary, Gwion Raven, Holly Vanderhaar, Irma Kaye Sawyer, Ivo Dominguez Jr., Jackie Smith, Jason Mankey, Jason Miller, Jess Carlson, Jim Shackleford, Judika Illes, Kat Sanborn, Kit Yarber, Laura Tempest Zakroff, Lauryn Heineman, Lee Morgan, Lonnie Scott, Madame Pamita, Matthew Venus, Michelle Belanger, Maxine Sanders, Mickie Mueller, Mike Blair, Nicholas Pearson, Oceana Leblanc, Penny Cabot, Phoenix LeFae, Raven Grimassi, Robbi Packard, Robin Artisson, Sarah Lynne Bowman, Sharon Day, Sorita d'Este, Stephanie Taylor, Steve Kenson, Storm Faerywolf, Sylvie Dugas, Tara Love-Maguire, Tess Whitehurst, Thorn Mooney, Tiffany Nicole Ware, *Enchanted of Salem*, *The Robin's Nest*, *Moth & Moon Studio*, *The Mystic Dream*, *Modern Witch*, *Temple of Witchcraft*, la Tradición de la Brujería de los Fuegos Sagrados, la Brujería de la Rosa Negra, la Tradición de la Brujería Cabot, el Aquelarre de la Corona, el Consejo de la Llama Negra, *Patheos Pagan* y, por supuesto, Llewellyn Worldwide.

# PRÓLOGO

«Nuestro tercer ojo nos permite ver la energía si estamos abiertos a ella. Para la mayoría de las personas, es un concepto extraño, pero una vez que dejas ir tus prejuicios y limitaciones autoimpuestas, te abrirás a ese talento».

—Christopher Penczak, *Spirit Allies*—

Aceptar el poder y el camino como un ser psíquico puede ser la experiencia más gratificante que un practicante de brujería puede tener en su vida. Cuando finalmente suspendemos nuestra incredulidad el tiempo suficiente para dar acogida a la simple verdad de que ser una bruja o un brujo es ser una persona psíquica, comienzan a suceder cosas increíbles. A lo largo de las épocas más oscuras de la historia, ejercer dones como la mediumnidad, la profecía, la lectura del aura e incluso los sueños vívidos probablemente llevaría a otros a considerarte una bruja o un brujo.

Sin embargo, ser psíquico no es tan glamuroso como nos hacen creer en la televisión y en los blogs. El simple hecho de tener el don no significa que puedas hacer algo útil con él, y saber cuándo comenzar el proceso de convertir ese don en algo significativo puede ser una tarea abrumadora, tan abrumadora que muchos ni siquiera arañan la superficie de lo que son capaces de llegar a ser. Como muchos otros, me encontré explorando la brujería y lo oculto como un medio para comprender mis dones naturales, pero no había mucha información disponible. Las brujas y los brujos siempre fueron descritos como, y se esperaba que fueran así, esas figuras místicas con una asombrosa habilidad psíquica, pero yo no pensaba que eso fuera necesariamente cierto una vez que estuve en ello.

Descubrí que sólo porque se esperaba que las brujas y los brujos fueran seres psíquicos, eso no significaba que tuvieran el don natural de ser psíquicos. Es más, enseñarle a alguien a utilizar sus habilidades naturales, cuando están presentes, era una tarea difícil en el mejor de los casos. La mayoría de las personas que escribían sobre el tema desarrollaban la capacidad de ser psíquicamente sensibles a través de sus estudios de ocultismo. Aquellos que tenían un nivel más profundo de comprensión a menudo no se identificaban como brujas o brujos y hacían todo lo posible para separarse de la etiqueta. A medida que el paganismo y lo oculto comenzaron a resurgir en la escena espiritual, hubo una gran importación de ideas, filosofías y prácticas de grupos y culturas que ya habían abrazado lo psíquico. Esto fue de gran ayuda para reconstruir las prácticas que podrían aplicarse a nuestro trabajo en el Oficio, pero todavía permanecía algo separado de él, y si deseabas profundizar en las prácticas del desarrollo psíquico, aún necesitabas mirar hacia fuera del Oficio en busca de ayuda.

Esto sólo ha comenzado a cambiar en nuestra historia reciente, ya que autores como Laurie Cabot, Silver RavenWolf y Christopher Penczak (por nombrar algunos) han contribuido a la divulgación y han ayudado a reducir la brecha entre el desarrollo psíquico y la brujería moderna. Lo que hemos aprendido de su trabajo y del de sus contemporáneos es que estos dos mundos no siempre estuvieron separados y, en realidad, encajan de manera bastante natural. La habilidad psíquica es algo inherente a toda bruja o brujo, simplemente necesita ser nutrida. Como la mayoría de las habilidades, es algo que los practicantes de la brujería tienen la capacidad de hacer, sólo que algunos de nosotros tenemos una habilidad especial, mientras que otros luchan por encontrar su brújula.

En este libro, Mat Auryn continúa la labor de divulgación con el objetivo de ayudarnos a encontrar esa brújula, sin importar nuestro nivel de habilidad o nuestras predisposiciones naturales. Pone en práctica sus años como psíquico y brujo profesional y asume el desafío de presentar una exploración digerible pero detallada del psiquismo en lo que respecta a la brujería, y lo logra maravillosamente. Lo que encontramos en este libro es una mirada íntima y bien investigada sobre cómo unir las piezas no sólo para agudizar nuestros sentidos, sino también para enriquecer nuestra magia.

Aquellos que se acerquen al tema por primera vez encontrarán un rico repositorio de prácticas y conocimientos que les ayudarán a despertar habilidades psíquicas dormidas y a darles un buen uso. Esto no es evidente sólo en su atención a los detalles, sino en los fragmentos de *gnosis* que Mat ofrece en cada tema. Nosotros, los lectores, tenemos en este libro una mirada íntima hacia una praxis fundamental que sólo puede provenir de años de desarrollo personal y experimentación.

Aquellos que tienen capacidades naturales o que están llevando su práctica al siguiente nivel encontrarán que las propias habilidades naturales de Mat como psíquico le han dado una visión única: una visión que demuestra ser informativa e inspiradora una y otra vez.

Lo que más destaca de este libro es el énfasis en fusionar el panorama del desarrollo psíquico y la brujería en una sola práctica. Como mencioné anteriormente, cuando comencé mis estudios no existían libros como éste. Teníamos que salir de la brujería para encontrar nuestras respuestas. Aquí finalmente se nos entrega un manual sobre cómo realizar una auténtica práctica de la brujería que incluye la habilidad psíquica como componente básico.

Mat es parte de una nueva generación de brujas y brujos que continúan llevando la antorcha del desarrollo espiritual al siglo XXI, uniendo la vieja escuela y la nueva. Algunos verán su uso de términos como *alineación de ondas cerebrales*, *Yo Sombra*, *sincronicidad* y *mapa de la realidad* como demasiado *New Age*. Otros pueden encontrar temas como las Tres Almas, la quintaesencia, la Voluntad Verdadera y el Fuego de

Bruja demasiado oscuros. En el pasado, éstas eran cosas que permanecían separadas unas de otras, pero aquí se entrelazan para crear un tapiz de prácticas que tiene el potencial de cambiar verdaderamente tu oficio, sin importar desde dónde comiences. Estas cosas no se presentan para agregar banalidades o para hacer que nuestro autor suene inteligente, están ahí para mantener unidos los aspectos fundamentales de abrazar nuestro potencial y llevar nuestra brujería a un nivel completamente nuevo.

En su vida profesional, Mat ha pasado años trabajando con el público y ayudando a personas como tú y como yo a encontrar las respuestas que estábamos buscando. A veces, esto viene en forma de lectura, a veces en forma de clase o de blog, pero el amor de Mat por el servicio y el compromiso de ayudar a los demás siempre está presente. Como estudiante integrado de los Fuegos Sagrados, ha superado mis expectativas más ambiciosas como su mentor, y me siento asombrado por su trabajo y su continuo progreso. Siempre está avanzando, siempre está listo para ensuciarse las manos y abordar temas difíciles, todo mientras sigue allí para apoyar a sus compañeros de estudios y compañeros de tradición mientras ellos hacen lo mismo. Él es genuino, un verdadero brujo psíquico que ha construido una vida siendo útil a los necesitados.

En este libro no encontrarás un montón de hechizos para solucionar tus problemas; creo que el título probablemente ya implica eso. Lo que encontrarás, sin embargo, son herramientas que te ayudarán a desbloquear tu potencial como bruja o brujo. Nuestros problemas en la vida suelen estar relacionados con eso mismo: no estar a la altura de nuestro potencial. No es fácil, en realidad es uno de los trabajos más difíciles que podemos hacer, pero Mat lo sabe y nos lleva a donde debemos ir con perfecto amor y perfecta confianza en nuestra capacidad para triunfar donde antes no lo habíamos conseguido.

Con la mente de un erudito y el corazón de un entrenador, Mat nos brinda una nueva visión de temas a menudo complejos y difíciles y nos da las claves para desbloquear el poder que contienen. Arraigado en los viejos misterios, aromatizado con los nuevos, *Brujería Psí-*

*quica* es el libro que desearía haber tenido hace muchos años; continúa hábilmente la discusión del psiquismo en el Oficio como ningún otro libro antes.

Devin Hunter, autor de la serie *Witch Power*,
fundador de la Tradición de la Brujería
de los Fuegos Sagrados.

# INTRODUCCIÓN

P ara muchas personas, las palabras «psíquico» y «brujo»[1] quedan reservadas para la ficción. Estas palabras pueden evocar películas o series televisivas como *American Horror Story*, *Salem*, *Jóvenes y brujas*, *The Craft*, *Las escalofriantes aventuras de Sabrina*, o tal vez *El retorno de las brujas*, o quizá incluso les recuerdan a los estafadores fraudulentos que fingen ser psíquicos. Aunque no es mi intención probar con fe ciega que tanto la habilidad psíquica como la habilidad mágica son reales, déjame asegurarte que lo son. Mi objetivo no es simplemente que confíes en mi palabra, sino que te lo demuestres a ti mismo a través de la experiencia directa cuando llegues al final de este libro.

## El poder psíquico y mágico es nuestro derecho de nacimiento

Tanto en los círculos psíquicos como en los mágicos, hay bastante vigilancia. Y esto es algo desafortunado. La vigilancia se define mejor como un intento de controlar y limitar quién puede formar parte de un determinado grupo o actividad. Existe una fuerte convicción de que con la aptitud mágica o psíquica sólo se nace. Si bien, evidentemente, puedes nacer con una predisposición a estos reinos, al igual que uno puede nacer con una tendencia al arte o al atletismo, definitivamente no es la única manera de alcanzarlos. De hecho, hacer tales declaraciones a menudo se convierte en una forma de elitismo pere-

---

1. Dado que el término «*witch*» en inglés no posee género y en español sirve tanto para «bruja» como para «brujo», a lo largo del libro utilizaremos ambas palabras de la manera más equitativa posible. *(N. del T.)*

zoso. Al igual que ocurre con el arte o el deporte, el entrenamiento, la dedicación y la práctica continuas son necesarias para el desarrollo y el mantenimiento.

Una vez tuve una clienta en una sesión psíquica que se refería siempre a mi «don». Me decía que yo tenía un don que ella no poseía. Le aseguré varias veces que no es necesariamente un don, sino una habilidad que se debe desarrollar y trabajar continuamente para ayudar a mantenerla y fortalecerla. Esta clienta no pareció creerme al principio, pero le aseguré que aquéllo era absolutamente cierto. La invité a uno de mis talleres de desarrollo psíquico en el que enseñaba técnicas psíquicas, muchas de las cuales comparto en este libro. Le pedí que se demostrara a sí misma que cualquiera, incluso ella, podía ser psíquica. Aquello la emocionó mucho y la animó a iniciar una búsqueda para aprender más y seguir trabajando en ello. Ahora, unos años después, es una lectora psíquica profesional.

Algunas personas dirán que son cosas que deben transmitirse genéticamente en la familia o que sólo ciertos grupos, culturas, etnias o géneros pueden poseer estas habilidades. Eso es absolutamente incorrecto. No sólo vemos la habilidad mágica y psíquica universalmente a lo largo de la historia en ambos géneros, sino que, como seres humanos, todos compartimos una ascendencia común, una que, si se remonta lo suficiente, es pagana y mágica. Así que déjame aclarar esto: cualquiera puede realizar magia y todo el mundo es psíquico. La magia y la habilidad psíquica no son sobrenaturales, sino completamente naturales y absolutamente posibles para cada ser humano. Nacemos para abrazar nuestro máximo potencial, utilizar todas nuestras habilidades y experimentar e interactuar con el mundo que nos rodea en la mayor medida posible.

## Combinar poder psíquico y brujería

Tanto el término «psíquico» como «bruja» son palabras con mucha carga, tanto es así que muchas personas que son psíquicas o brujas intentan esquivar esas palabras por completo. Pueden encontrar otras que sean más cómodas y aceptadas por las personas ajenas a la brujería psíquica, como «intuitivo», «empático», «pagano» o «trabajador de la energía». Sin embargo, uno de los problemas que encuentro a menudo es que a través de la atenuación de estas etiquetas y los intentos de hacerlas más agradables para el público en general, a menudo también se reduce el potencial de la habilidad psíquica y mágica. La concisión de los pensamientos, las emociones y las palabras sólo realza lo psíquico y lo mágico, y las palabras «psíquico» y «brujo» son dos términos muy concisos que evocan pensamientos y emociones muy fuertes. Para mí, estas palabras evocan un nivel de destreza y de poder dentro de sus respectivos reinos. Bajar el listón de estas prácticas no es útil para nadie.

La habilidad mágica y la percepción psíquica pueden parecer dos cosas completamente diferentes al principio. Así como el dios romano Jano está representado con dos caras en un ser singular, lo psíquico y lo mágico son las dos caras de una misma moneda. En esencia, son aspectos de cómo nos comprometemos e interactuamos con energías sutiles. La capacidad psíquica también se conoce comúnmente como «percepción extrasensorial», en la que uno puede percibir la energía como información a través de varios medios.

Las etimologías populares tienen su lugar en nuestra psique colectiva y son a menudo utilizadas por los maestros de la magia. La palabra «bruja» o «brujo»[2] a menudo está relacionada con la palabra «Wicca», que los ancianos del Oficio transmiten popularmente con el significado de «doblar», «dar forma» o «ejercer». Si bien en realidad no hay muchas pruebas sólidas de que ésta sea una definición etimológica histórica, es una idea efectiva que llega al corazón de lo que es la brujería cuando se eliminan los diferentes adornos y tradiciones. En otras palabras, el arte de la brujería gira en torno a «la capacidad de manipular la energía y darle forma para obtener los resultados deseados». Muchos brujos pasan a toda prisa por sus conceptos básicos y su práctica diaria. Quizá esto se deba a que están completamente enfocadas en completar tareas para un nivel de capacitación por el que están atravesando y pa-

---

2. *Witch*, en inglés. *(N. del T.)*

sar a la siguiente etapa. Tal vez sea porque no asumen la responsabilidad personal de su práctica y crecimiento y, en cambio, confían en la validación de su maestro para decirles que han dominado una etapa en particular. Quizá se hayan aburrido del trabajo que están haciendo. Tal vez asumen que algo más complejo significa que es más poderoso y, por lo tanto, buscan lo poderoso.

Sólo porque algo sea básico o sencillo no quiere decir que no sea inmensamente poderoso. La magia cambia a todos los que toca y todos los que la tocan cambian. Es importante comprender que todas las iniciaciones son comienzos y no finales. He encontrado un desarrollo continuo de sintonía y profundidad en las prácticas básicas que muchos otros pueden dejar de lado como parte de su práctica pasada como principiantes.

Hay momentos en que los practicantes de magia pueden perder su amor por la magia a pesar de participar en complejos rituales y prácticas mágicas. Muchos brujos me dijeron que su magia ya no funcionaba y que se estaban aburriendo del Arte. Esto puede llevar a los practicantes de la magia por otras vías de exploración con respecto a la espiritualidad, pero en mi experiencia suele ser una llamada a revisar los conceptos básicos. Dentro de lo básico es donde podemos encontrar una nueva profundidad. He visto a buscadores dedicados y serios que comienzan a irradiar energéticamente sólo por enraizarse y centrarse.

Todo lo que toques te tocará. La manera más sencilla en que puedo explicarlo es que cuando una persona pasa tiempo tocando el núcleo de la Tierra, empapándose de las estrellas, comunicándose con la luna, alineándose con los elementos, trabajando con los dioses y los espíritus, esa persona cambia. Es como si su longitud de onda comenzara a sincronizarse con diferentes longitudes de onda y la energía de la persona vibrara como una sinfonía. A veces lo sentimos a través de medios psíquicos, pero a menudo lo experimentamos como un consuelo intensamente fuerte procedente del individuo, un sentido de familiaridad y parentesco, y un alto nivel de respeto, aunque no reconozcamos exactamente por qué. Sólo existe ese conocimiento con respecto a la naturaleza de su corazón y espíritu. Creo que esto se debe a que sentimos las energías en ellos porque pasamos mucho tiempo con nosotros mismos, así que existe ese reconocimiento. Puedes sentir las energías con las que han pasado el tiempo porque tú también has pasado tiempo con esas energías. Sólo hay este *je ne sais quoi* sobre ellos.

La brujería a menudo se considera un camino tortuoso que se teje serpenteando entre los caminos de la derecha y de la izquierda. No estoy convencido de que ese camino tenga un destino, sino de que el viaje en sí es el camino. Sospecho que ese camino serpenteante es ouboórico, sin principio ni final verdaderos.

## Estoy aquí para ayudar

Como brujo practicante y muy activo tanto en mi comunidad local como en la comunidad *on-line* en general, y a través de mi experiencia como psíquico profesional en la interacción con otros psíquicos, he notado algo. Hay muchas brujas y brujos que no son tan buenos cuando se trata de habilidades psíquicas; también hay muchas personas psíquicas de gran talento que están absolutamente bloqueadas cuando se trata de magia y manifestación. He conocido a muchas brujas que no están completamente seguras de si los espíritus y dioses con los que están trabajando están allí, o no están seguras de si han lanzado un círculo o han aumentado la energía más allá del simple hecho de que siguieron una serie de instrucciones. Es como si estuvieran trabajando completamente a ciegas. También he conocido a psíquicos que pueden dar a otras personas fantásticos consejos de vida y claridad, pero luchan por pagar el alquiler, eliminar obstáculos y manifestar oportunidades.

Esto de ninguna manera es un juicio; más bien, es algo que también entiendo por mi propia experiencia. Durante los primeros años intentaba lanzar hechizos, y simplemente no funcionaban. Seguía las instrucciones, tenía los ingredientes correctos y recitaba todas las palabras; sin embargo, no se llegaba a manifestar ningún tipo de resultado concreto. La magia no trata de rituales, palabras u objetos vacíos. La clave de la magia es la manipulación de la energía, y la energía se trabaja mejor cuando se puede percibir.

A través de los años de mi profunda inmersión tanto en el mundo psíquico como en el mágico, vi cómo estas dos habilidades no sólo funcionan juntas, sino también en qué medida se complementan y fortalecen entre sí. Puedes usar la magia para mejorar tu habilidad psíquica y puedes usar la habilidad psíquica para mejorar tu magia. A lo largo de los años he buscado a algunos de los maestros de magia y habilidad psíquica más prestigiosos y respetados para estudiar sus prácticas y métodos, y esto sólo ha fortalecido mi conclusión de que lo psíquico y lo mágico no están simplemente entrelazados, sino que son dos mitades de un todo.

A través de la experiencia de mi propia práctica, y después de años de enseñar activamente a otros el desarrollo tanto psíquico como mágico, he podido resumir las bases del despertar de sus sentidos psíquicos y de su energía. Dejé espacio para la experimentación y la adaptabilidad. No hay absolutamente ningún método único para percibir y trabajar con la energía. Los individuos son individuos y todos estamos conectados de manera diferente. Por lo tanto, diferentes cosas funcionan para diferentes personas. He tenido esto en cuenta a lo largo del libro y te ayudaré a explorar tu propia relación con estos métodos. También he eliminado en la medida de lo posible las técnicas y los adornos que son específicos de ciertas tradiciones de la brujería. Lo que queda son ideas centrales y componentes que son similares en las diversas tradiciones en las que me he capacitado y entre los maestros de otras tradiciones con los que he hablado, como los modelos de las Tres Almas y los Tres Mundos.

A través de mi propia experimentación, he descubierto que hay maneras de utilizar ciertas prácticas culturalmente específicas sin apropiarnos de ellas, simplemente usando un sistema cosmológico que es un poco más universal por naturaleza. Mientras este libro toca lo Divino, deja espacio para que modifiques esto en función de tus propias creencias espirituales y también proporciona algunos ángulos distintos para abordar esto para aquellos que son más ateos en su enfoque de la brujería o de la habilidad psíquica. Me he acercado al tema de lo Divino a través del término vago «Espíritu», que está abierto a la interpretación personal, como la Mente Divina, el Universo, la Fuente, Dios,

Diosa o la Diosa de la Estrella, incluso si tu interpretación es que es una herramienta psicológica para acceder a algo más profundo en tu interior.

También notarás que para realizar el trabajo que expongo en este libro, no te ofrezco herramientas o material imprescindible, simplemente necesitas tu mente, tu cuerpo y tu espíritu. Estas páginas carecen de la pompa y la circunstancia de lo que se considera hechizos tradicionales. Es intencionado: quiero que el lector comprenda y domine las energías con las que está trabajando antes de aventurarse en el correcto trabajo de los hechizos. Dominar la percepción y la manipulación de la energía es crucial antes de avanzar hacia un lanzamiento de hechizos efectivo. Sin embargo, te sorprenderás de lo que puedes hacer sólo con tu mente, tu cuerpo y tu espíritu.

Mi objetivo no es ayudarte a convertirte simplemente en un poderoso psíquico o en un poderoso brujo, sino convertirte en un poderoso brujo psíquico. Para mí, un brujo psíquico es aquel que no sólo percibe información de todos sus sentidos internos y externos en todos los reinos de la realidad, sino que también es capaz de experimentarlos directamente, interactuar con ellos y manipularlos para su propio beneficio. A lo largo de este libro, compartiré algunos de mis consejos, secretos, prácticas y meditaciones mejor guardados. Si bien puede ser tentador saltar a las secciones que te parecen más interesantes, te recomiendo encarecidamente que lo veas como un curso en el que todos los elementos se complementan entre sí. También se te darán ejercicios sobre un modelo del alma, un modelo de diferentes planos de existencia y conceptos relacionados con la divinidad. Independientemente de tus creencias personales en torno a estos temas, te animo a que te acerques a este libro como si los conceptos fueran verdaderos, ya que cumplen un propósito y construyen algo más allá.

Te animo a que aprendas las reglas, la cosmología y la praxis que se describen aquí antes de modificarlas para que reflejen tu propia tradición o camino espiritual. Debido a la naturaleza espiritual y metafísica de estos temas, es difícil decir con certeza que así son las cosas. Pero puedo decir con convicción que seguir los conceptos como si fueran verdaderos dará grandes resultados. Por lo menos, considera que sostener que son verdaderos es como un gigantesco experimento mental para los propósitos de este libro. Primero aprende las reglas, y rómpelas sólo cuando las hayas experimentado y entendido completamente.

Creo que diferentes personas obtienen diferentes cosas de la brujería y de la espiritualidad. Pero para aquellas que se centran en dominar la magia, la brujería requiere trabajo. Requiere dedicación. Se necesita perseverancia. Para algunas personas, estas declaraciones provocarán inseguridades de insuficiencia, y ésa no es mi intención. Mi intención aquí es inspirar y motivar en la práctica.

Aunque enseño y comparto, me veo a mí mismo ante todo como un buscador y un estudiante. Creo sinceramente que un brujo principiante serio que enciende una vela por primera vez y pide un simple deseo con la voluntad concentrada puede ser infinitamente más poderoso que un brujo experimentado que está realizando un rito complicado de un libro arcaico de magia con el mismo objetivo si simplemente está haciendo los movimientos sin sinceridad. Todo depende del nivel de trabajo que haya puesto en su camino y práctica y cuánto de su corazón esté en ello.

Desde el punto de mi camino al que he llegado, me parece que el dominio no es tanto alcanzar un objetivo final específico, sino ver con qué intensidad puedes practicar y esforzarte por mejorar tu experiencia al respecto. La meditación, por ejemplo, es una de las técnicas más sencillas que existen, pero también es una de las más profundas y transformadoras. El simple hecho de cerrar los ojos y concentrarse en nada más que en la respiración puede parecer básico y fácilmente tentador. Pero ¿cuántas personas conoces que no pueden meditar, que no pueden aclarar sus mentes o concentrarse en una sola cosa con todos los sentidos comprometidos?

No se puede construir una estructura magnífica sobre una base débil y esperar que resista la prueba del tiempo. Independientemente de dónde te encuentres en tu camino, asegúrate de que parte de tu rutina diaria espiritual y mágica implique profundizar en lo básico. ¿Cuánto más profundo puede llegar un simple elemento de práctica de la magia? Te animo a no perder de vista los cimientos. Practicamos la brujería tal vez porque es algo que nunca se puede dominar verdaderamente, sino más bien algo en lo que profundizamos y nos esforzamos por perfeccionar un poco más cada vez que la practicamos.

Este libro está escrito para todos, independientemente del nivel de experiencia, y está destinado a ser un punto de entrada para algunos. Si bien algunas de las prácticas y conceptos fundamentales pueden parecer básicos para el practicante más experimentado, lo animo a que los revise conmigo. Ser experto en estos campos no tiene que ver con la complejidad con la que construyas sobre la base, sino de cuánta riqueza puedes obtener en tus prácticas al sumergirte en los elementos centrales. Puedes descubrir un nuevo nivel de profundidad volviendo a ellos. Tengo la esperanza de que este libro presente estas prácticas e ideas bajo una nueva luz en la que tanto el buscador novato como el practicante más experimentado puedan adentrarse con entusiasmo.

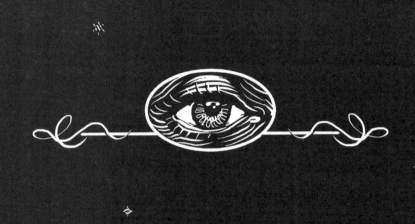

## Capítulo 1
# EL PODER Y LA VISIÓN

**L**a brujería y la capacidad psíquica son rasgos humanos naturales con los que nosotros, como especie, hemos perdido poco a poco el contacto en la era postindustrial. La brujería es conocida por innumerables nombres. Dependiendo de la cultura y del período, los términos pueden ser diferentes y pueden tener distintas connotaciones, pero el corazón es el mismo. En tiempos antiguos, la bruja era la que tenía lo que se conocía como el «poder», o lo que hoy llamamos la habilidad de usar la magia. El psíquico, por otro lado, era aquel que tenía la «visión» o «segunda visión», la capacidad de ver y sentir más allá de los cinco sentidos físicos.

Pero ¿qué es exactamente la brujería? La brujería es un término general para muchas prácticas diferentes, y la definición de bruja puede variar de persona a persona. He llegado a pensar que la brujería es tan única y diversa como el alma individual de la persona, ya que la forma en que cada uno se relaciona e interactúa con las fuerzas espirituales invisibles será única para él. La brujería y la habilidad psíquica no son sólo prácticas u oficios. Son un estado del ser y una orientación. En otras palabras, es cómo nos orientamos en nuestro entorno, tanto en la realidad visible como en la invisible. El psíquico y el brujo son ocultistas. «Oculto» significa aquello que está escondido, así como la luna que eclipsa al sol oculta la luz del sol. El ocultista estudia e interactúa con estas verdades ocultas, mirando más allá del velo de la percepción. Entienden que existe una realidad metafísica que trasciende nuestros sentidos ordinarios de la realidad física.

Como orientación, algunos pueden nacer con una disposición más natural para experimentar e interactuar con lo metafísico, al igual que algunas personas nacen con una mayor predisposición a la habilidad y el talento atlético o artístico que otras. Esto no quiere decir que sólo aquellos que nacen con esa apertura innata puedan ser brujos o psíquicos, sino que es una orientación. La orientación es una posición o perspectiva de alguien en relación con otra cosa. Esto significa que uno puede reorientarse hacia lo metafísico a través del estudio, la práctica, el trabajo y la experiencia.

Quien no haya tenido una predisposición tan natural al ocultismo tiene el potencial de superar a los que sí tienen esa orientación pero que nunca han trabajado para mejorarla. No es necesario haber nacido de cierta manera ni tener ningún talento natural para convertirse en un psíquico o en una bruja con talento. Sólo necesitas esfuerzo y dedicación. También creo que algunos brujos son tan buenos en lo oculto que incluso se han escondido a sí mismos el hecho de que son brujos naturales. Algunas de las brujas más poderosas que he conocido se horrorizarían si fueran llamadas brujas.

La experiencia de lo metafísico se percibe a través de las *clairs*. Las *clairs*, que significa «claridades» en francés, o también conocidas como «clarividencias», son percepciones y experiencias más precisas de los cinco sentidos ordinarios que se extienden más allá de sus limitaciones habituales. En otras palabras, los clarividentes a menudo se definen como poseedores de percepción extrasensorial. Con la percepción extrasensorial, la vista se convierte en clarividencia, el tacto en claritangencia, el gusto en clarigusto, el oído en clariaudiencia y el olfato en clariolfato. Entre los clarividentes, también se puede tener clariempatía (experiencias psíquicas emocionales), clarisensibilidad (sensaciones físicas psíquicas dentro del cuerpo) y claricognición (conocimiento psíquico).

A pesar de esto, yo he llegado a creer que la percepción extrasensorial no son necesariamente nuestros sentidos extendidos más allá de los sentidos físicos u ordinarios. Sin embargo, así es como se ha definido y es una manera fácil de explicarlo. Más bien, he llegado a creer que nuestros sentidos psíquicos son nuestros sentidos primarios, los sentidos que tenemos como seres espirituales, y nuestros sentidos físicos son extensiones de esos sentidos psíquicos primarios. Venimos al útero y a este mundo con nuestros sentidos psíquicos completamente desarrollados; es sólo después del nacimiento, cuando el niño se desarrolla y crece, cuando estos sentidos psíquicos retroceden mientras nuestros sentidos físicos toman el control. Como seres físicos, nuestros sentidos físicos están limitados hasta donde uno puede tocar, oír, saborear, oler, etc. Pero como seres espirituales, que somos antes y después de la encarnación física, nuestros sentidos psíquicos son ilimitados.

Los términos «capacidad psíquica» e «intuición» a menudo se usan indistintamente y son conceptos relacionados, pero distingo entre los dos. La intuición es el procesamiento inconsciente de información sensorial en el entorno de uno para llegar a una conclusión particular. La capacidad psíquica, por otro lado, es el procesamiento de la percepción extrasensorial que no se basa en información sensorial primaria sobre el entorno de uno. La intuición resulta más natural y ordinaria a la mayoría de las personas y generalmente cae en la categoría de claricognición, sólo saber, o en la categoría de clariempatía, sentir algo de cierta manera pero sin conocer la causa.

En otras palabras, la intuición se basa en información ambiental externa perceptible, mientras que la capacidad psíquica no. Las dos a menudo funcionan de manera sincronizada y al estar más en sintonía con la intuición, te convertirás en un psíquico más fuerte a medida que aprendas a escucharte a ti mismo y observar cómo percibes la información. Veo la intuición como el Yo Medio que procesa la información del Yo Inferior, y la capacidad psíquica como el Yo Medio que procesa la información del Yo Superior. Éstos son conceptos en los que profundizaremos más adelante.

En todo momento, sutiles fuerzas ocultas afectan a nuestras vidas. Podemos ser conscientes de ello e interactuar con ellas. También es posible que no nos demos cuenta y aun así interactuemos con ellas. La capacidad de interactuar y manipular la energía sin percibirla es lo que el autor y maestro de lo oculto Ivo Dominguez Jr. llama una «percepción *noir*», siendo *noir* la palabra francesa para «oscura». Es una incapacidad para percibir claramente la energía que se está manipulando en un nivel psíquico consciente, pero aun así es una capacidad para administrar la energía.[1] Muchas brujas modernas entran en esta categoría. Pueden realizar un hechizo o ritual completo sin siquiera percibir la energía que se mueve durante su lanzamiento. Asimismo, muchos psíquicos pueden percibir energías pero no pueden interactuar o alterarlas conscientemente.

La bruja psíquica, sin embargo, tiene una percepción e interacción directas con las fuerzas ocultas de la realidad. La bruja psíquica o el brujo psíquico se comunica con los espíritus, las rocas, los arroyos, las estrellas y el viento. Llega a ver y a comprender los programas y procesos ocultos subyacentes que componen el Universo. Observa los patrones y comprende las leyes de causa y efecto, pudiendo ver el desarrollo de una parte de la vida y rastrear la cadena hasta la causa original. Puede observar las cosas que se están poniendo en movimiento en este momento y predecir cómo se desarrollarán en el futuro.

La bruja psíquica vive en un estado de encantamiento, ve todas las cosas como mágicas y entiende que el Universo está compuesto de infinitas posibilidades y potencialidades. La bruja psíquica ve una puerta donde otros ven una pared. Reconociendo que todas las cosas están conectadas y relacionadas entre sí, la bruja psíquica sabe cómo poner en acción energías para lograr un resultado particular de manera consciente. Esto es magia. La magia es la manipulación de energías sutiles de una manera específica para influir en un resultado deseado. A través de la alteración de la conciencia y del aprovechamiento de la fuerza de voluntad, el brujo psíquico puede lanzar magia con propósito y precisión.

## La realidad es energía

La realidad está compuesta enteramente de energía. Los místicos, psíquicos, brujos y otros practicantes de la magia siempre han conocido esta verdad. Y no es sólo una perspectiva mística, también es la naturaleza de la física. Todo lo que parece sólido es simplemente energía que

---

1. Domínguez Jr., Ivo: *The Keys To Perception: A Practical Guide to Psychic Development*, Weiser Books, Newburyport, MA, 2017, 49-53.

vibra a un ritmo más lento; cuando la examinamos a niveles microscópicos, encontramos que la materia sólida está formada por partículas en movimiento perpetuo. Incluso este libro que tienes en las manos es sólo energía. Todo lo que podemos tocar, oír, ver, saborear y oler es simplemente energía en diferentes formas que nuestros sentidos perciben, pero la energía no se limita a lo que podemos medir con nuestros sentidos. Hay energía que excede nuestros cinco sentidos normales. Aquellos que son más escépticos a menudo dirán cosas como «ver para creer», o pueden burlarse de la idea de la energía invisible. Sin embargo, basta con echar un vistazo rápido a nuestro alrededor para comprender que no podemos percibir ni ver toda la energía que nos rodea. Los campos magnéticos y la radiación son ejemplos de energías con las que interactuamos constantemente y que son invisibles a nuestros ojos, al igual que las señales inalámbricas y la luz ultravioleta.

Nuestra percepción también difiere de la de otros animales, que experimentan la realidad en diferentes niveles. Los animales perciben información energética que parecería sobrenatural si un humano la sintiera naturalmente de la misma manera. Hay animales e insectos que pueden percibir un espectro de luz y color mucho más amplio que los humanos. También hay frecuencias de sonido (que también es una energía) inaudibles para los seres humanos que otros animales pueden oír. Si bien podemos escuchar un amplio espectro de ondas sonoras, no podemos escucharlas todas.

El ruido que proviene de un silbato para perros es energía que nuestros cuerpos no están equipados para percibir, pero los perros definitivamente lo escuchan. También hay un bombardeo de ondas de radio con las que estamos interactuando que no se pueden escuchar sin usar un dispositivo para sintonizar esa frecuencia específica. Aparentemente psíquicos para los humanos, los perros pueden ser entrenados para oler el cáncer en alguien. Incluso hay energías que algunos animales experimentan de manera completamente diferente. Los delfines y los murciélagos pueden usar el sonido a través de la ecolocalización y experimentarlo como una forma de vista. Las aves migratorias tienen una percepción del campo magnético y del clima que dirige su migración y eso sigue siendo un misterio para los científicos.

Pero ¿por qué? La evolución ha conectado a humanos y animales para escanear el medio ambiente en busca de información vital para la supervivencia. En otras palabras, hemos evolucionado para que nuestra percepción esté directamente relacionada con lo que necesitamos saber para sobrevivir. Nuestros sentidos, tal como los percibimos, están destinados simplemente a ayudarnos a sobrevivir la existencia diaria para que nuestra especie pueda continuar viviendo en una realidad física. Las formas de percepción que no se consideran importantes para la supervivencia de una especie serán abandonadas a medida que avanza la evolución en favor del desarrollo de sentidos que sí lo son. Además, vivimos en una sociedad que tiene un fuerte enfoque en el «mundo real», con énfasis en lo que se puede percibir. Esto a menudo conduce a la supresión de cualquier sentido más allá de los cinco físicos, pero no se han ido, todavía están allí.

¿Alguna vez has pensado en alguien con quien no te has comunicado en mucho tiempo y de repente te ha llamado o enviado un mensaje de texto? ¿Alguna vez has tenido un presentimiento sobre alguien o una situación que resultó ser correcta? ¿Has experimentado un *déjà vu* o has tenido un sueño que se hizo realidad? Casi todo el mundo ha tenido momentos en los que estos otros sentidos se han abierto repentinamente, aunque sólo sea durante un breve instante. Todavía tenemos todo un sistema de percepción que sólo se ha quedado dormido en nuestra especie, pero que todavía está ahí esperando despertar.

Esto también se aplica cuando se trata de la percepción psíquica de la energía sutil. Las energías sutiles son energías que no son necesariamente mesurables o detectables para nuestros sentidos o mediante la ciencia. A menudo nos cuesta comprender gran parte de la energía que recibimos como información, simplemente porque no estamos programados para comprenderla. No tenemos una manera muy precisa de describir la energía tal como la percibimos, ya que nuestro vocabulario para eso está muy poco desarrollado. Por ejemplo, hasta que un niño aprende sobre el concepto de verde como palabra, puede tener dificultades para distinguirlo de otros colores. También tienen dificultades para distinguir colores que tienen tonalidades similares. Una vez que el niño aprende un vocabulario más amplio de los colores que ve, no sólo puede nombrarlos, sino también discernir y diferenciar el verde bosque del verde lima. Cuando se trata de percibir la energía, nuestras palabras no son tan precisas como lo son para otros sentidos que percibimos, hasta que aprendemos un vocabulario para las diferentes energías.

Esto también es cierto para la percepción de nuestros sentidos como el gusto y el olfato. Piensa en cómo los *connoisseurs* describen sabores complejos como el del vino. Utilizan palabras como terroso, afrutado, mantecoso, tostado, extravagante, agudo, roble, carbón, aterciopelado y muchas otras. Esto se debe a que la mente no puede encontrar palabras precisas en nuestro idioma para lo que está experimentando, por lo que trata de hacer referencia a palabras que de alguna manera describen de la mejor manera posible la calidad de lo que se siente en el paladar. Simplemente carecemos del lenguaje para ello. Sin embargo, para la persona promedio, el vino puede no parecer tan complejo. Lo mismo ocurre con los músicos: escuchan la música de manera diferente porque comprenden los cambios sutiles de tonos, tonalidades, armonías y melodías. Por lo tanto, les resulta más fácil hablar de música, ya que tienen un vocabulario para ello. Lo mismo ocurre con la energía sutil. Aprender a describir las cualidades de diferentes energías permite mayor precisión. La precisión de discernir y describir energías es lo que convierte a alguien en una bruja psíquica eficaz.

Para el brujo psíquico, toda la energía sutil es una forma de información. Recibimos información energética que nos informa sobre otras personas, eventos, situaciones y sobre el mundo que nos rodea. Nos permite tener un mejor juicio y asegurarnos de que estamos en el camino correcto. También podemos conjurar y manipular información energética y enviarla a nuestro mundo para afectar activamente esos caminos y sus resultados.

## Estados de ondas cerebrales

Entonces, ¿cómo comenzamos a percibir la energía más allá de nuestros cinco sentidos primarios? Las radios funcionan transmitiendo en diferentes frecuencias de hercios. Al sintonizar el canal correcto con la frecuencia adecuada en tu radio, puedes percibir esa frecuencia antes imperceptible. Al igual que las ondas de radio, nuestros cerebros producen impulsos eléctricos sutiles generados por masas de neuronas que se comunican entre sí para actividades particulares en las que estamos involucrados y crean estados específicos de conciencia. Cada estado de ondas cerebrales lleva el nombre de una letra griega y se mide por los ciclos por segundo llamados hercios. Hay cinco estados de ondas cerebrales: gamma, beta, alfa, theta y delta. Cada uno se distingue por su ciclo de hercios, aunque hay áreas de superposición. Al aprender a alterar nuestros estados de ondas cerebrales, aprendemos a alterar nuestra conciencia.

GAMMA, 38-42 hercios: antaño se pensaba que era un ruido cerebral aleatorio, pero el misterioso gamma es el estado de ondas cerebrales más rápido. Los investigadores han descubierto que el estado gamma es muy activo cuando se encuentra en el amor universal y en los estados trascendentales de conciencia asociados a la iluminación. Algunos monjes budistas tibetanos y algunos yoguis indios pueden mostrar este estado de ondas cerebrales mientras meditan.

BETA, 12-28 hercios: este estado se da mientras estamos despiertos, alertas y concentrados en algo. Es el estado de ondas cerebrales más común en el que participamos como humanos. La emoción, la ansiedad, el estrés, la toma de decisiones, el pensamiento crítico y la atención enfocada están asociados al estado beta.

ALFA, 7, 5-13 hercios: el estado alfa se da mientras estamos relajados, meditando, visualizando y soñando despiertos. Tiene acceso a la mente subconsciente y ocurre cuando recibimos información de forma pasiva, como el aprendizaje. Alfa es el estado de conciencia que está más asociado a la capacidad psíquica y al estado de conciencia relacionado con la hipnosis.

THETA, 4-7 hercios: theta se da antes y después del sueño. Se asocia al sueño ligero, la meditación profunda, los sueños profundos, las imágenes vívidas y los altos niveles de conciencia interior. En theta nos volvemos completamente inconscientes del mundo externo.

DELTA, 1-3 hercios: el estado delta se da durante períodos de sueño profundo sin sueños y está asociado a los estados más profundos de meditación. La curación y la regeneración están asociadas a este estado de conciencia, por lo que el sueño profundo puede ser intensamente curativo.

Como puedes ver, alfa y theta son los estados de ondas cerebrales que están asociados a la percepción psíquica. ¿Cuál es la principal diferencia entre los dos? En alfa, todavía puedes funcionar. Puedes hablar, puedes caminar, puedes realizar un ritual o un hechizo, o puedes realizar una lectura de tarot, mientras que cuando estás en theta no puedes (o al menos efectivamente), ya que estás empezando a quedarte dormido y a perder la conciencia del mundo externo cuando los reinos internos de los sueños comienzan a apoderarse de la percepción del mundo externo.

Para ser un psíquico de calidad, debes ser capaz de alcanzar un estado de claridad en algún lugar entre alfa y theta sin quedarte dormido. Afortunadamente, la ciencia ha demostrado que todo lo que necesitamos hacer para que nuestro cerebro comience a generar ondas alfa es simplemente cerrar los ojos durante un período breve y comenzar a visualizar. Para llegar a theta, todo lo que tenemos que hacer es comenzar a visualizar y hacer que esas imágenes dentro de nuestro Ojo de Bruja sean mucho más vívidas. En este estado de ánimo nos perdemos en la ensoñación, reproducimos recuerdos de forma inmersiva, además de tener acceso a imágenes y percepciones inconscientes.

La glándula pineal es el Ojo de Bruja y se conoce comúnmente como Tercer Ojo u Ojo de la Mente. La glándula pineal tiene el tamaño de un guisante y se encuentra en el medio de la cabeza. Si colocas un dedo en la parte superior de tu cabeza justo en el centro y un dedo en un punto por encima de tus cejas, donde esos dos puntos se unen es la ubicación de la glándula pineal. Si cortaras el cerebro humano por la mitad verticalmente entre los hemisferios derecho e izquierdo, verías que la glándula pineal parece un ojo con glándulas que lo rodean con una forma similar al Ojo de Horus egipcio o al Ojo de Ra. Curiosamente, la propia glándula pineal se parece mucho a un pequeño globo ocular.

Si bien los científicos no están completamente seguros de cuál es el propósito exacto de la glándula pineal en los humanos, sí sabemos que en los animales vertebrados inferiores actúa en sincronía con sus ojos como una especie de tercer ojo, y contiene receptores de luz y células nerviosas. Pero éste no es el caso de los seres humanos, pues no tenemos receptores sensibles a la luz. Sin embargo, podemos ver un vínculo entre la glándula pineal, nuestros ojos y la luz, ya que sabemos que la glándula pineal envía señales neuronales para la producción de melatonina y tiene un ritmo circadiano asociado con los ciclos de luz y oscuridad. Los ojos reciben la luz y la envían al cerebro a través del nervio óptico, que se irradia a los nervios que irrigan la glándula pineal. La oscuridad aumenta la producción de norepinefrina, que es un neurotransmisor que libera melatonina, mientras que la luz reduce su producción.[2]

La melatonina también es bastante misteriosa. Algunos investigadores creen que existe un vínculo entre la melatonina, el sueño y la relajación.[3] Muchas personas que toman melatonina como suplemento también informan sobre sueños mucho más vívidos. Aquí vemos un posible vínculo entre la luz, la glándula pineal, la relajación y el sueño. Dado que tanto la relajación como los estados de ondas cerebrales asociados a soñar despierto y soñar con luz son importantes para la percepción psíquica, puedes darte cuenta de que ésta es una de las muchas razones por las que las brujas y los psíquicos tienden a preferir trabajar en espacios con poca luz y con velas en lugar de en ambientes luminosos. Esto se debe a que se está produciendo más melatonina, lo que puede activar un estado más relajado naturalmente propicio para el alfa, y la glándula pineal trabaja activamente.

---

2. Vried, Jerry y A. M. Alexiuk, Nancy: «The Pineal Gland and Melatonin», en *Handbook of Endocrinology*, segunda edición, volumen 1, eds. George H. Gass y Harold M. Kaplan, CRC Press LLC, Boca Ratón, Nueva York, 1996, 7-8.
3. «Melatonin: In Depth», National Center for Complementary and Integrative Health, última modificación el 16 de julio de 2018, https://nccih.nih.gov/health/melatonin.

Laurie Cabot, una psíquica de renombre mundial y Bruja Oficial de Salem,[4] cree que la percepción psíquica se produce en el estado alfa, porque mientras estás en un estado de trance, tus ojos comienzan a rodar hacia arriba naturalmente hacia la glándula pineal.[5] Ella cree que toda la información psíquica es luz invisible y que la glándula pineal recibe esta información y la interpreta. Cuando estamos en alfa, hay una conversación directa entre la mente consciente y la glándula pineal.

## Ejercicio 1

## Enfoque preliminar

Éste es el primer ejercicio vital que debes dominar antes de seguir adelante. Puede parecer muy simple al principio, pero quizá te resulte un poco más difícil de lo que esperabas. Trata de la capacidad de mantener la mente completamente enfocada en una tarea mental. Afírmate en voz alta o mentalmente que cuando alcances el número cero, estarás en el estado de conciencia de ondas cerebrales alfa. Cuenta desde cien hasta cero.

En esta etapa, no es importante si visualizas los números con tu Ojo de Bruja o no. Lo importante es que el número en el que estás es lo único en lo que estás enfocado en ese momento. Si te distraes o te das cuenta de que tu mente está vagando, simplemente comienza de nuevo. Una vez que hayas logrado esto con éxito sin que otros pensamientos te invadan, entonces trata de lograrlo tres veces seguidas, declarando tu afirmación al principio cada vez. Una vez que lo hayas controlado, estarás listo para seguir adelante.

## Una maravilla infantil

A menudo se considera que los niños son más naturalmente psíquicos y mágicos, y estoy de acuerdo con eso. De hecho, hay una cita que se

---

4. Un título honorífico que le otorgó en la década de 1970 el gobernador Michael Dukakis de Massachusetts por su trabajo en la comunidad.
5. Cabot, Laurie y Cowan, Tom: *Power of the Witch: The Earth, the Moon, and the Magical Path to Enlightenment*, Delta, Nueva York, 1989, 175-177.

ha transmitido entre varias tradiciones diferentes de brujería como un dicho de sabiduría que se atribuye a Lady Circe, una bruja famosa e influyente, que dice: «Si sigues el camino de la bruja, observa con cuidado al niño mientras juega». En realidad, hay sabiduría y una clave en esta breve máxima.

Existen un par de factores que me llaman la atención sobre los niños y su predisposición a lo psíquico y mágico. La primera es que participan plenamente cuando se divierten. La segunda es que su imaginación está en pleno apogeo. Creo que este sabio dicho tiene mucho que ver con esos dos factores. De hecho, los aliados más mágicos y con más talento que conozco son personas divertidas e increíblemente imaginativas y creativas. Cuando los niños se divierten, están totalmente conectados porque están comprometidos. Los niños buscan el juego, la creatividad y la diversión.

Ahora piensa en un niño que no se está divirtiendo. Piensa en un niño que está muy aburrido. Es completamente reticente aunque ésa no sea su intención. Si paras a un niño o lo sientas para que reciba una lección aburrida, la mayoría de las veces comenzará a soñar despierto. Están naturalmente conectados para interactuar con su imaginación. Están sintonizados con los estados de ondas cerebrales alfa y theta de manera natural, que son los mismos estados de ondas cerebrales que se activan cuando uno sueña despierto o utiliza su imaginación.

Por encima de todo, los niños tienen esencialmente el permiso de la sociedad para ser imaginativos. Hasta aproximadamente los siete años de edad, permanecen predominantemente en los estados de ondas cerebrales alfa y theta, lo que significa que son más propensos a las experiencias psíquicas.[6] Sólo a medida que crecen, la imaginación y la creatividad disminuyen en favor de ser prácticos, lógicos y serios. Es entonces cuando estas formas de percepción comienzan a ser reprimidas y a quedarse dormidas, esperando ser despertadas nuevamente.

---

6. Niedermeyer, Ernst y Lopes Da Silva, Fernando: «Maturation of the EEG», en *Electroencephalography: Basic Principles, Clinical Applications, and Related Fields*, quinta edición, Lippincott Williams & Wilkins, hiledelphia, PA, 1996, 225.

Es lógico concluir que éste es el estado humano natural, ya que es así como son los niños de manera natural antes de ser condicionados por fuerzas externas. Por suerte, tengo buenas noticias para ti. Eres un ser humano y alguna vez fuiste un niño. Eso significa que ya tienes la capacidad de reiniciar esa parte de tu naturaleza con un poco de trabajo, y estoy aquí para ayudarte en eso. ¡Vamos a comenzar con un ejercicio de fantasía aparentemente tonto!

## Ejercicio 2

## Inmersión psíquica

Es un ejercicio muy simple, pero es posible que te sorprenda. Quiero que elijas un día para fingir que eres un psíquico omnisciente y siempre preciso. Evoca ejemplos del arquetipo psíquico omnisciente, como un misterioso adivino o la bruja que lo ve todo y lo sabe todo.

Es importante no hacer las cosas a medias. Sumérgete realmente en el papel, como lo haría un niño cuando juega a la fantasía con amigos o sólo para entretenerse. Imagina que puedes ver auras. ¿Cómo se verían esas auras en diferentes personas? Todavía no tienes que saber realmente cómo ver las auras, sólo estamos fingiendo, así que asígnales un color según como estén actuando o quiénes son. No es necesario que el color coincida con una lista de significados del color del aura. Haz predicciones a lo largo del día y no te desanimes si terminan siendo incorrectas. Recuerda, sólo es una fantasía y tú crees que siempre tienes la razón.

También puedes practicar con un amigo. En mis talleres, hago que los extraños se asocien y se turnen para fingir que son psíquicos e inventen un montón de información sobre la persona con la que se emparejan para hacer el ejercicio. ¿Quiénes son? ¿Cuál es su historia? ¿De dónde vienen? ¿Qué quieren de la vida? ¿Cuáles son sus esperanzas y temores?

La clave aquí es que la persona que está leyendo sólo puede confirmar declaraciones precisas y la otra no puede decirle cuándo está equivocada. La persona que está leyendo anotará todos los aciertos que haya obtenido. Esto es muy importante en cualquier ejercicio de desarrollo psíquico que implique a más de una persona. Alguien puede dar en el clavo, pero una parte de la información puede estar equivocada y tan pronto como escuche «no», al lector se le despertarán dudas y ya no será capaz de transmitir información precisa porque la incertidumbre se habrá apoderado de él.

Este ejercicio tiene como propósito darte permiso para utilizar tu imaginación y divertirte fuera de tu zona de confort habitual. Levanta las barreras del condicionamiento que suprimen tu capacidad para utilizar estas facultades creativas y emplearlas en tu vida diaria. También es un ejercicio que genera confianza, porque es extremadamente común que, mientras finjas, encuentres un montón de información precisa, especialmente cuanto más tiempo estés metido en el personaje y cuanto más profundices en él. Sin embargo, la precisión no es el foco aquí. Aprenderemos a ser psíquicos precisos a medida que avancemos, pero primero debemos aprender a gatear antes de poder correr.

Al final del día, escribe tu experiencia. ¿Cómo te has sentido al interpretar roles y sumergirte en los personajes? ¿Ha sido divertido? ¿Empoderador? ¿Incómodo? ¿Has sentido la programación social presionándote, diciéndote que todo eso no era más que una tontería? ¿Ha habido algunos aciertos precisos? ¿Has recibido algo que aún no puedes verificar?

Sé sincero al registrar tus pensamientos, sentimientos y experiencias. Mentir o reprimirte en tu diario no te servirá de nada. Parte de la experiencia de llevar un diario consiste en ver cómo has crecido a través del tiempo y en ver qué funcionó y qué no funcionó. Ser sincero con lo que sientes realmente y lo que experimentas te ayudará a crecer como brujo psíquico.

## Afirmaciones y neuroplasticidad

El poder de las afirmaciones se pasa por alto con facilidad. Las afirmaciones son simplemente declaraciones positivas sobre uno mismo, por lo general redactadas en tiempo presente y pronunciadas en voz alta repetidamente con el propósito de programarse a uno mismo de cierta manera. Como brujos psíquicos, entendemos el poder de la palabra hablada y el poder de los pensamientos. Entendemos que el mundo interno y el mundo externo están estrechamente vinculados. Sabemos que es importante que tomemos el control de nuestras propias mentes y energía para dar un paso hacia nuestra soberanía personal.

Las afirmaciones pueden cambiar tu manera de pensar. ¿Cómo? El cerebro crea y fortalece constantemente las vías neuronales electroquímicas que más se utilizan a través de la estimulación constante. Si una determinada forma de pensar se repite, consciente o inconscientemente, esas vías se convierten en las predominantes, lo que lleva a pensar o a sentir de esa manera cada vez más. A esto se le llama neuroplasticidad. Ahora, lo mismo también es cierto en cuanto a la energía. Las vías de energía que se utilizan más se fortalecen y son de acceso más fácil, mientras que las que se ignoran se debilitan. El cuerpo energético tiene su propia forma de memoria.

Se debe utilizar una afirmación específica a diario y durante períodos prolongados. Las neurovías y los canales energéticos a esas formas mentales no van a cambiar de la noche a la mañana. El cambio real requiere tiempo y trabajo. Todas las personas con más éxito que conozco y las brujas más poderosas que he conocido han adoptado las afirmaciones. En mi caso, las afirmaciones han hecho maravillas en mi vida, y tú, definitivamente, no debes pasarlas por alto.

Ejercicio 3

## Afirmaciones psíquicas

Ahora es tu turno de hacerlo. Cada vez que te mires al espejo, detente y mírate a los ojos. Afírmate a ti mismo declaraciones de tu destreza psíquica junto con afirmaciones de amor propio y autoempoderamiento. En ese momento, cree con todo tu ser en cada cosa que estás diciendo. Podrías comenzar por hacerlo todos los días durante una semana o más de un mes, pero, honestamente, deberías incorporar las afirmaciones en tu vida diaria. Aquí hay diez ejemplos de afirmaciones que te ayudarán a mejorar tu capacidad psíquica:

«Soy psíquico».

«Recibo información precisa».

«Puedo sentir y ver la energía sutil».

«Mi ojo de bruja percibe con claridad».

«Puedo percibir el pasado, el presente y el futuro con precisión».

«Mis poderes psíquicos aumentan cada día».

«La habilidad psíquica es fácil y me resulta natural».

«Recibo orientación en mis sueños y la recuerdo».

«Confío en mi intuición».

«Estoy agradecido por mis dones psíquicos en constante crecimiento».

# Capítulo 2
# MEDITACIÓN
# Y RELAJACIÓN

La meditación es la base de toda habilidad psíquica y, en mi opinión, de todos los actos de magia. Invirtiendo en la práctica de la meditación, estás invirtiendo en tu habilidad psíquica y mágica. Al aprender a relajarnos y al hacer trabajo de respiración, podemos cambiar rápidamente nuestro estado de ondas cerebrales y nivel de conciencia, lo que nos pone en un estado alterado que nos permite recibir información psíquica y percibir energías con mayor facilidad. ¿Por qué? La meditación nos enseña cómo funciona nuestra mente, nos enseña cómo enfocarnos y cómo dirigir nuestra conciencia y, por lo tanto, nuestra voluntad. La meditación es la mejor herramienta para mejorar tu habilidad psíquica y tu práctica mágica.

A través de la meditación comenzamos a conocernos a nosotros mismos y a nuestra mente. Nuestras mentes siempre están llenas de exceso de ruidos e imágenes. A veces, esos ruido e imágenes son creación nuestra; otras veces es una programación desarrollada a partir de un bombardeo de información. Al meditar, aprendemos a silenciar nuestra mente. Piensa en tu mente como si fuera un estanque. Si el estanque está turbio, no podemos ver nada más allá de su superficie. A través de la meditación, limpiamos ese estanque. Cuando el estanque es cristalino, podemos ver tanto el fondo como cualquier cosa que se refleje en la superficie del agua. Entonces podemos diferenciar entre lo que se refleja en él y lo que hay en su interior. El estanque refleja las cosas sin prejuicios cuando está completamente despejado. A través de esa claridad, podemos recibir impresiones psíquicas con precisión con la menor cantidad de interferencias.

La meditación es una práctica sencilla, pero eso no significa que sea fácil. A menudo escucho a personas quejarse de la meditación o decir que no pueden hacerla. Esto se debe a que requiere concentración, y concentrarse genuinamente en algo con toda nuestra atención indivisa puede resultar mucho más difícil de lo que parece. La mente desenfocada a menudo se compara con un mono y, en las prácticas meditativas, a veces se la denomina «mente de mono». Piensa en un mono que no puede quedarse quieto y se mueve rápidamente a través de la jungla, balanceándose de una rama a otra; ahora imagina que esas ramas son pensamientos. A través de la meditación, aprendemos a domesticar esa mente de mono para que pueda quedarse quieta y concentrarse.

Los mayores escollos de la meditación son las excusas para no meditar, tratarla como una carga, ceder a la mente de mono o sentir que lo estás haciendo mal. Si tratas la meditación como una tarea pesada que estás obligado a hacer, lo más probable es que sientas resistencia y comiences a poner excusas para no hacerla. Sin embargo, si puedes tratar la meditación como un método de descanso y rejuvenecimiento de tu mente, tu cuerpo y tu espíritu, no la sentirás como una carga y, en cambio, le darás la bienvenida.

La clave de la meditación es tomar conciencia de tu enfoque y concentración. Cuando nos sentamos a meditar y caemos en la mente de mono, comenzamos a pensar en todo lo que nuestra mente puede conjurar en lugar de enfocar. Cuando esto ocurre, reconocemos que ha sucedido, liberamos el pensamiento en el que estábamos atrapados y devolvemos nuestras mentes al punto de enfoque. Muchas personas juzgarán que lo están haciendo mal o que no pueden meditar debido a la mente de mono. ¡Al contrario! Al reconocer la mente de mono, ser conscientes de ella y volver a nuestro enfoque, estamos en el camino correcto para la meditación. Nos entrenamos para concentrarnos, no seremos maestros de la meditación de inmediato.

## Una actitud abierta de mente abierta

La clave más importante que tendrás para desbloquear la meditación, la habilidad psíquica, la magia o el trabajo energético es tu actitud.

Más específicamente, es una actitud a la que a menudo se hace referencia como «mente de principiante». La verdad es que no existe el dominio de estos campos, si por «dominio» queremos decir «aprender todo lo que hay y no tener nada más que aprender, ganar o experimentar». Estas áreas son prácticas y su estudio es de por vida. Cuando alguien cree falsamente que sabe todo lo que hay que saber sobre estos temas, ha tomado la decisión inconsciente de detener su desarrollo y su crecimiento. La mente del principiante es una actitud de entusiasmo y de apertura, y la capacidad de aprender más sobre algo como si fuera completamente nuevo en estos campos. Eso también evita que las prácticas envejezcan, se vuelvan aburridas o que cualquier desarrollo quede inactivo. Piensa otra vez en los niños cuando aprenden algo nuevo que los entusiasma y fascina. Ésa es la mente de un principiante.

El ocultista alemán Jan Fries afirma que «la magia real no es simplemente una variedad de habilidades y técnicas. Es más como una actitud abierta de mente, una combinación de interés y dedicación, que permite a cada mago honesto observar, aprender, adaptarse e inventar formas únicas de cambiar la identidad y la realidad desde dentro».[1]

Con cualquier práctica espiritual o metafísica, cosechas lo que siembras. En otras palabras, cuanto más tiempo, energía y dedicación inviertas en desarrollar y mantener estas prácticas, mayores serán tus resultados. De esta manera, piensa en ello como en hacer ejercicio. Cuanto más regularmente hagas ejercicio, mejor salud y estado físico tendrás. Eventualmente, podrás avanzar a pesos más pesados, carreras más largas y más rápidas, etc. Sin embargo, si aflojas durante un período o te vuelves demasiado seguro de lo que puedes hacer, cuando te acerques a estas cosas nuevamente, puedes quemarte o incluso lastimarse. Si mantienes la mente y la actitud de un principiante, puedes evitar rendirte ante una rutina disciplinada o agotarte.

Una cosa común que les sucede a las personas cuando comienzan a meditar es que les entra sueño y se adormilan, no importa cuánto in-

---

1. Fries, Jan: *Visual Magic: A Manual of Freestyle Shamanism*, Mandrake, Oxford, Reino Unido, 1992, 137.

tenten mantenerse despiertos, y eso también me ha sucedido a mí. Hace unos diez años, cuando asistía a unos cursos avanzados sobre trabajo energético y capacidad psíquica, me pasaba eso. Habrías pensado que alguien me había drogado. Estaba muy entusiasmado y era un poco arrogante acerca de lo que podría hacer si me esforzaba. Aproximadamente cinco minutos después de empezar cada sesión, me dormía profundamente y me despertaba justo cuando terminaba el ejercicio. Sin embargo, nunca me dormía cuando las meditaciones eran mucho más sencillas, a pesar de que la duración del entrenamiento era la misma. Una teoría que escuché y que comparto es que esto ocurre cuando las personas están adquiriendo más actividad psíquica o energía de la que pueden manejar y procesar. Entonces, para hacer frente a eso, la mente se dice a sí misma que debe dormir e ignorar lo que está haciendo en un acto de autoconservación.

Es beneficioso estar en un entorno en el que no te molesten y te sientas completamente relajado. Si eliges meditar en un lugar interior, querrás asegurarte de que todos tus dispositivos electrónicos y distracciones, como el teléfono móvil o la tableta, estén apagados o no estén en el entorno. Una habitación desordenada o sucia hará que te resulte más difícil sentirte relajado y en paz. También desearás un lugar con un poco de luz natural y un flujo de aire fresco. Además es beneficioso crear una atmósfera que sientas psicológicamente pacífica. Es posible que desees escuchar música instrumental relajante o encender incienso. También es posible que la música y el incienso te distraigan. Todos somos un poco diferentes en lo que nos calma. Si eliges meditar al aire libre, es mejor elegir un lugar donde estés solo y no te distraigan otras personas, dispositivos o sonidos.

Además querrás asegurarte de estar físicamente cómodo, no lleves ropa que te apriete o te resulte incómoda. Es mejor que te sientes con los pies en el suelo o, si lo prefieres, puedes cruzar las piernas debajo de ti. Independientemente de cómo te sientes, debes asegurarte de que tu columna vertebral esté recta y de que la cabeza y los hombros no estén caídos.

# Ejercicio 4

❦

## Aprender a concentrarse con la meditación básica

Empieza por sentarte en una posición cómoda en algún lugar en el que no te molesten. Asegúrate de que tus piernas y brazos no estén cruzados a menos que estés intencionadamente sentado en el suelo con las piernas cruzadas. Establece un temporizador para que te avise a los cinco minutos. Cierra los ojos y respira. No intentes forzar la respiración o controlarla. Simplemente respira de una manera que te resulte natural. Lleva tu conciencia a tu respiración. Síguela con tu intención mientras el aire entra y sale de tu cuerpo. Observa cómo responde tu cuerpo a la respiración. Traza su recorrido dentro de tu cuerpo con cada inhalación. No te concentres en nada más que en tu respiración. Si empiezas a pensar en otras cosas, tu mente divagará y el cerebro de mono intentará actuar; simplemente vuelve a tu respiración sin regañarte ni criticarte.

Intenta meditar así al menos una vez al día. Aumenta lentamente hasta diez minutos, luego veinte, luego media hora. Puede parecer una lucha al principio, y habrá días en los que realmente te sientas reacio a meditar, pero es importante seguir con la práctica de la meditación diaria para desarrollar tu capacidad de concentración. Tu mente divagará muchas veces. Eso no es intrínsecamente ni bueno ni malo. Es parte del proceso de comprender cómo funciona tu mente y cómo anular lo que quiere hacer de forma indisciplinada. Siempre que tu mente divague, no lo veas como un fracaso, considéralo como un éxito en la meditación. Si esta meditación fuera un ejercicio físico, tus pensamientos errantes serían el peso que estás levantando. No te regañes a ti mismo por el peso que soportas. Levántalo. No te reprendas a ti mismo por tener pensamientos errantes, reconócelos y vuelve a concentrarte en la respiración, respirando naturalmente.

## Ejercicio 5

❧

# El cofre del tesoro para el estrés

El cofre del tesoro para el estrés es una técnica que desarrollé en base a un método que aprendí en Tibetan Dream Yoga. Esta técnica te relaja y puedes utilizarla no sólo para ayudar a la capacidad psíquica antes de una sesión, sino también antes de acostarte o mientras te duermes para ayudar a promover los sueños lúcidos y la proyección astral. Lo mejor de esta técnica es que está diseñada para ayudar a resolver problemas en un nivel subconsciente profundo de forma que elimines más estrés de tu vida.

Empieza por sentarte, ponerte cómodo y cerrar los ojos. Realiza el «Enfoque preliminar» (Ejercicio 1). Realiza una respiración profunda. A medida que exhales, siente que tu respiración elimina el estrés o la tensión a la que puedas estar aferrándote en ese momento. Imagina que el tiempo empieza a ralentizarse. A medida que el tiempo se ralentiza, te vuelves más consciente de tu ser interior. A medida que te vuelves más consciente de tu naturaleza espiritual, tu entorno comienza a desviarse y desenfocarse.

Imagina que hay un cofre del tesoro dorado frente a ti que se desbloquea y se abre. Del cofre emerge un pequeño torbellino. Tómate un momento y repasa rápidamente tu día, como si estuvieras avanzando rápidamente desde que te despertaste hasta ahora. A medida que avance el día, concéntrate en las situaciones que te hayan estresado o molestado. Respira profundamente y, mientras exhalas, imagina que esas situaciones abandonan tu cuerpo como una nube a través de la respiración.

Siente esa nube que se lleva todo tu estrés, ansiedad, pensamientos y emociones sobre la situación mientras flota sobre el pecho. Visualiza esos sentimientos y pensamientos mientras son absorbidos por el torbellino e introducidos en el cofre del tesoro. Reconoce conscientemente que lo estás dejando ir. Repite esta técnica hasta que hayas liberado todo el estrés del día.

Cuando hayas terminado, puedes optar por abrir el cofre. Todo el estrés que has puesto en el cofre se ha transformado en soluciones. Estas soluciones salen del cofre del tesoro como un arcoíris que se curva en el aire y cae a tu alrededor. Tómate un momento para sentir la calma y la fuerza interior para afrontar los desafíos de la vida. Debes saber que el cofre del tesoro ha infundido las circunstancias con soluciones que te permitirán resolverlas pronto desde un estado relajado. Observa el cofre del tesoro cerrarse y bloquearse.

## Flujo enfocado, no fuerza

Aprender a relajarse mejora profundamente nuestra calidad de vida en un mundo tan estresante. Es el primer paso cuando deseas dedicarte a la meditación o al trabajo energético. Después de calmar el cuerpo, uno relaja la mente para entrar en un estado de conciencia enfocado, eliminando cualquier ruido de fondo mental. La claridad del cuerpo es crucial para la claridad de la mente, de las emociones y de la voluntad.

La relajación es una parte integral de cualquier trabajo psíquico. Nos pone en un estado de desapego en el que no nos aferramos a cosas que obstaculicen nuestra recepción telepática. Al relajar nuestro cuerpo y mente, estamos liberando distracciones emocionales, mentales y físicas. Estar en un estado de relajación permite la receptividad y la claridad, lo que nos abre a un estado de atención plena. La atención plena promueve la conciencia, y la conciencia es la clave de la sabiduría.

Una de las mayores trampas que encuentro cuando alguien comienza a perseguir el desarrollo psíquico es que se esfuerza demasiado. No quiero decir que esté poniendo demasiado esfuerzo en el desarrollo en sí. Lo que quiero decir es que tiende a forzar el desarrollo de la capacidad psíquica presionándose demasiado con los ejercicios, las técnicas y las meditaciones. La capacidad psíquica se basa en un estado de desapego mentalmente relajado. Una flor no florece cuando se abre a la fuerza; del mismo modo, la receptividad psíquica no se puede lograr mediante la tensión. La receptividad psíquica viene con un estado de pasividad mental y al mismo tiempo se mantiene enfocada y abierta. Nos abrimos a través de la relajación. Queremos un flujo enfocado, no fuerza.

Al relajarnos, eliminamos nuestra propia distracción interna y nos volvemos mucho mejores en discernir lo que estamos recibiendo y lo que proviene de nosotros mismos. Al relajarnos y meditar habitualmente, entramos en un estado regular de relajación y atención plena, incluso en las circunstancias más caóticas. Pero mientras aprendemos a relajarnos y a meditar, queremos asegurarnos de que nuestro entorno también apoye este estado mental. Aquí hay dos ejercicios de relajación diferentes para experimentar. Puedes encontrar que uno te funcione mejor que otro.

Ejercicio 6

## Envoltorio de relajación

Tómate un momento para estirarte y luego encontrar una posición cómoda; puedes acostarte si te apetece. Concéntrate en tu respiración. Respira profunda, lenta y rítmicamente. No te esfuerces. Encuentra un ritmo que te resulte cómodo.

Con cada inhalación, visualízate atrayendo una energía de paz y calma. Con cada exhalación, imagínate expulsando cualquier estrés o tensión de tu cuerpo. El estrés comienza a volar como semillas de diente de león al viento, flotando y brindándote cada vez más claridad.

Visualiza una esfera de luz a tus pies. La esfera es de un color menta claro y blanco muy sereno. Tiene una cualidad que es a la vez aireada, helada, caliente y hormigueante. Es profundamente calmante y curativa. Ayudado por tu voluntad, cualquier cosa que toque se relaja por completo.

Comienza a mover la esfera hacia arriba hasta los hombros, relajando cada músculo que toca, por delante y por detrás. Cuando llegue a los hombros, mueve la esfera hacia abajo por cada brazo y mano, relajando todos los músculos que alcanza. Lleva la esfera por tu cuello hasta tu cara, descansando tus ojos, tu mandíbula, tus músculos faciales.

Escucha a tu cuerpo: ¿dónde hay alguna incomodidad, tensión o dolor? Lleva la esfera a esa zona y, mientras inhalas, visualiza tu respiración llenando esa área. Afirma que tu cuerpo se relaja con tus intenciones.

Vuelve a poner la esfera a tus pies, donde se convierte en un manto de energía. Tira de ese manto hacia arriba y alrededor de tu cuerpo hasta tu Ojo de Bruja, como un envoltorio de relajación. Cuando estés completamente cubierto en tu envoltorio de relajación, visualízalo derritiéndose y empapando tu piel, profundamente, a través de los músculos, los nervios y los huesos, dándote una sensación de relajación aún más amplia.

Ejercicio 7

## Relajación de estrellas

Siéntate, ponte cómodo y cierra los ojos. Haz una respiración profunda. A medida que exhalas, siente que tu respiración elimina el estrés o la tensión a la que puedas estar aferrándote en ese momento. Imagina que el tiempo empieza a ralentizarse. A medida que el tiempo se ralentiza, te vuelves más consciente de tu ser interior. A medida que te vuelves más consciente de tu naturaleza espiritual, tu entorno comienza a desviarse y desenfocarse. Realiza la técnica del Cofre del tesoro para el estrés (Ejercicio 5).

Una vez que te sientas relajado mental y emocionalmente, visualiza una estrella blanca sobre tu cabeza brillando y pulsando con rayos prismáticos luminiscentes del arcoíris. Desde la estrella se derrama una luz líquida que parece un hermoso ópalo blanco que refracta diferentes tonalidades prismáticas. La luz líquida cae sobre la coronilla de tu cabeza, y como si fuera una miel tibia calmante o cera tibia que relaja todo lo que toca, te cubre la cabeza, el rostro y el cuello, aliviando por completo cualquier tensión en estas zonas. La luz líquida comienza a descender por los hombros, el pecho y la parte superior de la espalda, relajándote y liberando cualquier malestar o tensión. Continúa cayendo hasta el estómago y la espalda baja, los brazos y las manos. Es relajante y libera el estrés que puedas sentir.

Finalmente, la luz líquida cubre tu regazo, tus piernas y tus pies, llevándolos a una total comodidad. Ahora estás completamente cubierto por esa luz líquida. Como si fuera un bálsamo, sientes un ligero hormigueo y te alivia los dolores y molestias que puedas sentir. Como si rebobinaras el proceso, la luz líquida comienza a invertir la dirección, retrocediendo por los pies, las piernas, el regazo, las manos, los brazos, la parte inferior de la espalda y el estómago, la parte superior de la espalda y el pecho, los hombros, el cuello, la cara y la cabeza. Luego fluye de regreso a la estrella y sale completamente fuera de tu cuerpo. Ahora respira con profundidad y escanea mentalmente tu cuerpo, liberando cualquier tensión que todavía puedas sentir en él.

Ejercicio 8

## Atenuador psíquico

Uno de los obstáculos más desafiantes para la persona sensible es aprender a controlar la entrada constante de información e incluso a silenciarla en ocasiones. Asumir la energía de los demás es agotador y nos deja vulnerables y susceptibles. Parte de dominar el yo y los sentidos psíquicos es aprender a crear límites y descubrir qué es tuyo y qué es de los demás. La siguiente es una técnica muy útil que se utiliza para tomar el control de la situación con energía. También se puede utilizar si la información psíquica que estás recibiendo es demasiado silenciosa y deseas aumentarla, o si estás haciendo meditación, trabajo psíquico o trabajo energético y la energía externa es demasiado invasiva o «ruidosa» y tienes problemas para relajarte y concentrarte. Ésta es una técnica que aprendí de Irma Kaye Sawyer y que he adaptado.[2]

Realiza algunas respiraciones profundas y relajantes. Visualiza un interruptor de atenuación de luz delante de ti. Este interruptor de atenuación de luz aumenta o disminuye la visión psíquica y el volumen. Al igual que un regulador de intensidad o de volumen, si lo gi-

---

2. Sawyer, Irma Kaye, *The Brightstar Empowerments: Compilation Edition*, autoedición, 2016, 28-29.

ras hacia la derecha, la información aumenta, y si lo giras hacia la izquierda, la información disminuye. Afírmate esto mentalmente a ti mismo. Tómate un momento para discernir si sientes que percibes demasiada energía o muy poca. Con intención, gira el regulador en la dirección apropiada, deseando que el bombardeo de energía aumente o disminuya.

Otra variación de esta técnica es ver un grifo encima de ti llenando tu aura con información psíquica. Al igual que el atenuador, ves la manija de un grifo frente a ti. Afirma que ese grifo puede aumentar o disminuir el flujo de información psíquica que llena tu campo áurico. Tómate un momento para discernir si sientes que percibes demasiada información psíquica o muy poca. Con intención, gira la manija del grifo en la dirección apropiada, deseando que el bombardeo de energía aumente o disminuya.

## El aliento de la vida

La respiración es el puente entre las energías del mundo externo y las energías de tu mundo interno. La respiración une lo interno y lo externo, creando una conexión y un circuito de flujo de energía. La palabra «espíritu» proviene de la palabra latina para aliento, que es *spiritus*, y se usaba a menudo en sentido figurado para referirse al espíritu. La idea de que la respiración en sí es fuerza vital es común a varias culturas, en las que se la conoce como *prana*, *ruach*, *mana*, *telesma*, *chi*, *ki*, *numen*, *orgone*, *pneuma*, *od* y fuerza ódica.[3] Al trabajar con nuestra respiración, estamos trabajando directamente con energía vital. Ciertos tipos de trabajo respiratorio pueden enfriar y relajar el cuerpo y la mente, mientras que otros pueden calentar y excitar el cuerpo y la mente al cambiar la velocidad de los ritmos corporales.

La respiración consciente puede ayudar a cultivar una conexión profundamente arraigada y disfrutar de la vida. Trabajando con nuestra respiración, podemos lograr estados más avanzados de meditación

---

3. Penczak, Christopher: *The Inner Temple of Witchcraft: Magic, Meditation and Psychic Development*, Llewellyn Publications, Woodbury, MN, 2013, 78-81.

y conciencia. Dado que la respiración es algo tan sutil y generalmente automático, al sintonizarnos con ella podemos fortalecer la capacidad de nuestra mente para concentrarnos y percibir cosas que son de naturaleza más sutil.

Ejercicio 9

## Respiración elemental en cuadratura

La respiración en cuadratura (a veces llamada «respiración cuádruple» en las prácticas de yoga) es una técnica sin esfuerzo. Este tipo de respiración cultiva un sentido de equilibrio centrado y de quietud. Por esta razón, también aprovecho las cuatro fuerzas elementales mientras realizo esta técnica de respiración. De esa manera me coloco aún más profundamente en un equilibrio conectivo interno y externo con los poderes elementales que impregnan todas las cosas.

Realiza el ejercicio «Relajación de estrellas». Inhala por la nariz una respiración larga y constante contando hasta cuatro mientras piensas mentalmente el nombre de cada elemento a cada número de la cuenta:

«Tierra, Aire, Fuego, Agua».

Mantén la respiración dentro de tus pulmones llenos mientras cuentas hasta cuatro y mientras piensas mentalmente el nombre de cada elemento a cada numero de la cuenta:

«Tierra, Aire, Fuego, Agua».

Exhala por la boca una respiración larga y constante mientras cuentas hasta cuatro y mientras piensas mentalmente el nombre de cada elemento a cada numero de la cuenta:

«Tierra, Aire, Fuego, Agua».

Mantén la respiración fuera de tus pulmones vacíos mientras cuentas hasta cuatro y mientras piensas mentalmente el nombre de cada elemento a cada numero de la cuenta:

«Tierra, Aire, Fuego, Agua».

Repite el ejercicio hasta que experimentes una sensación de calma, equilibrio y claridad.

Ejercicio 10

## Respiración solar

La respiración solar es una variación de una técnica de respiración a la que a menudo se hace referencia como «respiración de fuelle» en las prácticas de yoga. La respiración solar energiza y revitaliza tu mente y promueve la energía. Ésta es una gran técnica para utilizar si estás tratando de aumentar tu vibración o tus niveles de energía, o si te sientes un poco confuso o fatigado mentalmente. Si en algún momento te sientes mareado o aturdido, detén el ejercicio, tómate un descanso y luego vuelve a intentarlo con inhalaciones y exhalaciones un poco más lentas y menos intensas.

Realiza el ejercicio «Relajación de estrellas». Debes inhalar profundamente y con un poco de fuerza por la nariz, asegurándote de expandir el estómago mientras inhalas y cuentas hasta uno. Mientras inhalas, visualiza el sol saliendo por el horizonte rápidamente con la respiración. Exhala profundamente y con un poco de fuerza por la boca, asegurándote de empujar el estómago hacia dentro mientras exhalas y cuentas hasta uno. Al exhalar, visualiza que el sol se pone por el horizonte rápidamente con la respiración. Repite esto diez veces. Tómate un descanso hasta que tu respiración vuelva a su ritmo normal. Esto suele tardar unos treinta segundos. Realiza otra serie de diez respiraciones y luego otro descanso. Repite una serie más de diez respiraciones para terminar.

# Ejercicio 11

≈

## Respiración lunar

La respiración lunar es una variación de la técnica de respiración elemental en cuadratura. La respiración lunar ayuda a calmar tu cuerpo y tu mente profundamente y también a ralentizar tu mente. Ésta es una gran técnica para disminuir tu vibración, reducir tus niveles de energía y realizar un método de habilidad psíquica como la clarividencia o la mediumnidad. En lugar de respirar contando hasta cuatro y pensando en los nombres de los elementos, visualiza los ciclos de la luna contando hasta seis.

Realiza el ejercicio «Relajación de estrellas». Inhala por la nariz una respiración larga y constante contando hasta seis. Mientras inhalas, visualiza la luna en un estado creciente. Es decir, quieres verla pasar de una luna oscura a una luna llena. Mantén la respiración dentro de tus pulmones llenos mientras cuentas hasta seis y mientras visualizas la luna llena. Exhala por la boca una respiración larga y constante contando hasta seis mientras visualizas la luna en un estado menguante. Es decir, que quieres verla pasar de luna llena a luna nueva. Mantén la respiración fuera de tus pulmones vacíos mientras cuentas hasta seis y mientras visualizas la luna nueva. Repite el ejercicio seis veces.

# Capítulo 3
# SINTONIZACIÓN

A brirte para percibir e interactuar con energías sutiles puede cambiar drásticamente tu existencia, puede ayudarte a encontrar claridad, traer paz a tu vida, empoderarte a ti mismo y a los demás, y crear un cambio efectivo en nuestro mundo. Sin embargo, no debemos minimizar la responsabilidad que conlleva esto ni los posibles riesgos derivados de hacerlo de manera incorrecta. Estoy aquí para guiarte a través de la apertura segura a la percepción de estas energías, así como a desactivarte también de manera segura para que no seas bombardeado constantemente con información psíquica.

Después de aprender a relajar el cuerpo y la mente mediante la visualización y la respiración, ahora podemos concentrarnos en aumentar nuestra receptividad. Para hacerlo, debemos asegurarnos de llevar toda nuestra conciencia hacia nuestro interior y de que estamos operando en el estado de ondas cerebrales alfa. Al acceder a nuestros mundos internos, podemos afectar a nuestro mundo exterior. Llamo a los siguientes ejercicios (ejercicios del 12 al 18) como un conjunto de «sintonización». Me vienen a la mente dos imágenes diferentes con el término «sintonización». Así como sintonizaríamos una radio en la estación correcta para recibir la transmisión adecuada, queremos asegurarnos de que estamos sintonizados para recibir información energética con precisión. La otra idea que me viene a la mente es la de afinar una guitarra para asegurarnos de que suenen las notas adecuadas con claridad; queremos transmitir nuestra información energética con claridad.

Estos «Ejercicios de sintonización» están compuestos de las siguientes acciones: conectar a tierra, elevar la energía terrestre, atraer energía celestial, crear un circuito, centrarse, entrar en alfa y establecer un indicador psíquico, en ese orden. Del mismo modo, «Desactivarse» se refiere a salir de alfa, realizar una descarga psíquica, recuperar tu energía, conectarte a tierra y centrarte, en ese orden. Sintonizar prepara el escenario para comenzar a aprovechar el potencial de la mente. Con tiempo y esfuerzo, no tardaremos tanto en sintonizarnos como cuando se establece la práctica. Todos los ejercicios del libro posteriores a este capítulo supondrán que realizas los ejercicios de sintonización al principio, a menos que se indique lo contrario. Aquí estamos estableciendo la práctica para crear una base sólida sobre la cual se construirá todo el trabajo de este libro.

## Evitar el agotamiento y el impacto mágico

Durante los últimos años, he pasado el mes de octubre realizando interpretaciones (lecturas psíquicas) en una tienda de brujería llamada *Enchanted*, en Salem, Massachusetts. Si bien esta pequeña y pintoresca tienda en Pickering Wharf está alejada del corazón de las multitudes de Essex Street durante octubre, no puedo subestimar la muchedumbre o el nivel de ajetreo. Salem, una ciudad sinónimo de brujería tanto históricamente como para las prácticas modernas, atrae a unos 250 000 visitantes cada año en lo que es una suerte de híbrido de Halloween y martes de carnaval.

Así, ayudo a personas a diario, sin parar y durante todo el mes, y, de verdad, lo hago sin prácticamente descanso. Cuando comencé a trabajar allí, estaba tan abierto a la información psíquica por estar en ese estado de conciencia todo el día que descubrí que después comenzaba a leer a todos los que me rodeaban aunque no vinieran a participar. Leer de esta manera te pone en riesgo de quemarte, pero cuando no puedes evitarlo, la sensación de agotamiento se intensifica dramáticamente.

La técnica de conectar a tierra recibe su nombre de la conexión eléctrica a tierra. Esencialmente, la conexión eléctrica a tierra es cuando un cable de carga neutra se utiliza para tomar una corriente de electricidad y dirigirla al suelo, de modo que el exceso de electricidad innecesaria tenga una salida segura. Esto asegura que no se queme un fusible o se dispare un disyuntor con todo el voltaje adicional. Si alguien tocara un aparato o dispositivo que no esté conectado a tierra, su cuerpo recibiría el impacto de esa electricidad como si fuera el cable de conexión a tierra y lo dejaría en *shock*. Al igual que con la energía eléctrica, si no te conectas a tierra, corres el riesgo de trabajar con más energía psíquica o mágica de la que tu sistema puede soportar, y puedes dañarte a ti mismo. Otra manera de pensar en la conexión a tierra es como tu válvula de liberación que alivia cualquier exceso de energía. En muchos sentidos, la conexión a tierra es una de las formas de protección más importantes cuando se trata de trabajar con energía.

También he tenido lo que algunos llaman «impacto mágico» por no conectarme a tierra y no centrarme correctamente antes de asumir un trabajo mágico que implica manejar energías intensas. El impacto mágico es lo que parece, es entrar en energías en contundente colisión. Los síntomas de esto son sentirte como si hubieras sufrido un latigazo cervical en un accidente automovilístico, dolores corporales parecidos a los de la gripe, confusión mental y una sensación de agotamiento inmediato. No sólo se siente como el impacto de una colisión, sino que la experiencia deja una huella en la persona.

¿Alguna vez has conocido a un sanador de energía, psíquico o brujo que parecía estar completamente loco y fuera de contacto con este mundo? Esto puede deberse a que no estuviera bien fundamentado, por lo que se ha frito a sí mismo. ¿Te das cuenta de que algunos de ellos se parecen a aquellos que en su día tomaron demasiadas sustancias psicodélicas? Se utiliza el mismo término: «se han frito ellos mismos». Se trata de un impacto mágico prolongado sin vuelta atrás. La conexión a tierra también asegura que no nos quedemos con energía. Demasiada energía puede dañar el sistema. Esto puede manifestarse de muchas maneras, desde la sensación de mareos o dolor, hasta, en los peores casos, enfermedades físicas y desequilibrios mentales y emocionales.

El cuerpo tiene maneras naturales de conectarse a tierra, pero está diseñado para conectar una cantidad limitada de energía de manera natural sin una intención consciente. La digestión es una de las formas en que el cuerpo se conecta de forma natural. Ciertos alimentos, como las verduras y las frutas, son beneficiosos para ayudar a la percepción y a las habilidades energéticas, pero para la base, los mejores alimentos tienden a ser el chocolate negro, los carbohidratos y las carnes rojas. Sin embargo, todos tenemos diferentes necesidades dietéticas y de salud, así que utiliza tu propio discernimiento cuando se trate de alimentos. Para una conexión a tierra de emergencia, se recomienda colocar los pies, las rodillas, las manos, los brazos y la coronilla en el suelo durante unos minutos e imaginar que todo el exceso de energía de tu sistema fluye hacia el suelo de manera segura. Sentarte o acostarte también te ayudará a conectarte a tierra. A algunas personas también les gusta caminar descalzos por el suelo o la hierba para conectarse a tierra.

Si bien la conexión a tierra y el centrado son cruciales para cualquier trabajo energético saludable, también es beneficioso en áreas más mundanas de la vida en las que hay una sobrecarga energética. Esto incluye situaciones, personas o lugares que abruman o agotan tu energía. Las situaciones en las que esto puede resultar útil incluyen grandes grupos ruidosos; multitudes de personas; energías emocionales invasivas; sonido intrusivo (especialmente música alta que no te gusta); cuando alguien cercano a ti está demasiado alterado, sensible o enojado y tú estás absorbiendo esa energía; o cuando te sientes ausente y, en general, sin conexión a tierra. Para el trabajo psíquico y mágico, las técnicas de conexión a tierra son suficientes para mantenerte seguro y sano en la mayoría de las circunstancias.

Ejercicio 12

## Toma de tierra

Asegúrate de que tus piernas estén firmemente plantadas en el suelo a la distancia de la anchura de los hombros. Como alternativa, si estás sentado en el suelo, asegúrate de que tus piernas estén cruzadas. Tómate un momento para concentrarte en tu cuerpo y sentir toda la energía natural corriendo por él. Lleva tu conciencia a la parte superior de tu cabeza y escanea lentamente tu cuerpo hacia abajo con tu atención. Al llegar a la pelvis, imagina que tu energía corre como raíces por tus piernas. Sigue escaneando la conciencia de tu cuerpo, lleva esa sensación de examinarte a ti mismo más allá de tus piernas mientras sientes que tus raíces energéticas comienzan a excavar suavemente en el suelo. Con un sentido de la fuerza de voluntad firme pero relajado, extiende tu energía hacia esas raíces debajo de ti. Esas raíces son una extensión de tu cuerpo energético.

Esas raíces viajan a través del suelo y el lecho de roca, a través de las cuevas subterráneas y las bolsas de aire, a través de las corrientes de agua subterráneas y finalmente hasta el núcleo fundido del planeta. El núcleo fundido no te quema ni te causa ningún dolor. En cambio, te calma aún más a medida que sientes su calidez con tu energía. Tus raíces continúan viajando a través del núcleo fundido hasta que llegan al mismo centro, el corazón de la Tierra. El corazón está hecho de una hermosa luz blanca brillante. Es la fuente de un poder infinito, el alma y la conciencia de la Tierra misma. Es una de las energías más importantes con las que te encontrarás como brujo. Cuando sientes la luz blanca dentro del corazón de la Tierra, descubres que su energía es como un sueño y una canción. Tómate un momento para meditar sobre lo que eso significa y sentirlo profundamente. La canción de los sueños de la Tierra es poderosa, pero de un poder firme, seguro y anclado, uno que se autorregula, lo que asegura que estés lleno de tanta energía como puedas. Cualquier energía que no puedas manejar se libera a través de tus raíces, bendiciendo y sanando la Tierra y todos sus habitantes. Tómate un momento para sentir lo atado y asegurado que te sientes a la Tierra. Estás conectado a tierra.

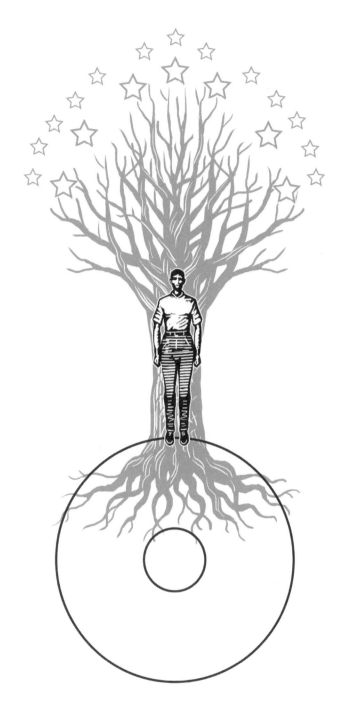

*Figura 1: Toma de tierra y extracción de energía*

## Profundamente enraizado y ramificado

La conexión a tierra es un ejemplo de una práctica que parece rudimentaria en la superficie, pero es un ejercicio que es crucial dominar y que debes tener en cuenta a lo largo del día. No necesitas hacer ningún tipo de trabajo energético para conectarte a tierra. Realiza una inspección a lo largo del día cada vez que te sientas abrumado. Pregúntate cuán arraigado te sientes. La conexión a tierra asegura que no sólo estamos seguros sobre la cantidad de energía que estamos absorbiendo (ya sea emocional, psíquica, mental, física o cualquier otro tipo de energía), sino que también asegura que venimos de un lugar fuerte. ¿Alguna vez has intentado arrancar las malas hierbas? Las malas hierbas con raíces más fuertes son las más difíciles de arrancar. Los árboles tienen raíces aún más fuertes y, dado que estamos trabajando con imágenes de árboles aquí, creo que es una comparación poderosa. Asegurarte de estar bien fundamentado también te ayudará a convertirte en un brujo psíquico más fuerte. Practica la técnica de toma de tierra varias veces. Obtén una muy buena idea de cómo te sientes cuando estás conectado a tierra y cómo te sientes cuando no lo estás.

Al igual que un árbol, cuanto más profundas y fuertes sean tus raíces, más nutrientes y agua podrás absorber. Tener una práctica sólida de toma de tierra es más que simplemente liberar energía, también es una manera de absorber energía. Esto asegura que no trabajes con tu propia energía y agotes tus recursos energéticos naturales. En cambio, con el próximo ejercicio tomarás energía externa de la Tierra de manera saludable para trabajar, como un árbol, parte de cuya fuente de energía proviene de arriba en forma de rayos de sol, nuestra estrella local. En los siguientes dos ejercicios, elevaremos energía de la Tierra y extraeremos energía de las estrellas. La Tierra y los cielos fueron venerados como importantes fuerzas complementarias y, como tales, generalmente se asocian a deidades consortes en las culturas antiguas. Por ejemplo, los griegos tenían a Gaia y a Urano, y los egipcios tenían a Geb y a Nut. En el Rigveda encontramos a Dyaus Pita (el Padre del Cielo) y a Prithvi Mata (la Madre de la

Tierra). Este motivo es casi universal a través de las civilizaciones y es una de las formas de polaridad más primarias y arquetípicas en todos los ámbitos de fuerzas drásticamente diferentes pero complementarias.

Así, vamos a trabajar con estas dos energías. Después de la conexión a tierra, puedes realizar el ejercicio «Elevar la energía terrestre» y experimentar cómo te sientes. A continuación, puedes pasar del ejercicio «Elevar la energía terrestre» al ejercicio «Reducir la energía celestial», o puedes enraizarte y omitir «Elevar la energía terrestre» y realizar «Reducir la energía celestial» en su lugar. Recomiendo que te familiarices con lo que sientes en cada uno de los ejercicios por sí solo antes de ver cómo te sientes cuando los realizas juntos. Después de eso, crearemos un circuito de estas dos energías para que fluyan continuamente a través de ti. De esta manera, estarás empoderado con energía externa a tu disposición sin tener que agotar la tuya.

Ejercicio 13

## Elevar la energía terrestre

Una vez que tengas una comprensión firme de la conexión a tierra, querrás realizarla nuevamente. Esta vez vamos a elevar la energía de la Tierra hacia nuestros cuerpos. Lleva tu conciencia de nuevo a las raíces, más allá del suelo y del lecho de roca, a través de las cuevas subterráneas y las bolsas de aire, a través de las corrientes de agua subterráneas, más allá del núcleo fundido, hasta la brillante luz blanca del profundo corazón de la Tierra. Empieza a absorber esa luz blanca a través de tus raíces energéticas, al igual que las raíces de los árboles absorben el agua. Atrae la luz a través de la lava y los arroyos y los ríos de agua subterráneos, a través de las cavernas y las bolsas de aire, a través del lecho rocoso y del suelo fértil. Permite que la canción de los sueños de la Tierra recorra todo tu cuerpo, energizando cada célula.

## Ejercicio 14

### Reducir la energía celestial

Eleva tu conciencia a través de tu cuerpo y siente que tu energía comienza a extenderse más allá de tus hombros y de la coronilla de una manera similar a como lo han hecho tus raíces, pero en lugar de eso, visualízalas como ramas de un árbol. Siente cómo tu conciencia se mueve más allá de tu cuerpo y esas ramas se dirigen hacia fuera. Crecen más y más hojas, brotando a medida que tu conciencia se eleva, alcanzando el cielo. Las ramas comienzan a ensombrecerte a medida que atraviesan la atmósfera y se adentran en el espacio. Las estrellas en los cielos comienzan a parpadear y a latir en reconocimiento de tu presencia acercándose a ellas.

Es pura energía celestial, la *Musica Universalis*, o la música de las esferas, el canto de la resonancia armónica. Tómate un momento para meditar sobre lo que eso significa y sentirlo profundamente. La energía celestial es una de las energías más esenciales con las que te encontrarás para la habilidad psíquica, ya que las energías astrales de las estrellas lo ven todo y lo saben todo. Comienzan a brillar cada vez más para ti, llenando el vacío del espacio con una luz blanca brillante. Absorbes esa energía a través de tus hojas y ramas, como si hicieras la fotosíntesis de la energía. Atrae la energía hacia abajo a través de tus hojas y ramas hacia tu cuerpo, llenándote de esa energía celestial.

## Ejercicio 15

### Crear un circuito

Realiza una respiración profunda y expande tu conciencia energética hacia fuera en ambas direcciones esta vez, hacia arriba y hacia abajo, alcanzando las diferentes canciones. Sumérgete en sus energías simultáneamente y llévalas de regreso a tu cuerpo. Esta vez, al mismo tiempo, haz correr la energía de la Tierra a través de tus ramas para ofrecerla a la energía celestial mientras la energía celestial desciende hacia la energía de la Tierra. Repite este proceso, hacia arriba y hacia abajo, pasando a través de ti como un conducto que crea un circuito de poder. Eres un hijo de la Tierra y de los cielos estrellados, eres un brujo psíquico. Trae tu conciencia de regreso a tu cuerpo, sabiendo que el circuito de energía todavía está en su lugar y realizando su trabajo, incluso cuando tu conciencia está fuera de él.

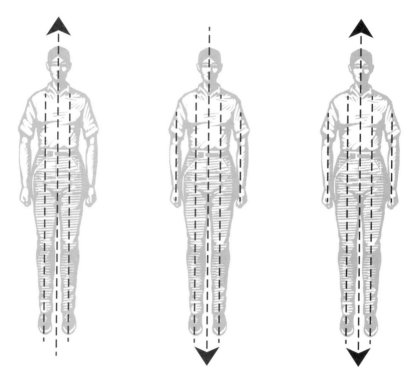

*Figura 2: Creación de un circuito de energía*

## Estabilidad energética

El centrado es una técnica de meditación que se utiliza para estabilizar nuestras energías internas, alinearnos con energías universales superiores y crear un modelo de relación de dónde estamos con respecto a todo lo demás que existe, lo que crea una sensación de presencia. Así como tenemos un centro de gravedad físico en el interior de nuestro cuerpo en el que parece concentrarse toda nuestra masa, también tenemos un centro espiritual donde se concentra toda nuestra energía. Este centro es el corazón, que actúa como un puente entre las frecuencias superiores e inferiores y nuestro Yo Superior y nuestro Yo Inferior. Centrarse es enfocar toda tu atención, energía y poder en un punto central: el centro del corazón. En los ejercicios anteriores, tenemos energía terrestre corriendo a través de nuestros cuerpos desde abajo y energía celeste corriendo a través de nuestros cuerpos desde arriba, formando un circuito. El centrado estabiliza estas energías en una fuente energética enfocada para que podamos conjurar energía dinámicamente.

Místicos y visionarios de diferentes religiones y caminos espirituales han proclamado a menudo que Dios es amor o que todo está compuesto de un amor divino. Centrarse en el corazón es la comunión con el Universo como el Corazón Divino y la Mente Divina. Las brujas se refieren a este estado de centrado conectado como «amor perfecto y confianza perfecta». Centrarse es un estado paradójico de empoderamiento personal y entrega al Todo. El amor perfecto es reconocer la divinidad dentro de todas las cosas que existen y comprender que hay una fuerza unificadora de inteligencia que atraviesa y encarna todo, una quintaesencia numinosa. La confianza perfecta es entregar tu sentido del ego a la Conciencia Universal unificada.

Muchos maestros de habilidad psíquica y mediumnidad se enfocarán en venir de un espacio de amor para abrirse y recibir información y confiar en cualquier cosa que reciban mientras estén en este estado centrado en el corazón. El amor perfecto y la confianza perfecta es una idea similar, excepto que estamos trabajando para ponernos en armonía con el amor del Todo y confiar en la energía que recibimos. Sintonizamos una frecuencia que está más allá de nosotros mismos y de nuestra percepción de lo que nos define, y llevamos esa conciencia a un centro concentrado dentro de nuestros corazones. Tomamos los reinos de lo interno y lo externo, de arriba y abajo, del otro y el yo, y lo centramos como un espacio dentro de nosotros mismos. Esto encarna el axioma hermético de «Como es arriba, es abajo. Como es dentro, es fuera» y lo unifica.

Centrarnos también nos orienta al crear un sentido de dónde estamos en relación a todo lo que existe en el cosmos. Este sentido de centralidad crea una actitud de lo que los místicos llaman «estar aquí y ahora». Puedes pensar en ello en comparación con el heliocentrismo, el hecho de que todos los planetas giran alrededor de nuestro sol en el sistema solar, que es el punto central alrededor del cual orbitan. En lugar del sol, es nuestro sentido de nosotros mismos, y en lugar de los planetas, es el cosmos entero. Centrar orienta nuestra percepción como centro del Universo.

Ejercicio 16

## Centrarse

Imagina que eres el centro del cosmos. Todo en el Universo está en relación directa contigo como punto central. Lleva tu atención a la dirección debajo de tus pies, llegando hasta el mismo borde del cosmos en esa dirección. Visualiza un cristal de cuarzo gigante en el borde del cosmos debajo de ti, brillando con un fulgor iridiscente prismático. El cristal late con el Amor Divino de la quintaesencia. Imagina que un rayo constante de luz prismática se dispara rápidamente desde él y se extiende hasta que se encuentra con tus pies, desde donde luego es empujado hacia tu cuerpo hasta que alcanza el centro de tu corazón. Siente el Amor Universal pulsando dentro del centro de tu corazón, conectándote con el amor que compone toda la realidad.

Repite este proceso de llevar tu atención a un cristal en el borde del Universo lleno de Amor Universal en las siguientes direcciones: delante de ti, detrás de ti, a tu derecha, a tu izquierda y por encima de ti.

Tómate un momento y siente los seis rayos de energía concentrados al mismo tiempo en el centro de tu corazón, infundiéndolo con una sensación de claridad, paz, equilibrio, quietud, pero sobre todo con un sentido de Amor Universal. Cualquier energía que se sienta en exceso es absorbida sin esfuerzo por tu conexión de toma de tierra. Tu corazón es el nexo del cosmos mismo, inundado de una brillante luminosidad. A medida que la visión de los rayos se desvanece, todavía estás centrado y todo lo que tienes que hacer es enfocarte en tu corazón como el centro de la realidad para centrarte en ti mismo.

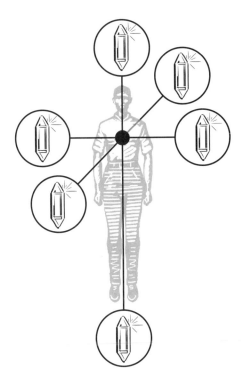

*Figura 3: Centrar tu energía*

Ejercicio 17

## Entrar en alfa

Hay varios métodos para entrar en el estado de ondas cerebrales alfa, pero todos siguen un patrón relativamente similar: enfocarse en una mezcla de colores e imágenes, haciéndolos vívidos en tu Ojo de Bruja y contando hacia atrás lentamente. Aquí está mi técnica alfa favorita que he desarrollado basándome en mis estudios con la anciana de la brujería Laurie Cabot en la Tradición de la Brujería Cabot, y con Christopher Penczak en la Tradición de la Brujería del Templo. Ambos tienen diferentes métodos para lograr el estado de ondas cerebrales alfa y éste es el mío, inspirado en la experimentación de sus técnicas.

Imagina que estás en medio de un claro en el bosque por la noche. Sabes que ahí estás completamente protegido y en paz, y miras hacia arriba para ver la luna llena colgando sobre tu cabeza rodeada de estrellas que adornan el cielo nocturno. La luna envía una pequeña joya facetada y pulida de unos ocho por ocho centímetros que desciende y se cierne ante ti. Empiezas a escuchar una sinfonía de música etérea y hermosa en lo alto.

Levantas la mirada para notar la aurora boreal sobre ti en un hermoso color carmesí. Observas cómo la aurora boreal baila y palpita en el cielo nocturno. La joya, antes de comenzar a reflejar ese color, se vuelve de un vibrante color rojo rubí.

La aurora boreal cambia a un color naranja intenso. Mientras la observas bailar y palpitar en el cielo nocturno, te das cuenta de que la joya, antes de comenzar a reflejar ese color, se vuelve de un cálido ámbar anaranjado.

La aurora boreal vuelve a cambiar de color, esta vez a un amarillo brillante. Mientras la observas bailar y latir en el cielo nocturno, ves que la joya, antes de comenzar a reflejar ese color, se vuelve de un brillante amarillo cetrino.

Una vez más, la aurora boreal cambia de color, esta vez transformándose en un verde vibrante. Mientras la observas bailar y palpitar en el cielo nocturno, notarás que la joya, antes de comenzar a reflejar ese color, se convierte en un vibrante verde esmeralda.

La aurora boreal cambia de color una vez más, esta vez transformándose en un azul profundo. Mientras la observas bailar y palpitar en el cielo nocturno, te das cuenta de que la joya, antes de comenzar a reflejar ese color, se vuelve de un azul zafiro profundo.

La aurora boreal cambia de color nuevamente, esta vez convirtiéndose en un violeta real. Mientras la observas bailar y latir en el cielo nocturno, notarás que la joya, antes de comenzar a reflejar ese color, se vuelve de un amatista real.

Una vez más, la aurora boreal cambia de color, esta vez convirtiéndose en un blanco brillante. Mientras la observas bailar y latir en el cielo nocturno, te das cuenta de que la joya, antes de que empiece a reflejar ese color, se vuelve de un blanco brillante como la piedra lunar, con un resplandor del arcoíris. La aurora boreal se desvanece en el cielo. Bajas la mirada hacia la joya que tienes delante. A medida que te enfocas en la joya, comienza a latir a través de todos los colores: rojo, naranja, amarillo, verde, azul, violeta y blanco. Cuentas hacia atrás, sintiendo que profundizas cada vez más en ti mismo a cada número: siete, seis, cinco, cuatro, tres, dos, uno, cero. Ahora estás en el estado alfa de la conciencia.

## Ejercicio 18

### Establecer un comando psíquico

Puede que no encuentres el tiempo para entrar completamente en alfa para realizar un trabajo psíquico o un acto de magia instantánea mientras estás fuera de casa, pero aun así necesitas alcanzar el estado. Puedes aprender a condicionarte para entrar en alfa en cualquier momento. Sin embargo, esto no debería ser una sustitución de la entrada en alfa, sino algo que utilizas a diario cuando estás fuera de casa y no puedes cerrar los ojos para entrar en alfa. Sólo funcionará si entras regularmente en alfa y sigues condicionándote adecuadamente para establecer el comando psíquico. Esto se relaciona con la idea de neuroplasticidad, de la que ya he hablado en la sección sobre las afirmaciones. Condicionas tu cerebro para que se desempeñe de cierta manera en función de un comando fuertemente vinculado. El fisiólogo Ivan Pavlov realizó experimentos sobre condicionamiento. En su prueba más famosa, tocaba una campanilla cada vez que alimentaba a los perros. Los perros comenzaron a asociar el sonido con la comida y finalmente salivaban cada vez que escuchaban la campanilla, incluso en ausencia de comida. Los comandos psíquicos son una forma de decirle a tu cerebro que estás entrando en el estado de ondas cerebrales alfa.

Empieza por sentarte, ponerte cómodo y cerrar los ojos. Sintoniza repitiendo los ejercicios de este capítulo desde la «Toma de tierra» hasta «Entrar en alfa». Crea un gesto físico simple que quieras usar como comando psíquico. Los más comunes son cruzar los dedos o que un dedo toque a otro. Como brujos, queremos que nuestro mensaje sea algo que parezca ordinario y casual para que podamos realizar magia o aprovechar nuestra capacidad psíquica sin que los demás se den cuenta. Sugiero encarecidamente cruzar los dedos, ya que no sólo es un movimiento sutil e indetectable, sino que la mayoría de la gente ya lo asocia con la idea de un deseo o esperanza de que suceda algo («¡Crucemos los dedos!») o con la travesura, como los dedos cruzados en la espalda.

Mantén este gesto (como cruzar los dedos) y afirma mientras entras en alfa:

«Siempre que mis dos dedos estén entrelazados, entraré en este estado mental actual donde lo psíquico fluye y mi magia crece».

Realiza este ejercicio cada vez que entres en alfa para seguir fortaleciendo la asociación del mensaje. Siempre que necesites entrar en alfa rápidamente, intenta utilizar tu comando y comprueba cómo cambia tu estado de conciencia. Cuanto más lo realices, más rápido podrás entrar en alfa con el comando.

## Arrastre de ondas cerebrales

El arrastre de ondas cerebrales, también llamado sincronización de ondas cerebrales, es la hipótesis de que nuestros cerebros tienen la capacidad de sincronizarse naturalmente con estados específicos de ondas cerebrales a través de estímulos externos en forma de luces pulsantes, sonidos u ondas electromagnéticas. El método más común y accesible de arrastre de ondas cerebrales es en forma de latidos biaurales. Si bien ésta es todavía una teoría marginal y un área de estudio, muchos psíquicos que conozco, incluido yo mismo, creen en su capacidad para alterar la conciencia.

Los latidos biaurales se dan cuando dos frecuencias de sonido diferentes se combinan para dar la ilusión de una tercera. Para crear un ritmo biaural, se reproduce un tono constante e inalterable en el oído izquierdo (digamos que de 200 Hz, por ejemplo), mientras que otro tono constante se reproduce en el oído derecho (digamos que de 205 Hz). El cerebro los escuchará como un sonido vacilante y lo procesará como una frecuencia completamente nueva (que sería de 5 Hz en nuestro ejemplo) como si las dos frecuencias hubieran dado a luz a una nueva.

Los ritmos biaurales requieren un par de buenos auriculares y nunca deben utilizarse cuando se está en estado de alerta, como cuando, por ejemplo, se conduce un automóvil. Sugiero experimentar con diferentes indicaciones físicas para diferentes estados de ondas cerebrales. Por ejemplo, cruzar los dedos para alfa y tocar el pulgar con el índice para theta. No sugiero que los latidos biaurales reemplacen la entrada en alfa a través de la meditación, como se indica en la última sección, sino más bien como un método complementario para solidificar aún más la conexión entre los estados de ondas cerebrales y tus impulsos psíquicos.

## Desactivar

Una de las preguntas más frecuentes que recibo es cómo desactivar la capacidad psíquica. Puedo entender por qué se pregunta esto tan comúnmente. En todos los libros que he leído sobre la habilidad psíquica, y en todos los cursos a los que he asistido sobre el tema, la cuestión central consiste en explicar cómo abrirse a la percepción psíquica, mientras que casi ninguno habla sobre cómo desactivarla. No enseñar a desactivar la percepción es algo que considero irresponsable. Permíteme ser muy claro: cada vez que sintonices tu percepción, tan pronto como hayas terminado de realizar tu trabajo, debes siempre desactivarla. Si sólo estás haciendo un ejercicio, desactívala justo después. Si estás haciendo varios ejercicios juntos, desactívala después de haber realizado todo el trabajo. Así, aunque los ejercicios después de esta sección no especifiquen que debes desactivar la percepción, simplemente asume que debes hacerlo siempre. No hacerlo puede provocar agotamiento, falta de conexión a tierra, confusión mental y sentidos sobrecargados. Recuerda siempre que en cualquier momento puedes utilizar el «Atenuador psíquico» (Ejercicio 8) para modificar el nivel de entrada que estás recibiendo.

## Ejercicio 19

❧

# Salir de alfa

Para salir de alfa, simplemente cierra los ojos y concéntrate en tu cuerpo y en tu entorno mientras cuentas de cero a siete. Afirma que estás regresando a tu estado normal de conciencia. Abre lentamente los ojos y mueve el cuerpo. Concentrarte en tu cuerpo y tu entorno físico puede ayudarte a salir de alfa.

También puede resultarte útil crear un impulso físico para ayudar a solidificar cuando hayas terminado con tu trabajo psíquico y mágico. Por ejemplo, yo tengo un anillo de hematita que llevo en el pulgar izquierdo. Siempre que realizo una lectura psíquica, me quito el anillo para indicarme subconscientemente que estoy listo para entrar en un estado diferente de conciencia. Del mismo modo, cuando termino con la lectura psíquica o el trabajo energético, vuelvo a poner el anillo en mi pulgar para enfatizar de nuevo que he terminado con ese estado de conciencia y estoy listo para volver a mi estado normal. Finaliza tu salida de alfa conectándote a tierra una última vez.

## Ejercicio 20

❧

# Limpieza psíquica

Esta técnica es similar a las prácticas enseñadas por Laurie Cabot (*Total Health Clearance*) y Christopher Penczak (*Clearance and Balance*). Se utiliza para liberar cualquier energía que puedas haber adquirido en el trabajo mágico o en la lectura psíquica. No es raro haber absorbido parte de la energía del cliente al interactuar con él psíquicamente o con un aliado mágico. Esta técnica asegura que liberarás cualquier energía que no sea tuya. Esto garantiza que no estés asumiendo ningún síntoma de salud, estados emocionales o formas de pensamiento de la otra persona o del trabajo mágico que acabas de realizar.

Frótate las manos y visualiza la energía que empieza a emanar de ellas. Visualiza esa energía saliendo como una cascada y siéntela fluyendo de las palmas de tus manos. Mantén las manos unos centímetros por detrás del cuello. Muévelas desde la base del cuello hasta encima de la cabeza y hacia abajo por la parte delantera de tu cuerpo. Visualízalas empujando a través de todo tu cuerpo y expulsando cualquier energía que no te pertenezca. Expresa:

«Libero y limpio cualquier energía que no sea mía».

## Ejercicio 21

## Recuperar tu energía

Una técnica adicional que me gusta realizar es recuperar mi energía. Así como tomas la energía de otras personas o entornos, también puedes perder algo de tu energía. Al realizar la limpieza psíquica y luego recuperar tu energía, te aseguras de que la energía de todos se haya ordenado adecuadamente y se haya devuelto a su dueño.

Dirige la atención a unos pocos centímetros por encima de tu cabeza y visualiza una bola plateada del tamaño de tu puño flotando por encima de ella. Imagina que escribes tu nombre en la bola plateada con un rotulador negro. Mientras lo haces, la bola plateada comienza a brillar y a actuar como un imán. Atrae hacia sí cualquier energía que hayas perdido durante la lectura o el trabajo energético. Te devuelve tu energía del tema de tu lectura o de la persona a la que puedes haber estado curando. Devuelve la energía que puedes haber perdido en el entorno que te rodea. Trae de vuelta fragmentos de ti mismo que has perdido a lo largo del espacio y el tiempo o de otras dimensiones de la realidad.

Cuando hayas completado esto, respira profundamente y siente y visualiza la bola plateada que empieza a brillar ahora en un tono dorado. Imagina que brilla sobre ti, que devuelve todas las partes energéticas de ti mismo a tu cuerpo y a tu campo áurico como si estuviera lloviendo sobre ti, y la absorbes. Di mentalmente: «Estoy completo». Tómate un momento para notar cómo sientes la plenitud. Conecta a tierra cualquier exceso de energía que no sea tuya ni de tu cliente.

# Ejercicio 22

❧

## Equilibrio y repolarización

Este ejercicio se utiliza para ver lo equilibrado y polarizado que estás energéticamente. Asegúrate de que estás en completo equilibrio mental, emocional, espiritual y físico. Yo hago esto después de cualquier trabajo psíquico o mágico, o cuando me encuentro mal y no estoy seguro de cuál es la causa de mi malestar.

Sintoniza. Respira profundamente y di:

«Convoco la balanza de la mente».

Visualiza una balanza dorada ante ti, como la que sostiene la imagen de la Justicia. Extiende las manos como si estuviera justo frente a ti, colocando una mano debajo de los platos de la balanza. Siéntelos. ¿Uno es más pesado que el otro? ¿Está un plato de la balanza más bajo que el otro? Ahora afirma:

«Equilibro y polarizo toda mi energía mental».

Mientras lo dices, mueve las manos como si estuvieras nivelando la balanza frente a ti, sabiendo que estás trayendo equilibrio y polaridad a tu mente. Repite este proceso, convocando a la balanza del cuerpo, la balanza del espíritu y la balanza de las emociones.

# Capítulo 4
# PERCEPCIÓN EXTRASENSORIAL

**H**ay cinco categorías principales en las que se experimenta la percepción extrasensorial: clarividencia, claritangencia, clariaudiencia, clarigusto y clariolfato. Casi cualquier fenómeno psíquico puede encajar en alguna de estas cinco categorías principales porque son extensiones de las cinco formas en que percibimos la realidad en general: a través de la vista, el tacto, el oído, el gusto y el olfato. Estas percepciones, que exploraremos juntos, pueden ser tanto internas como externas.

Todos nacemos con predisposición hacia uno de los sentidos psíquicos. Esto hace que sea más fácil trabajar con esa percepción extrasensorial. Por otro lado, también tenemos algunos sentidos psíquicos que están menos desarrollados que otros, a veces hasta el punto de que esa capacidad está completamente inactiva, con esos sentidos completamente bloqueados y ocultos para nosotros. Son los llamados *noirs*, en francés, de los que he hablado anteriormente. No te preocupes, no es que no estés «dotado» de ellos. Simplemente están inactivos, esperando a ser despertados.

Cuando tienes un sentido psíquico que no es naturalmente fuerte, tienes que trabajar en él. Puede llevarte algunos días, algunos meses o incluso algunos años volver a despertarlo, dependiendo de lo seria y consistentemente que practiques tu trabajo en él. Piensa en ello como en ejercitar el sentido. Tal como dicen en el gimnasio, «sin dolor, no hay ganancia» y «pierdes lo que no utilizas». Ambas frases son igualmente ciertas en lo que respecta a la capacidad psíquica. Sin embargo, nunca pierdes por completo ninguno de los sentidos psíquicos, simplemente éstos entran en un estado de letargo, ya que tu mente cree que no los necesitas para funcionar en la realidad mundana.

# Ejercicio 23

❦

## Hechizo para despertar habilidades psíquicas

Para este hechizo, todo lo que necesitarás es una copa de cristal transparente llena de agua fría. Realízalo en luna llena, y te recomiendo hacerlo una vez al mes para seguir cargando y fortaleciendo tus habilidades. Necesitarás realizar este hechizo al aire libre. Si la luna llena no es visible debido al clima, no te preocupes, funcionará igual.

Realiza los ejercicios de sintonización. Comienza por la respiración lunar. Sostén la copa por encima de tu cabeza para que la luz de la luna brille a través del cristal. Si está nublado, simplemente levántalo en la dirección en la que es más probable que esté la luna. Mira cómo la luz de la luna llena la copa de cristal. Mientras sostienes el vaso hacia la luna, recita:

«Con luz de luna cargo esta agua
pidiendo bendiciones para que altere
todos mis sentidos de forma que potencie y extienda
la mente para interpretar y comprender».

Lleva el vaso hacia tu frente, a tu Ojo de Bruja y recita:

«Para que pueda ver más claramente,
tocar y sentir más sinceramente,
degustar y oler más precisamente,
escuchar y saber más sucintamente».

Lleva el vaso hacia tu pecho a la altura del corazón y recita:

«Bebo de la luna y tomo el poder.
Como bruja psíquica declaro en esta hora
que todos mis sentidos que normalmente están ocultos
son conmovidos y despertados y por la presente revelados».

Bebe toda el agua, permitiendo que las bendiciones de la luna sean absorbidas por tu cuerpo.

## Ejercicio 24

## Las rosas negras

Realiza los ejercicios de sintonización. Imagina un hermoso jardín lleno de bellos pájaros. Ves un rosal frente a ti. Con tu Ojo de Bruja, levántate y camina hacia él. A medida que te acercas, notas que los pétalos de las rosas son de un negro profundo. Tómate un momento para apreciar la belleza única de esas rosas. Mira los tallos espinosos, las hojas y las flores. Siente el cálido resplandor del sol en tu piel.

Pasa la mano por las rosas, sintiendo sus pétalos sedosos. Pasa la mano por los tallos, toca las espinas. Elige una de las flores, córtala y huele su intensa fragancia. Huele a rosa, pero es un olor mucho más lujoso que el de cualquier otra rosa que hayas olido, y también tiene su propio matiz, distintivo y único. Ahora, muerde la flor. Mientras lo haces, date cuenta para tu sorpresa de que tiene un sabor a chocolate muy rico. Tómate un momento para saborearlo. A medida que el sabor del chocolate comienza a desvanecerse de tu lengua, te llenas de una profunda sensación de bienestar y felicidad. Te das cuenta de que en el lugar donde mordiste la flor vuelve a crecer de manera perfecta, como si nunca la hubieras mordido.

Coloca la flor donde la cortaste. Milagrosamente, la flor vuelve a formar parte del rosal, como si nunca la hubieras cortado. A medida que la flor se fusiona con el rosal, escuchas un sonido celestial que proviene de todas partes y de ninguna a la vez, y una voz tranquila que proviene del rosal te da las gracias.

Deja que la visión se desvanezca.

Ahora, tómate un momento para calificar cada sentido de claridad en una escala del uno al diez, siendo diez la claridad perfecta y uno la incapacidad para conjurar el sentido. Esto te ayudará a tener una idea de cómo están tus fortalezas naturales y en cuál debes esforzarte más.

**Clarividencia:** Ver el jardín, ver las rosas negras, poder coger la rosa, verla regenerarse y volver a colocarla en el rosal.

**Claritangencia:** Sentir el sol en tu piel, los pétalos de rosa sedosos, los tallos y las espinas, la sensación emocional de bienestar y felicidad.

**Clarigusto:** El sabor de la flor en la boca.

**Clariolfato:** El olor de las rosas.

**Clariaudiencia:** El sonido del canto de los pájaros, el sonido celestial, la vocecita dándote las gracias.

## Clarividencia

La clarividencia se experimenta de dos maneras diferentes: la clarividencia interna y la clarividencia externa. La clarividencia interna es la capacidad de ver algo en la pantalla de tu mente. La clarividencia interna se vive con simbolismo y visiones. La clarividencia externa es la capacidad de ver una superposición de la visión sobre tu vista sensorial habitual, como auras, espíritus, círculos, destellos y sombras. Yo estoy predispuesto a ser un clarividente externo por naturaleza. Las personas generalmente se sorprenden bastante cuando les digo que la clarividencia interna es algo en lo que he tenido que trabajar para fortalecer hasta el punto de ser consistentemente clara y vívida.

Con la clarividencia interna, hay tres puntos de vista principales que se deben tener en cuenta, particularmente cuando se trata de visiones, trabajo de viaje o meditación: primera, segunda y tercera persona. Con el punto de vista en primera persona ves la visión como si la situación te estuviera sucediendo a ti. Con el punto de vista en segunda persona ves la visión como si le estuviera sucediendo a otra persona y tú la ves como un espectador: presente, pero no como la persona principal alrededor de la cual se centra la visión. El punto de vista en tercera persona es cuando estás completamente alejado de la situación mientras la estás viendo. Esto suele parecerse a ver una película en la pantalla de tu mente.

## La pantalla de tu mente

La pantalla de tu mente es el lugar donde visualizas desde tu Ojo de Bruja. La mayoría de las personas piensan que «ven» las imágenes dentro de sus cabezas, pero cuando se enfocan en ello, generalmente descubren que ocupa un área espacial fuera de su cabeza. Esta ubicación suele estar de quince a treinta centímetros delante y ligeramente por encima de sus cabezas. Como has estado leyendo esto, probablemente ya estés en un estado ligero de ondas cerebrales alfa (la lectura provoca eso) y las palabras que estás leyendo están creando imágenes en tu cabeza. Así pues, intentemos algo.

Quiero que pienses en un unicornio rosa corriendo por un prado, dejando atrás un arcoíris. Al leer esa línea de texto, lo más probable es que aparezca rápidamente una imagen del unicornio en la pantalla de tu mente, aunque sólo sea durante una fracción de segundo. ¿Dónde está? Trata de ubicar interna y externamente dónde ha aparecido la imagen.

Intentémoslo de nuevo. Quiero que pienses en un dragón rojo y negro que sale furioso de un volcán. ¿Dónde está? ¿En el mismo lugar? ¿En uno diferente? Pruébalo evocando la visualización de varias imágenes diferentes. Como he dicho antes, la lectura puede ponerte en un estado ligero de ondas cerebrales alfa, por lo que aquellos que leen novelas tienden a poder evocar las imágenes con más fuerza que otros. Los audiolibros funcionan tan bien como las novelas. No soy un gran lector de novelas, tiendo a preferir libros metafísicos y ocultistas, pero leeré una novela de fantasía si estoy buscando fortalecer mis habilidades de visualización. Aquellos que trabajan con las artes visuales también tienden a ser más fuertes evocando visiones internas.

La visualización también es una herramienta mágica. Al visualizar ciertas cosas con claridad, dirigimos la energía. Cuando nos visualizamos protegidos, no es tanto la visualización real la que nos protege. En cambio, la imagen visual transmite información de lo que pretendes hacer al subconsciente y a las tres almas. El subconsciente comprende que estás buscando protección mágica o psíquica y, por lo tanto, potencia esa intención y, de ese modo, realiza la protección en sí. No puedo enfatizar lo suficiente lo importante que son las habilidades de visualización para la magia y para abrir la clarividencia.

*Figura 4: La pantalla de tu mente*

Ejercicio 25

## Visualización

Para fortalecer tu clarividencia interior, querrás un objeto simple que puedas sostener en la mano. A mí me gusta utilizar un cristal porque tienden a tener una forma simple y un solo color predominante. Me gusta utilizarlo como un buen punto de partida para fortalecer la visualización. Ponte en un estado meditativo y asimila todas sus formas, facetas y colores. Dale la vuelta en tu mano para ver todas las perspec-

tivas del cristal. Sumérgete en cada detalle del cristal que puedas identificar. Cierra los ojos y trata de recordar su aspecto. Evoca la imagen
en tu mente, tratando de retener su color y forma.

La clave aquí es no esforzarse demasiado. Si intentas forzar la visualización, te resultará mucho más difícil. En cambio, deseas estar en
un estado meditativo realmente relajado y abordar esto con una actitud
muy juguetona y receptiva. Quieres estar en ese estado de conciencia
de ondas cerebrales alfa, que es muy soñador y relajado. Cuando intentas forzarlo con tu Ojo de Bruja, tiendes a hacer lo contrario: visualizar
resulta mucho más difícil. Cuando hayas terminado, abre los ojos y estudia el cristal nuevamente y repite este proceso de estudiar y recrear la
imagen en tu Ojo de Bruja. Cuando hayas acabado con esto, querrás
cerrar los ojos y volver a evocar la imagen. Esta vez, mientras ves la
imagen del cristal con tu Ojo de Bruja, cambia el color y la forma del
cristal. Intenta convertir el cristal en algo completamente diferente.

Otro gran ejercicio es utilizar una imagen, particularmente una que
contenga algún tipo de paisaje o ubicación, no importa si la imagen es
una foto realista de un lugar o un lugar de fantasía surrealista. Estudia
la imagen y recréala con tu Ojo de Bruja con los ojos físicos cerrados.
Esto va a requerir práctica, así que hazlo una y otra vez, como has hecho en el último ejercicio. Ahora, mientras sostienes la imagen claramente en tu Ojo de Bruja, imagínate dentro de la imagen. Imagínate
cómo se vería la imagen en un mundo tridimensional como en el que
estás. Contempla tu entorno.

## Ejercicio 26

## Activación psíquica por la llama de una vela

En este ejercicio, reentrenas los ojos para ver la energía. Para ello, necesitarás una vela que colocarás directamente frente a ti. No importa si la
vela está a la altura de los ojos o más abajo. Cualquier vela servirá, pero
si deseas hacer un esfuerzo adicional, una vela azul o morada agregará
un empuje adicional a este trabajo. Realiza este ejercicio por la noche y
en una habitación con poca luz.

Empieza por realizar el ejercicio de sintonización. Enciende la vela. Mientras lo haces, declara en voz alta:

«En esta noche, a la luz de las velas
activo mi Visión de Bruja».

Realiza el ejercicio «Respiración lunar». Esto te pondrá en un estado de trance bastante ligero. Con una mirada suave y relajada, enfócate en la llama de la vela. No mires directamente a la llama. En su lugar, permite que tus ojos se desvíen como si estuvieran mirando a través y más allá de la llama de la vela. Deberías ver un cálido resplandor dorado alrededor de la vela. Recuerda seguir respirando profundamente. A medida que aparece el resplandor, mantén la mirada suave y fija en el resplandor y no en la llama de la vela.

Sigue mirando en ese estado de trance durante unos minutos. De vez en cuando reafirma:

«En esta noche, a la luz de las velas
activo mi Visión de Bruja».

Luego cierra los ojos. Deberías ver el resplandor de la luz impresa ante ti. Visualízalo estimulando tu Ojo de Bruja sobre tu frente y moviéndose hacia dentro hasta tu glándula pineal. Al hacer esto, di en voz alta:

«El ojo que todo lo ve está dentro de mí,
y a través de él puedo ver claramente.
Todo lo que está escondido, todo lo que está oculto,
y todo lo que está más allá del Velo se revela.
Todo lo que está envuelto en tierra, mar y cielo
por la Segunda Visión es desvelado por mi Ojo de Bruja».

Abre los ojos y repite este proceso tres veces. Cuando hayas terminado con este ejercicio, apaga la vela.

# Ejercicio 27

❦

## Limpieza y recarga del Ojo de Bruja

A veces, nuestro Ojo de Bruja necesita un poco de limpieza y de recarga. Piensa en ello de manera similar a las gafas. Cuando usamos gafas, existe una gran posibilidad de que se manchen o se empañen. Si tienes dificultades para ver algo con claridad con tu Ojo de Bruja, puede indicar que debes limpiarlo y recargarlo. Si bien la glándula pineal y el Ojo de Bruja son lo mismo, podemos distinguir entre los dos porque el Ojo de Bruja es más una sensación en la frente, y la glándula pineal es el «ojo dentro del Ojo de Bruja», ubicado dentro del cerebro.

Sintonízate. También vas a realizar el ejercicio de centrado. Sin embargo, esta vez, en lugar de centrar la energía en tu corazón, céntrala toda en tu glándula pineal, que se encuentra directamente en el medio de tu cerebro, un poco más arriba que tus ojos físicos. Visualiza la glándula pineal como un globo ocular del tamaño de un guisante con un iris de color perla descansando en tu mente y mirando directamente hacia fuera, en línea recta. Sigue centrando toda tu energía ahí. Ahora realiza el ejercicio «Entrar en alfa» con algunas modificaciones. En lugar de que la joya desaparezca al final, sigue viéndola correr a través de cada color del arcoíris. La joya comienza a tornarse negra, como si el negro fuera una luz. Tómate un momento para visualizar cómo se vería la luz negra.

Con los ojos aún cerrados, gíralos hacia arriba como si estuvieras tratando de ver algo detrás de tu cabeza y mantenlos así. Visualiza la joya enviando un rayo de luz negra en espiral en el sentido de las agujas del reloj. Comienza trazando una espiral en tu frente, despertando y agitando tu Ojo de Bruja. Ve aparecer un párpado aquí y mientras la luz sigue trazando una espiral en tu frente, el párpado se abre, revelando tu Ojo de Bruja. El iris del Ojo de Bruja es completamente blanco. La espiral se mueve hacia dentro y más allá del Ojo de Bruja, moviéndose profundamente dentro de tu cabeza hasta que alcanza la glándula pineal. Siente la sincronización que ocurre entre tu Ojo de Bruja y tu glándula pineal. Eso limpia y despeja todos los bloqueos del Ojo de Bruja y de la glándula pineal.

El rayo en espiral se ralentiza y se estabiliza en un rayo de luz similar a un láser que proviene de la joya a través de tu Ojo de Bruja y hacia tu glándula pineal. La joya se vuelve roja y el rayo que emite se vuelve rojo también. A medida que la luz roja penetra en el Ojo de Bruja y la glándula pineal, el iris de ambos se vuelve rojo. La joya atraviesa cada uno de los colores, cambiando el color de la luz y a su vez afectando al color del iris: rojo, naranja, amarillo, verde, azul, morado, blanco y luego negro. La joya deja de emitir su luz y se disuelve ante ti. Los iris de tu Ojo de Bruja y de la glándula pineal comienzan a cambiar pasando por todos los colores nuevamente hasta volver a todos los colores del arcoíris en un solo haz, abarcando un espectro de visión mucho más amplio. Tu Ojo de Bruja y el ojo dentro del ojo ahora están limpios, recargados y sincronizados.

Ejercicio 28

## Ver las energías áuricas básicas

En pocas palabras, un aura es una burbuja de energía vital que rodea a una persona. En realidad, el aura está compuesta por varias capas diferentes, y aprenderemos más sobre cada una en apartados posteriores. Con la clarividencia podemos percibir las diferentes capas del aura, así como los colores y las formas.

Para ver las auras, los espíritus y la energía pura, querrás ponerte en un estado de conciencia meditativo muy relajado. Realizar el ejercicio «Respiración elemental en cuadratura» puede resultarte de ayuda. Querrás mantener esa mirada muy suave que utilizaste en el ejercicio «Activación psíquica por la llama de una vela». Deseas asegurarte de que tu visión esté completamente relajada y no se esté enfocando en nada específico. Trata de ver con todo el espectro de tu vista, teniendo en cuenta todo lo que tienes frente a ti y tu visión periférica (que es lo que el ojo ve a los lados mientras miras al frente).

Simplemente empápate de toda la información visual en un estado mental muy pasivo y receptivo. Coloca la mano frente a ti. Eso funcionará mejor si la iluminación es baja y tienes una superficie de color sólido como fondo para este ejercicio. Puedes utilizar el suelo o la pared como fondo. Las superficies blancas o negras sirven mejor, pero cualquiera funcionará siempre que sea de un solo color. Una vez que desarrolles esta habilidad, no importará cuál sea el fondo. Con esa mirada, extiende tu mano y mírala. Intenta mirar más allá de tu mano como si ésta fuera una ventana por la que ves a través y más allá. Mira más allá de cualquier objeto para ver su aura. A medida que practiques, el cuerpo etérico del aura emergerá. Generalmente aparece como una neblina o un resplandor translúcido, blanco o gris alrededor de la mano. A menudo, estará cerca de la mano misma y delineándola. Para ver más allá de la capa etérica del aura, aléjate aún más con tu enfoque y dirige la atención a una parte más significativa del área que rodea tu mano sin enfocarte en nada.

Ejercicio 29

## Ver los colores y los espíritus del aura

A veces, las personas tienen problemas para ver el color interior de las auras. Una de las maneras de evitarlo es proyectar los pensamientos para crear una conversación con el Universo. Muchas veces nos cuesta ver cosas que no hemos visto o experimentado antes. A la mente le gusta tener marcos de referencia para cosas no físicas y los utiliza para toda su percepción psíquica, por lo que si nunca antes has visto un aura colorida completa, te será más difícil verla que si tu mente tuviera un marco de referencia para comparar e interpretar la información.

Una vez que comiences a ver el aura en el último ejercicio, pregúntate internamente sin pensarlo demasiado: «¿De qué color sería este aura?». Lo más probable es que no veas el color frente a ti de inmediato. Confía en lo que te venga primero. Confía en el primer pensamiento o instinto. Ahora, mientras observas el aura, utiliza tus técnicas de visualización para rellenar el color. Por ejemplo, si yo estuviera mirando el aura y me preguntara: «¿De qué color es?» y lo que me viniera es el color azul, miraría fijamente el aura y proyectaría una visualización azul como el aura.

Al crear este proceso de proyectar y recibir cuál puede ser el color, estableces comunicación entre tu mente subconsciente, tu mente consciente y el Universo sobre cómo percibir las auras. Aquellos que dominan la clarividencia interna por encima de la clarividencia externa encuentran que es más fácil cerrar los ojos, recrear lo que estás viendo e imaginar el color del aura que lo rodea. Para sincronizar tu clarividencia interna y externa, sigue cambiando entre visualizarla interna y externamente abriendo los ojos y viendo el aura y cerrando los ojos para ver el color. Aumenta lentamente la velocidad hasta que parpadees rápidamente. Eso debería ayudar a sacar esa visión interior hacia fuera.

También es posible que te sorprendas al notar que el color que estás proyectando en el aura puede cambiar. Así, tal vez proyectabas azul en el aura, pero, en cambio, comienzas a ver el color violeta. No lo fuerces a volverse azul de nuevo; lo más probable es que tu Yo Superior esté corrigiendo tu percepción. Esto también se aplica a la energía. Puedes ver chispas, sombras o destellos de color con este tipo de visión y eso es completamente normal. Por lo general, eso te ayudará a mirar más allá del velo, hacia los otros reinos y nuestros vecinos que cohabitan esta realidad multidimensional con nosotros. Pero todo empieza por poder ver el campo etérico del aura y construir sobre eso.

## Claritangencia

La claritangencia es un sentimiento de claridad. La claritangencia puede variar desde sensaciones psíquicas palpables dentro o sobre el cuerpo hasta la psicometría: la capacidad de tocar un objeto y obtener información sobre él es una forma de claritangencia. Es una percepción psíquica táctil. Sentir como si alguien te hubiera tocado, sentir un aumento o disminución de la temperatura de tu cuerpo, sentir dolor o placer, sensación de enfermedad, instintos, piel de gallina, sensación de hormigueo son todas formas de claritangencia. Si se da alguna sensación física percibida por el cuerpo con respecto a la información psíquica, entonces es claritangencia. La claritangencia tiende a ser una de las formas más naturales de la capacidad psíquica. Sin embargo, la mayoría de las personas no están en contacto con sus cuerpos y están más en contacto con sus procesos mentales. Al aprender a escuchar a tu cuerpo y cómo reacciona a las cosas, podrás estar más en contacto con tus habilidades de claritangencia.

La claritangencia opera principalmente desde las manos. Despertar las manos para sentir y dirigir la energía es beneficioso para las prácticas tanto psíquicas como mágicas. Tradicionalmente, las brujas dividen su cuerpo en dos lados, proyectivo y receptivo, o el lado del sol y el lado de la luna. La mano proyectiva (o mano del sol) es la mano con la que diriges la energía, al igual que el sol proyecta la luz. La mano receptiva (o mano de la luna) es la mano con la que recibes o sientes la energía, al igual que la luna recibe y refleja la luz del sol.

La manera más fácil de determinar qué mano es tu mano proyectiva es simplemente averiguar si eres diestro o zurdo. Una gran analogía para entender esto es imaginar que eres un jugador de béisbol, que tiene una mano enguantada con la que agarra la pelota y otra mano libre con la que la lanza. Si eres ambidiestro, simplemente puedes elegir una mano para que sea tu mano proyectiva, pero tradicionalmente tu mano proyectiva sería la derecha y tu mano receptiva sería la izquierda. Por eso al llamar a un elemento direccional o a una deidad, las brujas levantarán la mano izquierda para invitar a la energía a su espacio y levantarán la mano derecha al liberar y enviar la energía. La mano izquierda atrae la energía, la mano derecha la empuja hacia fuera.

Ejercicio 30

## Despertar las manos

Sintonízate. Realiza el ejercicio «Respiración solar». Mientras inhalas, visualiza la energía girando en espiral a tu alrededor, y en las exhalaciones rápidas, visualiza la energía girando hacia abajo a tu alrededor. Con el dedo de una mano, dibuja una espiral en la palma de la otra mano comenzando desde el centro y yendo hacia fuera en el sentido de las agujas del reloj. Mientras dibujas en tu palma, visualiza la luz azul eléctrica del Fuego de Bruja trazándose por donde toca tu dedo, luego sopla suavemente en tu palma. Repítelo durante aproximadamente un minuto y luego cambia de mano y actúa en la mano opuesta durante un minuto más o menos.

Ejercicio 31

## Sentimiento profundo

Realiza el ejercicio «Despertar las manos». Lleva tu conciencia a tus manos. Presta atención a la sensación de los músculos de la mano y de las articulaciones de los dedos. Siéntelos. ¿Están relajados o tensos? Ahora dirige la atención a la piel de tus manos. ¿Cómo la notas? ¿Está seca? ¿Hidratada? Ahora lleva tu conciencia al aire en contacto con tu piel y cómo lo sientes. ¿Cuál es la temperatura? ¿Hay brisa o el aire está quieto? Ahora vuelve tu atención a tus músculos y articulaciones. Mientras mantienes esta atención, dirige tu mente simultáneamente a tu piel y al aire que la rodea. Ahora ve un paso más allá y siente la energía alrededor de tus manos llevando tu atención más allá del aire en contacto con tu piel hacia el aire que no toca tu piel sino que está alrededor de tus manos. ¿Qué sientes? ¿Sientes hormigueo? ¿Sientes que ese aire es rasposo? ¿Cálido? ¿Frío? ¿Denso? ¿Luminoso? Repite hasta que te hagas una idea palpable de cómo sientes la energía en tus manos.

Ejercicio 32

## Crear un círculo de energía

Realiza el ejercicio «Despertar las manos». Frótate las manos durante unos treinta segundos, disminuyendo lentamente la velocidad y relajando intencionadamente los músculos de las manos. Presiona las manos juntas como si estuvieran en la posición de oración tradicional, pero gira las muñecas para que los dedos apunten hacia fuera, directamente frente a ti. Separa lentamente las manos, sintiendo el espacio entre ellas y visualizando un círculo blanco de energía entre ellas. Esto debería parecer un poco estático para la mayoría de las personas, pero la percepción de cada uno es un poco diferente. Juega con esta energía haciendo que el círculo sea más grande y más pequeño. Notarás que mientras intentas juntar las manos, casi sentirás como imanes empujándose unos a otros. Cuando termines de jugar con tu círculo de energía, simplemente sacude las manos como si las estuvieras secando mientras visualizas la energía dispersándose como el agua que estás sacudiendo.

Ejercicio 33

## Psicometría

Realiza el ejercicio «Despertar las manos» seguido del ejercicio «Sentimiento profundo». Pasa tu mano receptiva a lo largo de tu brazo proyectivo. Experimenta con diferentes distancias entre la mano y el brazo. ¿Puedes sentir un punto en el que comienzas a notar energía? Pruébalo con mascotas, plantas, cristales y con otras personas. Visualiza que esta energía que sientes es un flujo de datos lleno de información. Mientras exploras el aura de tu sujeto, interpreta el flujo de datos. Aclara tu mente y toca físicamente al sujeto. ¿Qué te viene de inmediato? ¿Es un sentimiento, un pensamiento, una imagen, una impresión? Acepta lo que llegue de inmediato y sin pensarlo demasiado ni forzar ninguna información.

## Clariaudiencia

La clariaudiencia es una audición clara. Es la capacidad de escuchar información psíquica a través de los sentidos auditivos, ya sean internos o externos. La forma más común es la clariaudiencia interna, que es un diálogo interno en tu mente. A veces, la voz es tuya, a veces es la voz de otro, pero se da la sensación distinta de que no proviene de tus propios procesos de pensamiento natural. Algunos dirán que mediante la clariaudiencia nunca escucharás voces externas audibles a menos que tengas una enfermedad mental, generalmente esquizofrenia o psicosis. Escuchar voces externas no necesariamente indica que tengas un problema de salud mental. Como siempre, es importante que lo revises si te preocupa, aunque cuestionar la propia cordura generalmente se considera una buena señal de salud mental.

La clariaudiencia indudablemente puede ocurrir y ocurre fuera de tu diálogo interno. Así que aquí están algunas de mis reglas para decidir si se trata de clarividencia externa o de enfermedad mental. (Nuevamente, busca ayuda profesional si tienes alguna inquietud sobre tu salud mental). Si se trata de clariaudiencia, la voz generalmente no será constante ni te dirá que te hagas daño a ti mismo o a los demás, o que te degrades. La experiencia más común de clariaudiencia externa es muy parecida a escuchar voces en medio del agua corriente o del viento, a pesar de que no los haya. La clariaudiencia externa es de muy corta duración y no es recurrente. La mayoría de las veces es más como escuchar a un espíritu o espíritus tener una conversación y lo que captas puede no ser descifrable; es mucho más como voces apagadas. Es más clara si te están hablando directamente y quieren que los escuches. Otra experiencia común es la música indescifrable y, a menudo, indescriptible, que yo suelo asociar a las hadas. Otra experiencia habitual es escuchar a alguien que conoces llamándote por tu nombre, y cuando te acercas a él, te das cuenta de que no te estaba llamando. Me pasaba mucho cuando era niño, pero no tanto como adulto.

Al desarrollar la clariaudiencia, es normal escuchar diferentes tonos de zumbido en los oídos, similares pero diferentes al *tinnitus*. Suelen ser las etapas iniciales de la clariaudiencia, cuando un espíritu está tratando de hablarte, pero aún no has desarrollado completamente esa habilidad. Sin embargo, a menudo he experimentado esta sensación de timbre en el oído al lanzar círculos mágicos y descubrí que se detenía cuando soltaba el círculo mágico. Pero te aseguro que yo, y otros psíquicos, místicos y médiums con mucho talento que he conocido, hemos tenido experiencias de clariaudiencia externas.

# Ejercicio 34

## Escucha profunda

Es importante aprender a escuchar profundamente para activar la clariaudiencia. Para hacer eso, debes sensibilizar tus oídos al ruido. Estamos expuestos todo el tiempo a muchos sonidos que ignoramos.

Entra en un estado meditativo relajado, cierra los ojos y tómate un momento para escuchar. Trata de no pensar o de etiquetar lo que escuchas, simplemente escucha. ¿Qué escuchas? Quizá sea la televisión o la música que suena en otra habitación. Tal vez escuches el calentador, el aire acondicionado o el refrigerador en funcionamiento. Sigue escuchando atentamente. ¿Puedes escuchar con mayor profundidad y claridad? ¿Cuán lejos puedes oír? Quizá oigas el balanceo de las ramas de los árboles y el canto de los pájaros. ¿Qué pasa fuera de tu casa? ¿Cómo suena el viento afuera? ¿Puedes oír los coches en la calle o los niños jugando? La clave es intentar asimilar la mayor cantidad de información auditiva posible.

# Ejercicio 35

## Enfocarse en los sonidos y crear vínculos

Perfeccionemos un poco más la sensibilización de tus oídos para una clariaudiencia más fuerte. Para esta técnica, utiliza auriculares o escucha música lo suficientemente alta como para envolverte sin lastimarte los oídos. No sugiero realizar este ejercicio mientras se conduce, ya que debe realizarse en el estado de ondas cerebrales alfa. Si bien debería ser obvio, quiero enfatizar que nunca debes alterar tu estado de conciencia mientras conduces. Conducir requiere un estado de alerta total y permanecer en beta es vital para la seguridad.

Para este ejercicio, omite todos los pasos anteriores de los ejercicios de sintonización y ve directamente a «Entrar en alfa». En este punto, deberías haber establecido un comando para entrar en alfa instantáneamente. Elige música que te guste pero que sea un poco complicada. A mí me gusta poner música de artistas que tocan instrumentos y ofrecen efectos que son únicos y diversos en su gama. Por esta razón, suelo elegir artistas como Björk, Radiohead, Fever Ray, Nine Inch Nails o Anix. La razón es que estos artistas tienden a usar sintetizadores, *samplers* y efectos en su música que son diferentes a otros artistas, lo que para mí hace que este ejercicio sea más interesante y amplía mi «paleta» auditiva de los sonidos que mi cerebro puede utilizar para la clariaudiencia. Sin embargo, está bien poner cualquier música que te guste. Inicia la música y no pienses en ella ni la disecciones. Al igual que en el ejercicio «Escucha profunda», querrás asimilar de manera pasiva toda la música en su conjunto. Cuando termine la canción, elige un instrumento de la canción y reinicia la pista nuevamente, enfocándote únicamente en ese instrumento. Sintoniza sólo ese instrumento sin distraerte con los demás instrumentos o las voces. Para quienes son más conocedores de la tecnología en la música, es mejor que no aíslen ese instrumento con un programa de edición de música. El propósito es entrenar los oídos y el cerebro para que se concentren en un solo sonido entre los demás sonidos en competencia. Repite este proceso eligiendo un instrumento diferente cada vez.

Ahora construye sobre esto. Vuelve a escuchar la canción en su totalidad de manera pasiva, como has hecho al principio. ¿De qué color sería la canción si fuera un color? ¿A qué sabría? ¿Qué forma tendría? ¿Cómo la sentirías si fuera una sensación física? ¿En qué parte del cuerpo la sentirías? ¿Qué emoción experimentarías? Al igual que con todos los fenómenos psíquicos, deseas construir asociaciones cruzadas para que todas tus habilidades trabajen en armonía para transmitir la mayor cantidad de información posible y de la manera más clara y vívida. Ahora vuelve a escuchar la canción y enfócate en cada instrumento, determinando qué color, forma, textura, sabor, aroma, emoción y área del cuerpo sería en relación con toda la canción. Piensa en la canción como en un banco de peces que actúa como un colectivo con su propia firma, en el que cada instrumento es un pez que tiene sus características individuales únicas.

Cuando regreses a esta práctica para desarrollar la habilidad, asegúrate de cambiar las canciones para que no siempre realices este ejercicio con la misma.

Muy bien, ahora que hemos terminado con toda esta sensibilización auditiva, profundización y asociaciones mentales, estamos listos para aprender a desarrollar la clariaudiencia para fuentes de sonido no físicas.

Ejercicio 36

## Creación de asociaciones de ruido

Ahora deberías estar en el punto en el que puedes comenzar a programar tu mente para crear asociaciones entre el ruido y otras informaciones. Al igual que los ejercicios de aura anteriores, querrás comenzar a proyectar una asociación interna en algo externo.

Haz esto usando tu ayuda psíquica para entrar en alfa. Ahora comencemos contigo mismo. ¿Cómo te sientes? Si la sensación que tuvieras fuera una pieza musical, ¿cuál sería la canción? Si fuera un efecto de sonido, ¿cómo sonaría? Haz esto a lo largo del día e intenta conjurar ese sonido dentro de tu mente en ese momento y asociarlo con un sentimiento. Cuando te encuentres con personas, ¿qué música o sonido les darías en su estado actual?

Al igual que con el ejercicio del aura, éste te ayudará a crear un vínculo a través de la neuroplasticidad para extender tu audición desde el rango normal a la clariaudiencia. Si terminas escuchando un sonido diferente al que estabas tratando de conjurar, permítelo. Lo más probable es que tu Yo Superior haga correcciones a tu percepción.

Ejercicio 37

## Escuchar a los espíritus

Un aliado espiritual es un término amplio para cualquier espíritu que tenga una relación de trabajo contigo que sea beneficiosa. Si bien los temas del contacto espiritual y los aliados espirituales están más allá del alcance de este libro, creo que es importante analizar brevemente los guías espirituales. Entre los diferentes tipos de aliados espirituales, existe un tipo específico denominado «guías espirituales». Son seres espirituales asignados antes de la encarnación por tu Yo Superior. Los guías espirituales están comprometidos con tu camino y tu desarrollo personal. Piensa en ellos como en tu equipo invisible de entrenadores, mentores y guías de vida espiritual.

El tiempo que un guía espiritual trabaja contigo depende de diferentes factores. Algunos te serán asignados antes de nacer y estarán contigo toda tu vida. Otros están contigo sólo durante un cierto período de tiempo o mientras estás trabajando o aprendiendo algo en tu camino en la vida. Desde una perspectiva más elevada, los guías espirituales siempre están alineados a tu Voluntad Verdadera, seas consciente de ello o no, un tema que exploraremos más adelante.

Elige un momento y un lugar razonablemente tranquilo donde no te molesten. Realiza el ejercicio «Sintonización». Para este ejercicio, recomiendo comenzar con guías espirituales porque son una entidad no física segura para empezar a trabajar. Llama mental o verbalmente a tus guías espirituales para que te ayuden en este ejercicio. Puedes simplemente decir:

«Hago una llamada a mis guías espirituales para que vengan y me transmitan un mensaje beneficioso a través de la clariaudiencia que me ayudará en mi camino. Venid, reuníos conmigo, amigos míos».

No importa si aún no tienes una conexión superfuerte con tus guías espirituales; al reconocerlos, comienzas a construir esa relación. Visualízalos acercándose; simplemente puedes visualizar figuras compuestas de luz acercándose y rodeándote. Ahora concéntrate en tu respiración y despeja tu mente de cualquier interferencia.

Mientras estás en un estado relajado y receptivo, presta atención a cualquier diálogo o sonido interno que ocurra sin tratar de forzarlo. Los mensajes pueden estar en tu propia voz interna o en la de otra persona. Simultáneamente, presta atención a tu entorno, tal como has hecho en el ejercicio «Escucha profunda». Quizá escuchas algo externo fuera de lo común; tal vez un perro ladrando o una pieza musical que está tocando un vecino. ¿Hay algún mensaje para ti? A medida que desarrolles esta práctica, es posible que escuches ruidos externos o diálogos que no provienen de una fuente física externa. No olvides que puedes utilizar la técnica «Inmersión psíquica» para aumentar o disminuir la información. También es útil modificar esa técnica imaginando que tienes otro dial que actúa como el de una radio, con el que puedes sintonizar y ajustar la frecuencia del ruido que estás escuchando.

## Clarigusto y clariolfato

El clariolfato es la claridad del olfato. El clarigusto es la claridad del gusto. En otras palabras, gusto psíquico y olfato psíquico a pesar de que no haya nada para saborear u oler. Éstas son dos de las formas más raras de percepción psíquica. Si bien son distintas, las agrupo porque el gusto y el olfato están estrechamente vinculados como percepciones. Estas dos habilidades psíquicas tienden a estar más vinculadas a la interacción con los espíritus y la mediumnidad, pero no siempre es así. Por ejemplo, trabajo en estrecha colaboración con las deidades Hécate y Jano. Cada una de ellas tiene un aroma distinto que oleré cuando sepa que están en contacto conmigo o cuando quieren asegurarme que están conmigo.

Curiosamente, los olores que yo utilicé al principio fueron específicamente de hierbas e incienso que quemaba para cada uno de ellos, Hécate y Jano, como ofrendas, pero también agrego un olor adicional a cada uno cuando tengo una experiencia de clariolfato, incluso si estoy lejos de sus santuarios en mi casa y no les he quemado ninguna ofrenda ese día. Sé cuándo mi abuelo está en contacto porque se produce un olor específico a colonia, whisky y tabaco. Alternativamente, ciertos olores históricamente se han asociado al peligro o a la energía malévola, como el olor a azufre.

El clarigusto es aún más raro que el clariolfato. A veces, el clarigusto me dará información específica sobre un espíritu y, por lo general, actuará como una forma de validación en la mediumnidad de la persona para la que estoy leyendo. Por ejemplo, degustar una comida en particular en mi boca puede indicar un plato favorito que la persona amaba o que cocinaba y con el que está asociado. También puedo probar u oler cigarrillos y saber que eran fumadores. Sin embargo, a veces la experiencia del clarigusto es sólo una luz psíquica roja o verde para mí. Por ejemplo, tiendo a notar un desagradable sabor a moho en la boca si una persona o un espíritu tiene una energía malvada. También notaré un sabor metálico en la boca que me dice que no confíe en el espíritu o en la persona a pesar de la evidencia de lo contrario; tiende a transmitirme que la persona o el espíritu tiene una agenda oculta. Al comer y oler conscientemente y al conjurar esas sensaciones, uno puede establecer y desarrollar el clariolfato y el clarigusto.

Ejercicio 38

## Despertar la boca y la nariz

Para este ejercicio, elige algunas especias o aceites esenciales diferentes y colócalos en distintas cucharas o platillos y ponlos sobre una mesa. Es posible que desees que te ayude un compañero, ya que alguien deberá vendarte los ojos. Entra en alfa y cierra los ojos. Huele cada muestra individualmente. Intenta captar las sutiles diferencias de cada aroma. ¿Cómo describirías cada olor? ¿Te viene a la mente un color, una textura, una sensación o un sonido específico al olerlo? ¿Te imaginas sólo por el olor a qué sabrían si te los comieras? Sal a caminar y presta atención a los aromas que normalmente puedes perderte. ¿Cómo huelen las flores? ¿La pastelería? ¿El aire? ¿El pavimento? ¿La tierra? Si tuvieras que imaginarte su sabor, ¿cómo sabrían en tu boca? ¿Cómo describirías los sabores? Al igual que con la escucha profunda, deseas oler las cosas de manera profunda e intensa. Haz que comer sea en tu vida un proceso reflexivo simplemente asimilando las sensaciones del gusto y del olfato y concentrándote en los matices de esas sensaciones.

## Ejercicio 39

## Conjurar el olfato y el gusto

Para este ejercicio, entra en un estado alfa meditativo. Piensa en un olor que te consolara al crecer. Piensa en una colonia o perfume que hayas asociado a alguien. Piensa en olores que te repugnan. Piensa en los olores que asocias al amor. ¿Qué aromas asocias a la ira? ¿Qué olores asocias a la depresión? ¿Qué olores asocias al peligro? ¿Qué olores asocias a la seguridad? ¿Qué aromas asocias a la ansiedad? ¿Qué aromas asocias a la confianza? Repasa cada una de estas cosas y evoca el olor lo más activamente posible mientras te concentras en el sentimiento o en el recuerdo asociados a él. Haz también este proceso con el gusto. Si tienes dificultades para conjurar un sabor o un olor específico, intenta conjurar uno y permite que te lleve al otro. Por ejemplo, si te cuesta asociar un aroma con comodidad, pero sabes que el sabor de los pasteles de tu abuela te reconforta, dedica tiempo a concentrarte en cómo huelen esos pasteles.

## Ejercicio 40

## Creación de asociaciones de olfato y gusto

En los ejercicios anteriores, prestamos atención a lo que olemos y saboreamos y al sentimiento emocional que despierta en nuestro interior. A medida que avance el día e interactúes con otras personas, pregúntate si su energía tuviera sabor y olor, ¿cómo sería? Piensa en los diferentes olores y sabores que has asociado a las emociones. Proyéctalos sobre ellas. Experimenta con tus habilidades predictivas. Al comenzar el día, pregúntate a qué va a oler o saber el día. Al final del día, compara cómo ha ido el día con lo que te imaginaste que olerías y saborearías.

# Capítulo 5
# PURIFICACIÓN
# Y PROTECCIÓN

**L**impiarte a ti mismo y a tu entorno suele ser una de las primeras cosas que se enseñan en los libros, junto con protegerte antes de proceder con la habilidad psíquica o la magia. He optado por asegurarme de que tengas algunas de las prácticas fundamentales sobre esto para que tus limpiezas y protecciones sean mucho más efectivas para ti. Originalmente, lo enseñaba desde el principio, pero descubrí que mis estudiantes tenían dificultades para emplear las técnicas de manera efectiva. Al enseñarles cómo sintonizar y cómo involucrar sus claridades, encontré una tasa de éxito mucho mayor.

Si bien existen muchas técnicas diferentes para limpiar, despejar y protegerse a uno mismo utilizando hierbas, piedras y herramientas rituales, como brujos psíquicos queremos poder realizar estas tareas siempre que lo necesitemos, y en algunos casos no tenemos acceso a esos materiales. La falta de materiales o de herramientas nunca debería impedir que un brujo realice magia. En la mayoría de los casos, los elementos físicos sirven como mejoras para el trabajo que estás haciendo, y aunque tienen su lugar en los trabajos mágicos, creo firmemente que uno debe tener la capacidad de realizar magia en cualquier momento sin importar las circunstancias. Por eso en este libro no se necesitan elementos o ingredientes a menos que sea un ritual específico o hechizos que no se realizarían cuando estás fuera de casa. Incluso entonces reduzco el uso de artículos físicos al mínimo y utilizo cosas que están disponibles en cualquier hogar.

# Limpieza energética

¿Recuerdas el dicho de que «la limpieza está al lado de la piedad»? Tanto en el funcionamiento mágico como en el psíquico, esto es cierto. Limpiar la energía de un espacio y mantener una higiene psíquica adecuada de ti y de tu área es crucial y algo que comúnmente encuentro subestimado en las prácticas personales de las personas. Piensa en cómo te sientes en una casa desordenada y con muy poca luz. Ahora piensa en cómo te sientes en una casa limpia, abierta y llena de luz natural. Uno se siente mejor, ¿no? Si bien hay un componente psicológico en cuanto a sentirse más cómodo en un espacio limpio, creo que también se debe a que estamos captando energía más limpia, lo que nos hace sentir más a gusto. Cuando se trata de limpieza y protección, la visualización y la fuerza de voluntad son componentes fundamentales para potenciar la limpieza.

A menudo me preguntan con qué frecuencia se deben realizar prácticas de limpieza personal. Mi respuesta es «todos los días». Piensa en ello como en darte una ducha. No necesariamente querrás esperar a estar absolutamente sucio antes de decidir darte una ducha, ¿verdad? Probablemente no. Lo más probable es que quieras darte una ducha al menos una vez al día para asegurarte de no llegar al punto de estar sucio. De hecho, es particularmente útil realizar limpiezas diarias, ya que puedes incorporarlas a tu rutina de higiene habitual.

¿Qué pasa con la limpieza de espacios? Cuando se trata de mantener un espacio limpio (especialmente el lugar donde vives y pasas la mayor parte de tu tiempo), encontrarás que, al igual que la limpieza física, la limpieza energética es más fácil cuando se realiza en dosis diarias de mantenimiento en lugar de esperar hasta que se convierta en una tarea monumental. Por lo general, hago una limpieza enérgica completa de mi casa durante las lunas nuevas y trato de realizar el mantenimiento con pequeñas cantidades de limpieza diaria.

La limpieza espiritual del yo o del espacio casi siempre está precedida por la limpieza física. Sin embargo, puedes matar dos pájaros de un tiro y mezclar las dos en una sola práctica. Por ejemplo, mientras te duchas, visualízate bañándote en la luz y lavando las energías que se adhieren a ti y que no quieres. Cuando te laves los dientes, visualízate quitando todos los obstáculos que debes sortear para decir tu verdad, así como las barreras que te impiden comunicarte con los demás (incluidos los animales, las plantas y los espíritus). Mientras barras o aspires el suelo, visualiza que barres o aspiras las energías estancadas dentro de tu hogar. Para un impulso adicional, espolvorea en el área que estás limpiando un elemento de limpieza, como sal marina o hierbas limpiadoras como romero, tomillo, albahaca u orégano, que se encuentran en la mayoría de las cocinas. Cuando limpies las superficies de tu casa, visualiza la limpieza de las enfermedades, la tristeza, la ira y otras energías acumuladas que se adhieren a la atmósfera. Entiendes la idea. Simplemente une un proceso mental meditativo consciente a la limpieza física. La luz del sol y el aire fresco también ayudan enormemente a limpiar un lugar, así que abre las cortinas y las ventanas para que entre luz y aire.

## Ejercicio 41

## Purificación psíquica

Ésta es una versión mucho más intensa del ejercicio de limpieza psíquica que ya hemos aprendido, pero nos sirve mejor cuando necesitamos un nivel más profundo de limpieza para purificarnos de cualquier energía que esté extremadamente desequilibrada. La clave para esto es involucrar a cada una de tus claridades mientras enfocas tu intención en limpiarte y purificarte. En el ejercicio te daré ideas para que cada claridad participe, pero siéntete libre de reemplazar cualquier sonido, olor, visualización, etc. por aquellos que asocias personalmente a un sentido de limpieza y purificación.

Sintonízate. Imagina una hermosa luz prismática que fluye a tu alrededor como una cascada suave pero constante. La energía pasa a través de tu cuerpo y a tu alrededor mientras eliminas cualquier energía que no te pertenezca. Mientras mantienes esta visión en la mente, siente el calor de la luz alrededor del cuerpo y en tu interior, limpiando tus campos de energía de cualquier cosa que no te sirva. Mientras mantienes esa visión y sentimiento en la mente, conjura el sonido de un coro angelical celestial que te rodea desde todas las direcciones y afloja y disuelve cualquier bloqueo que haya en tu cuerpo energético. Ahora implica aún más los sentidos evocando el olor de los cítricos y de las flores que llenan el espacio en el que te encuentras y evoca un sabor a menta en tu boca, oliendo y saboreando la limpieza que se está llevando a cabo.

Ejercicio 42

∞

## Eliminar energías pesadas de un lugar

¿Alguna vez has entrado en una habitación y, a pesar de que todos sonríen y hacen bromas, puedes sentir que hubo una discusión acalorada sólo unos momentos antes de tu llegada? Las emociones y energías pesadas se acumulan rápidamente en el espacio, incluso en el lugar donde vives. He realizado el siguiente ejercicio con mis compañeros brujos psíquicos en Salem antes de comenzar nuestro día de lecturas psíquicas. Hacemos esto porque las lecturas psíquicas pueden ser muy emocionales y las personas a menudo traen y dejan su suciedad energética en el espacio. Este ejercicio consiste en entonar una fórmula mágica con intención y movimiento físico. La fórmula es IAO. Esta fórmula proviene de sistemas mágicos herméticos como el Golden Dawn. IAO representa tres fuerzas: Isis, que encarna las fuerzas de la naturaleza y la creación; Apophis, que encarna las fuerzas de destrucción y eliminación; y Osiris, que encarna las fuerzas de resurrección y transmutación. Por eso, la fórmula es perfecta para transmutar y eliminar energías pesadas. Con «I» nos sintonizamos con las energías que ya existen dentro de la habitación. Con «A» declaramos que la energía se está eliminando. Luego, con «O» cambiamos la habitación a un estado de energía positiva.

La entonación completa de IAO debe realizarse con una respiración ininterrumpida. Sintonízate. Mientras estás de pie, coloca los brazos a los lados con las palmas hacia el suelo. Respira hondo y desde lo más profundo de tu vientre entona «I» (iiiiii). Siente cómo reverbera desde la parte posterior de la boca. Mientras entonas, vuelve las palmas de las manos hacia arriba como si estuvieras moviendo la energía de la habitación hacia lo alto y lentamente levanta las manos, visualizándote a ti mismo elevando la energía de la habitación. Cuando tus brazos estén paralelos al suelo, entona «A» (aaaaaa). Siente que reverbera en el medio de tu boca y nota que ésta se abre un poco más para emitir el sonido. Sigue elevando la energía con los brazos. Una vez que estén por encima de tu cabeza, entona «O» (oooooo). Siente que reverbera en la parte delantera de la boca y observa cuánto más se abre ésta para emitir el sonido. Visualiza la energía elevándose completamente fuera del espacio mientras la empujas físicamente hacia arriba a través de la habitación hasta donde tus brazos pueden alcanzar. Realiza este ejercicio al menos tres veces. Deberías notar un cambio drástico en la energía del espacio.

## Protección

Cuando estás trabajando con energía, ya sea de manera psíquica o mágica, te iluminas con esa energía. Esa luz atrae la atención de todo tipo de entidades. Hace un tiempo le pedí a un anciano brujo psíquico eminente que viniera y evaluara mi casa. No podía entender por qué tantos espíritus estaban siendo atraídos a mi hogar. ¿Estaba bajo un ataque psíquico?

Al llegar dijo que podía sentir que no había muchos practicantes de magia cerca de mí, debido al área en la que vivía. Esto es completamente cierto, ya que la ciudad en la que vivo está predominantemente poblada por personas mayores y la mayoría (que yo sepa) son personas normales sin ningún interés por la magia o por la habilidad psíquica. Me informó que, debido a todo el trabajo de magia y energía que constantemente estoy realizando en mi casa, mi propiedad se estaba iluminando como un enorme faro energético. Los espíritus de la zona que no están acostumbrados a ver a personas que trabajan con energía o magia se llenaron de extrema curiosidad y por eso se sintieron atraídos por mi casa como las polillas por una llama y fueron a investigar lo que estaba pasando.

No todas las entidades que se sentirán atraídas por ti serán benevolentes, pacíficas o amorosas. Tampoco todas van a ser maliciosas. Ten siempre en cuenta que, así como las personas varían de peligrosas a positivas o beneficiosas, o quieren aprovecharse de ti, los espíritus son iguales en su diversidad de personalidad y comportamiento. Ésta es una de las razones por las que no se debe descuidar la protección.

También es completamente posible maldecirte involuntariamente a ti mismo a través de la propia paranoia de que los demás te maldigan. Como exploraremos pronto, las palabras y los pensamientos tienen un poder monumental para el brujo psíquico. Sí, siempre existe la posibilidad de que otros te maldigan conscientemente, sobre todo si estás fuera del armario de las escobas. Las personas también pueden lanzar maldiciones inconscientemente al dirigir hacia ti pensamientos y emociones negativas, y por lo tanto energía. Sin embargo, debe haber un equilibrio entre la paranoia de un brujo y la precaución natural. Fijarse en las maldiciones sólo las fortalecerá, o incluso las causará si no estaban allí desde el principio. Si mantienes una higiene psíquica y una protección mágica regulares, no hay mucho de qué preocuparse. Si sufres una maldición, siempre puedes consultar la técnica para eliminar una maldición en el Capítulo 15.

Una clave para vivir con protección mágica es tener límites saludables dentro de todas las áreas de tu vida. Tu mundo interior penetra en el mundo energético. Al tener límites firmes con amigos, familiares, compañeros de trabajo, jefes, relaciones de pareja, extraños y tú mismo, creas fuertes límites dentro de tu propia aura. Si permites que las personas se aprovechen de ti, que te hagan cosas a las que te resistes o te involucren en comportamientos que son malos para ti, estás creando fugas en tu aura. Está bien tener límites. Puedes decirle a alguien «no» sin tener malos sentimientos hacia ellos. Tampoco es necesario que expliques tus límites una vez establecidos. Un sabio amigo mío a menudo dice que «no» es una oración completa.

# El poder del lenguaje

Cuando se trata de protección, sinceramente, no hay nada más poderoso que vivir con integridad. Lo que quiero decir con esto es que te asegures de que vives una vida ética de acuerdo con tus estándares. La mayor parte de esto se reduce al respeto. Sé respetuoso con las demás personas, lugares y espíritus. Al vivir una vida de respeto e integridad, hay menos posibilidades de que otras personas o espíritus trabajen activamente en tu contra, ya que es menos probable que los ofendas. Cumple tus promesas, cumple tu palabra y habla con sinceridad. Piensa en el habla como en una herramienta mágica, porque lo es. Tenemos términos mágicos que están estrechamente ligados a la idea del lenguaje, como los hechizos y los libros de hechizos llamados «grimorios», que están relacionados con la gramática de las palabras.

«Abracadabra» es un famoso hechizo antiguo que los etimólogos populares creen que se basa en el arameo «creo con la palabra», o en el hebreo «crearé mientras hablo». A medida que te impliques cada vez más en tu desarrollo como brujo psíquico, encontrarás que tus palabras tienen poder, incluso cuando no lo desees, y pronto aprenderás a tener cuidado al hablar en voz alta. Hay una razón por la que el mensaje de muchos cuentos populares y de hadas es «ten cuidado con lo que deseas» cuando utilices la magia. Al tratar el poder del lenguaje como una herramienta, asegúrate de mantener el sentido sagrado del poder del habla. Al mantener tu palabra, afirmas a otras personas, espíritus y al Universo que tu palabra es valiosa y, como tal, es más probable que crees más aliados que enemigos. Cuantos más aliados tengas, más fuerte será tu defensa.

Sin embargo, esto no significa que debamos descuidar por completo la protección. Eso sería negligente e ingenuo. El hecho de que seamos buenos conductores no significa que no debamos abrocharnos el cinturón antes de subirnos a nuestros automóviles. Del mismo modo, el hecho de que seamos buenas personas que vivimos con integridad y protegemos el poder de nuestra palabra no significa que no debamos participar en la protección psíquica y mágica. La magia preventiva es una magia defensiva fuerte. Es mejor tomar precauciones y no tener que solucionar los problemas derivados de desatender nuestra protección.

## Ejercicio 43

## Blindaje y protección fundamentales

Ahora que sabemos cómo limpiar nuestra energía, es el momento perfecto para aprender a protegernos. Con el blindaje deseas sentirte completamente seguro y confiado. Exploraremos una práctica fundamental de protección y diferentes formas de alterar esa protección para que sea la apropiada para lo que estés haciendo. A veces querrás un escudo que detenga por completo el flujo de energía que entra y sale, pero esto también puede silenciar completamente la percepción psíquica. En otras ocasiones, sólo querrás filtrar la energía que sea agresiva o negativa, y ésta suele ser mi opción cuando se trata de blindaje. Averiguar qué tipo de escudo necesitas requiere discernimiento, así que confía en tu intuición. Este blindaje fundamental debería ser una práctica diaria de protección; cómo lo realices depende de tus circunstancias.

Sintonízate. Imagina una luz blanca brillante a unos pocos centímetros por encima de ti. Afirma verbal o mentalmente:

«Espíritu encima de mí».

Ahora ves cómo desciende como una columna de luz alrededor de tu cuerpo, hasta unos pocos centímetros por debajo de ti. Afirma verbal o mentalmente:

«Espíritu debajo de mí».

La luz viene de debajo de ti y se eleva unos metros delante de ti a la altura del pecho. Afirma verbal o mentalmente:

«Espíritu delante de mí».

Ahora ves cómo la luz se encuentra con el punto por encima de tu cabeza donde comenzó, desde el que luego desciende unos pocos centímetros por detrás de ti a la altura de la espalda. Afirma verbal o mentalmente:

«Espíritu detrás de mí».

La luz se mueve en el sentido contrario a las agujas del reloj hasta que está a unos metros a tu derecha. Afirma verbal o mentalmente:

«Espíritu a mi lado derecho».

La luz continúa moviéndose en el sentido contrario a las agujas del reloj hasta que está unos metros a tu izquierda. Afirma verbal o mentalmente:

«Espíritu a mi lado izquierdo».

Continúa su movimiento en sentido contrario a las agujas del reloj hasta que alcanza el punto detrás de ti nuevamente.

Ahora ves los seis puntos brillar a tu alrededor. La luz comienza a brillar tan intensamente que forma una burbuja a tu alrededor. Afirma verbal o mentalmente:

«Espíritu a mi alrededor».

Visualiza el resplandor llenando tu cuerpo como si fueras un recipiente vacío. Afirma verbal o mentalmente:

«Espíritu dentro de mí».

Tómate unos momentos para sentir la luz arriba, abajo, delante, detrás, a tu derecha, a tu izquierda, fuera y dentro de ti. Luego afirma verbal o mentalmente:

«El espíritu me protege. El espíritu me bendice.
El espíritu me cura. El espíritu me guía.
Yo soy, siempre lo he sido y siempre seré uno con el Espíritu».

## Ejercicio 44

❧

## El escudo de filtro

Realiza el ejercicio «Blindaje y protección fundamentales». Tómate un momento para sentir la luz blanca a tu alrededor, fuerte y vibrante. Imagina un filtro plateado formándose alrededor del exterior de tu aura. Visualízalo como un colador de malla hecho de luz plateada pura. Puedes dejar ir la imagen del filtro plateado sabiendo que todavía está allí haciendo su trabajo. Ahora repite este proceso con un filtro dorado. Esto evitará la entrada de energías negativas y permitirá que pasen las energías positivas. No estás aislado de todas las energías que te rodean, pero se filtrarán antes de que te alcancen a ti y a tu campo energético. Di en voz alta o mentalmente:

«Por los opuestos lunares y solares
y las energías polares
que dañan y marchitan,
no puedes atravesar mi filtro mágico».

## Ejercicio 45

❧

## Escudos completos: la técnica
## de la fortaleza elemental

Esta forma de protección es mejor cuando no quieres interactuar con la energía que hay a tu alrededor en absoluto, sino más bien cerrarte temporalmente en ti mismo para evitar cualquier entrada de energía procedente de tu entorno. Esto significa que las energías no pueden interactuar contigo y tú no puedes interactuar con ellas mientras este escudo esté activo. Sin embargo, con este proceso de protección, también será difícil realizar magia. Piensa en ello como en un escudo máximo mediante el cual te pones en cuarentena energética. Debido a la fuerza de este escudo, querrás asegurarte de quitártelo cuando hayas terminado, y es mejor hacer una limpieza después. Con este ejercicio, convocarás psíquicamente a los cuatro elementos, Tierra, Aire, Fuego y Agua, para ayudar a este escudo a crear una fortaleza a tu alrededor.

Realiza el ejercicio «Blindaje y protección fundamentales». Tómate un momento para sentir la luz blanca a tu alrededor, fuerte y vibrante. Visualiza la tierra debajo de ti elevándose para formar una pared de ladrillos impenetrable a tu alrededor, como una fortaleza. A continuación, visualiza paredes de fuego fuera de las de ladrillo, incinerando cualquier energía que se acerque. Fuera del muro de fuego imagina un foso que te rodea con olas rompiendo violentamente contra cualquier energía que intente acercarse a ti. Fuera del foso visualiza un anillo de nubes con fuertes vientos que soplan, rechazando cualquier energía que se acerque a él. Ahora imagina que la pared de ladrillos se convierte en una esfera de ladrillos que te rodea. Luego imagina las paredes de fuego convirtiéndose en una esfera de fuego, rodeándote. Imagina el foso convirtiéndose en una esfera de olas rompiendo a tu alrededor, y finalmente visualiza la pared de nubes convirtiéndose en una esfera de nubes en la que soplan fuertes vientos en todas direcciones.

Cuando estés listo para quitarte los escudos y estés fuera del entorno peligroso, simplemente realiza el ejercicio al revés. La esfera de nubes se convierte en el anillo de nubes que se evapora. La esfera de olas vuelve a convertirse en un foso y luego se seca. La esfera de fuego se convierte en paredes de fuego y luego las brasas se apagan hasta que el fuego se extingue. La esfera de ladrillos se convierte de nuevo en la fortaleza de ladrillos que luego se desmorona y regresa a la tierra.

Ejercicio 46

## Sistema de seguridad psíquica

Puedes proteger tu hogar exactamente como te proteges a ti mismo, sustituyéndote por tu hogar en los ejercicios anteriores de este capítulo. A veces es importante comprender qué es lo que tratan de traspasar los escudos de tu hogar para que puedas encargarte de la situación y asegurarte de que alguien o algo no intente invadir tu espacio perpetuamente. Si algo es más persistente que el mantenimiento de tu escudo, existe una posibilidad real de que eventualmente se materialice, ya sea un hechizo malicioso, un espíritu no deseado o simplemente malas energías en general enviadas hacia ti. Debido a esto, he creado un sistema de seguridad psíquica dentro de mi casa para alertarme cuando tratan de entrar energías no deseadas y para ayudarme a identificar cuáles son.

Empieza por sintonizarte. Ponte en el centro de tu hogar. Visualiza una cuadrícula de láseres que rodee tu hogar creando una matriz. Estos láseres son un sistema de seguridad. Cuando cualquier energía intente ingresar desde fuera hacia dentro, la red te alertará psíquicamente de la misma manera que lo haría un sistema de seguridad doméstico normal con un sonido de alarma y luces intermitentes. Ahora ve de habitación en habitación y concéntrate en cada pared, suelo y techo de ese espacio contenido en la cuadrícula de láseres. Regresa al centro de tu hogar y visualiza la matriz completa de láseres como un sistema cohesivo. Elige una pared en una habitación de la casa y visualiza un ojo de cerradura secreto. Ahora céntrate en tu contraseña psíquica (que veremos en el próximo ejercicio) como llave. Con tu fuerza de voluntad e intención, inserta la llave en el ojo de la cerradura y ciérrala. Ahora nada ni nadie puede alterar tu cuadrícula sin tu contraseña. Di en voz alta:

«¡La contraseña está establecida!».

Ahora ve de habitación en habitación y visualiza un pequeño globo plateado del tamaño de tu puño en la parte superior del techo con un ojo grabado en él. Éstas son tus cámaras. Cada vez que se active tu sistema de seguridad, tomará una instantánea psíquica de lo que está tratando de invadir tu hogar y te la enviará junto con la alarma. Si tu alarma está sonando y no detectas lo que es, simplemente sintonízate e imagina uno de esos globos plateados ante ti y pídele que te muestre lo que ha capturado. Puede mostrarte la información a través de una o varias claridades. Si no estás seguro de la información que has recibido, utiliza un sistema de adivinación como el tarot para verificar la exactitud de la información que has recogido. Es importante recordar que este ejercicio no es un escudo y no puede bloquear la entrada de nada: es un sistema de detección y no un sistema de defensa. Así que asegúrate también de tener protección en tu hogar.

Ejercicio 47

## Contraseña psíquica

Una contraseña psíquica es exactamente lo que parece. Es una contraseña que creas para bloquear y desbloquear ciertas cosas. Si bien se ha expuesto por primera vez con el Sistema de seguridad psíquica, también se puede utilizar de otras maneras. La idea principal es que es un elemento que puede fijar o deshacer la magia de algo cuando se utiliza la contraseña. Por «fijar» me refiero a «asegurar o establecer» y no a «reparar». Decir que algo se «fija» o «establece» en la brujería significa que la energía no se puede alterar una vez se ha lanzado el hechizo, y se hace más a menudo con herramientas mágicas.[1] Con una contraseña fijamos energía, pero además dejamos espacio para que también podamos «desarmar» el elemento, lo que a veces es necesario. También asegura que nadie más que nosotros pueda traspasar nuestros escudos.

Sintonízate. Imagina una llave ante ti. Ahora programa esa llave activando cada sentido psíquico. Evoca un sonido, un sentimiento físico, una imagen, un sabor y un olor. Repasa cada uno por separado. Ahora intenta utilizarlos todos a la vez, escuchando, sintiendo, viendo, probando y oliendo simultáneamente la contraseña. Visualiza tu llave brillando y codificándose con la contraseña. Para utilizar tu contraseña en algo, visualiza un ojo de cerradura y usa tu llave para bloquear y desbloquear el ojo de la cerradura, fijando o liberando la energía.

Si bien esta técnica es bastante simple y efectiva, debes asegurarte de que sea compleja en su codificación eligiendo claridades que nor-

---

1. Cabot, Laurie y Cabot, Penny y Penczak, Christopher: *Laurie Cabot's Book of Shadows*, Copper Cauldron, Salem, NH, 2015, 124.

malmente no van de la mano. Aquí tienes ejemplos de contraseña para que te hagas una idea: la imagen de un flamenco rosado, el sonido de la bocina de un coche, el olor a ropa limpia, el sabor a lima, la sensación de la corteza de un árbol contra tu mano. Observa cómo estas cosas no tienen nada en común, lo que garantiza que no pensarás accidentalmente en todas estas cosas a la vez y que a otros psíquicos les resultará más difícil captar todos los elementos de tu contraseña. Asegúrate de escribir tu contraseña en un lugar seguro y secreto, como tu *Book of Shadows* o un diario que puedas consultar si no la utilizas con frecuencia.

Capítulo 6
# LA TRIPLE ALMA DE LOS BRUJOS Y LAS BRUJAS

**A** diferencia de otras religiones y formas de espiritualidad dominantes, en la brujería y en muchas tradiciones paganas, el alma se ve y se trabaja con mayor frecuencia como plural y no como singular. La división más común del alma es en tres, aunque puede ser en mayor o menor número. El término «alma» se utiliza para referirse a los principales aspectos que componen el alma de una persona. Estas partes trabajan juntas pero también funcionan de manera independiente y autónoma. Son partes de un colectivo de tríada, pero también están completamente separadas. Esencialmente reducidas a la comprensión más básica, las tres almas también pueden considerarse como mente, cuerpo y espíritu. El término «alma» se usa a menudo en las tradiciones de la brujería para dar más reverencia a estos componentes y para exponer que son más que sus apariencias superficiales.

Estas tres almas a veces se conocen en la brujería como las «Tres Almas», las «Tres Mentes», los «Tres Yoes» o los «Tres caminantes», aunque la división del alma en tres partes abarca otras religiones, prácticas chamánicas y tradiciones espirituales de todo el mundo. Las tres almas se consideran los primeros aspectos de nuestra biología multidimensional y comprenderlas es beneficioso tanto para la habilidad mágica como para la psíquica. La influencia principal en esta ideología parece provenir de la Tradición de la Brujería Féerica, que la adoptó de Huna. La primera vez que se escribió públicamente sobre esto dentro de la brujería fue en *The Spiral Dance* de Starhawk, ya que el propio Starhawk fue exalumno de la Tradición de la Brujería Féerica de Victor Anderson.

En este libro se hará referencia a las tres almas en sus términos más genéricos, que son el Yo Superior, el Yo Inferior y el Yo Medio. Las tres almas tienen un punto focal de acceso dentro del cuerpo al que se hace referencia como los «Tres Calderos» en las tradiciones paganas. Los Tres Calderos son un concepto derivado del poema sagrado irlandés del siglo XVI llamado *El Caldero de la Poesía*. Se cree que el poema se refiere a una enseñanza oral celta secreta sobre los tres centros de energía que se ha perdido o se ha ocultado cuidadosamente. Cada uno de estos tres componentes del alma está siempre presente dentro de un nivel diferente de realidad: los tres reinos del Árbol de la Bruja, los tres Reinos Celtas y el Árbol del Mundo.

El Yo Inferior es el nombre que se utiliza para nuestro cuerpo y nuestros aspectos emocionales primarios. Los humanos somos animales y éste es el aspecto de nosotros que es animal. La segunda alma es el Yo Medio, que es el nombre que se utiliza para nuestra mente y es el aspecto de nosotros mismos que nos diferencia de otros animales. Es nuestro aspecto humano. Es la parte de nosotros que razona, planifica, analiza y recuerda el pasado. El alma final es el Yo Superior, que es el nombre que se le da al espíritu. Es la parte de nosotros que está más cerca de la divinidad. ¿Alguna vez has escuchado la frase de que somos seres espirituales teniendo una experiencia humana? ¿O quizá has escuchado que no es que tengas un alma, sino que eres un alma que tiene un cuerpo? Ambas ideas se refieren al Yo Superior. Es la parte de nosotros que es eterna.

Cada aspecto del alma se relaciona con varios aspectos de la conciencia de una bruja y, por lo tanto, percibe diferentes niveles de realidad. Como tales, tienen distintos niveles de conciencia, comprensión y experiencia. Cada alma está conectada a una forma diferente de entender la energía y trabajar con ella. Por lo tanto, al conocer cada alma de manera individual y al aprender a alinearlas en un canal, se obtienen diferentes perspectivas de información psíquica y distintos modos de manipulación de la energía. A través de la alineación de las tres almas, uno está completamente presente, absolutamente comprometido y tiene conectadas todas las partes de su ser de un modo simultáneo.

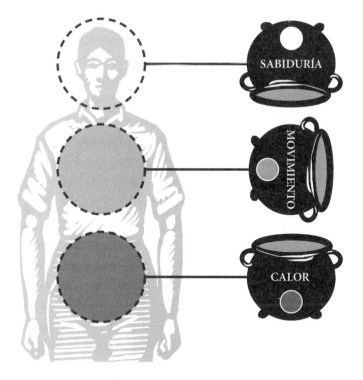

*Figura 5: Los tres calderos de las tres almas*

Dado que cada alma existe dentro de un reino diferente, el brujo también crea una encrucijada cuando están alineadas, por la cual los tres reinos se fusionan en uno. Cada uno de los seres del alma también puede verse como una especie de emisario de ese reino y de las entidades que existen dentro de él. Como tal, ese yo-alma tiene acceso a cada uno de los cuatro elementos que existen dentro de ese reino y reside dentro del elemento del espíritu. Cada uno de los reinos tiene energía elemental general y elementos subdivididos dentro de él, y cada alma tiene una alineación con esa energía predominante. El Agua predomina en el Yo Inferior y en el Inframundo; el Yo Medio y el Mundo Medio están gobernados principalmente por la Tierra; y el Aire comprende principalmente el Yo Superior y el Mundo Superior. Donde estos reinos se cruzan y cuando las tres almas están alineadas tenemos el elemento Fuego.

Cada alma puede entenderse un poco mejor mediante la exploración de los modelos psicológicos desarrollados por Sigmund Freud y Carl Jung que se relacionan con las tres almas. Cada alma está relacionada con una energía animal simbólica específica que también nos ayuda a relacionarnos e interactuar con estas partes de nosotros mismos. Si bien cada alma proporciona dones de percepción y trabajo energético, también viene con sus obstáculos y desafíos.

## Las tres almas antes del nacimiento y después de la muerte

Cada alma interactúa y se relaciona con la realidad antes y después de la muerte, y cada una tiene sus propias agendas que cumplir. El Yo Superior quiere experimentar una realidad física para aprender, percibir y crecer. El Yo Inferior quiere elevarse y sanar su reino ancestral a través de la encarnación. Entonces, el Yo Superior desciende mientras que el Yo Inferior asciende y contraen un compromiso. El Yo Superior proporcionará la oportunidad de elevar al Yo Inferior y permitirle ascender y sanar las heridas pasadas, y el Yo Inferior producirá un cuerpo para que el Yo Superior se encarne. Cuando se establece ese compromiso, se fusionan y crean el Yo Medio, que es la personalidad individual que entretejen el Yo Superior y el Yo Inferior juntos como un solo ser cohesionado.

Tras la muerte, el Yo Inferior se fusiona con los antepasados y con el tiempo se vuelve más una entidad colectiva fluida que una conciencia individual. Si el Yo Inferior es rechazado por alguna razón por los antepasados, lo que significa que encuentran las elecciones de la encarnación en la vida tan objetables que se niegan a permitir que ese Yo regrese a la Conciencia Colectiva, sintiendo que no hay absolutamente cualidades redentoras que mejoren su conjunto colectivo y que no hay nada positivo que aportar, entonces el Yo Inferior se convierte en lo que se conoce como vampiro psíquico inmortal o fantasma hambriento.

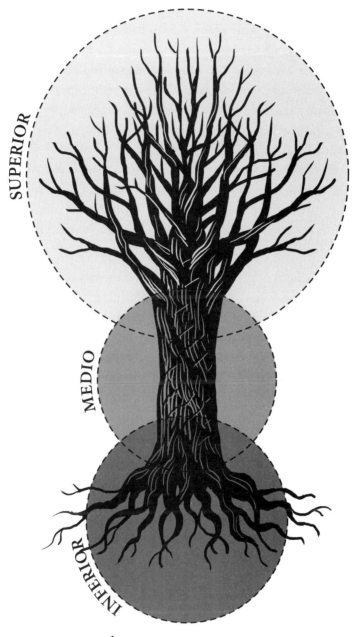

**ÁRBOL DEL MUNDO**

*Figura 6: El árbol del mundo*

Dado que el Yo Inferior está recolectando continuamente fuerza vital de su conexión con la Tierra y de su entorno, el Yo Inferior rechazado es incapaz de hacer esto sin el caparazón de un cuerpo físico. Por lo tanto, busca a los que están vivos para drenarlos de su energía vital. Éstos son seres parasitarios inteligentes y generalmente son lo que los no psíquicos y los no brujos describen como «actividad demoníaca» o «*poltergeists*», que buscan interrumpir continuamente la vida de los vivos e inducir estados de miedo, dolor e ira, de los cuales se alimentan. Del mismo modo, la mayoría de los *poltergeists* o de las actividades demoníacas también pueden ser la energía psíquica del Yo Inferior de una persona viva arremetiendo de forma incontrolada, como los adolescentes, altamente sensibles pero desequilibrados emocional y hormonalmente que atraviesan la pubertad.

El Yo Medio después de la muerte tiene algunas opciones dependiendo de lo que le haya sucedido. Puede disolverse en el suelo, agregando sus experiencias y sabiduría a la Tierra; puede convertirse en guardián de la Tierra y conservar el sentido de su personalidad; o, si está bloqueado por alguna razón y tiene problemas para seguir adelante o es rechazado por la Tierra, se convierte en lo que conocemos como un espíritu atado, o más comúnmente un fantasma. El Yo Superior nunca muere y es la única parte de nosotros que es verdaderamente inmortal. Al estar conectado a los Registros Akáshicos, así como a la Mente Universal de la Conciencia Colectiva, recuerda todas las experiencias de las encarnaciones del Yo Medio y del Yo Inferior. Es la parte de nosotros mismos que verdaderamente se reencarna, moviéndose para encontrar otro Yo Inferior con el que conectarse y formar un nuevo Yo Medio.

Por eso la mediumnidad, el trabajo ancestral, las apariciones de fantasmas, la nigromancia y la reencarnación pueden ser todos simultáneamente verdaderos y coincidir. Las energías de cada uno son aspectos diferentes del alma. Por ejemplo, un médium generalmente emitirá un espíritu que tiene mensajes de sanación y amor, y si bien transmitirá aspectos de la personalidad de su Yo Medio, es más un identificador que recibe la lectura de que está en contacto con el Yo Superior de la persona que conoció en vida. Aquellos que trabajan con ancestros y nigromancia trabajan con los Yoes Inferiores. Aquellos que están experimentando apariciones de fantasmas están interactuando con Yoes Medios o Inferiores rechazados dependiendo de la naturaleza de la «obsesión», como se acaba de mencionar.

El Yo Superior es el que sigue dirigiendo el proceso de reencarnación mientras, paradójicamente, nunca abandona su conexión con la Fuente. El Yo Superior registra sus experiencias en los Registros Akáshicos, que pueden verse como la memoria del Colectivo. El Yo Superior de cada ser humano está conectado a un nivel superior y a una conciencia superior. Nuestro Yo Superior tiene conciencia de esta unidad de conciencia, a la que podríamos referirnos como la Conciencia Colectiva. Esto también significa que el Yo Superior tiene acceso a todos los recuerdos de la vida en la Tierra y comprende que estos recuerdos también son parte de sus experiencias, ya que el Yo Superior comprende que todos estamos unificados en un nivel más profundo. Ésta es también la razón por la que trescientas personas recuerdan haber vivido como Cleopatra. La persona que vivió como Cleopatra, como todos los humanos, estaba compuesta por más de un aspecto del alma, por lo que sus experiencias se han disuelto en diferentes corrientes de las que han surgido nuevas vidas. Las nuevas vidas surgen con la posibilidad de tener acceso a esos recuerdos de la vida de Cleopatra como una vida que ellos también experimentaron. Tienen acceso a estos recuerdos porque se comparten a través del Yo Superior. Otra posible razón por la que muchas personas pueden compartir el recuerdo de haber sido una sola persona en una vida pasada es porque esa persona era un antepasado y comparten la memoria genética ancestral de ese individuo.

Sin embargo, si las tres almas pueden alinearse y perfeccionar las misiones y formar un nuevo contenedor energético para unir las tres partes, sucede algo completamente diferente. Las tres almas salen del ciclo de nacimiento, renacimiento, formación y disolución. Éste es un estado que en la brujería llamamos «muerto poderoso», pero que en otras tradiciones podría llamarse «santo», «bodhisattva», «iluminado», «dios» o «maestro ascendido». La alineación del alma enhebra estas tres almas juntas en preparación para ese estado, pero no lo induce. Es a través del perfecto cumplimiento de cada una de las misiones de las almas cuando uno alcanza ese estado del ser. Es uno de los objetivos principales del ocultismo y del misticismo, y se llama «apoteosis», que es convertirse en dios.

## El Yo Medio: la conciencia predeterminada

El Yo Medio es el aspecto de nosotros mismos que puede pensar, que tiene un sentido de la identidad y un sentido del otro. El Yo Medio tiene la percepción de que el tiempo y el espacio son lineales. Nos permite hacer planes para el futuro y recordar el pasado. Es lo que nos permite traducir la información de los Yo Superior e Inferior de manera lineal y lógica. Da nombres y etiquetas a objetos, animales, personas y conceptos abstractos. Es el alma que comprende el lenguaje y que se comunica con otras personas, animales, aspectos de la naturaleza y espíritus a través de la palabra verbal, mental y escrita. Es lo que nos permite hablar de nuestra realidad como brujos y entender las cosas profundamente como místicos y ocultistas.

Cuando nace un niño, se crea su Yo Medio. En el momento del nacimiento, lleva impresa su información e influencias astrológicas que afectan y definen sus lecciones significativas de vida, fortalezas y características de personalidad mientras está encarnado. El Yo Medio es quienes somos en evolución espiritual como humanos en este momento.

Cuando el Yo Medio está desequilibrado, hablamos demasiado y no escuchamos lo suficiente o estamos demasiado callados y no nos expresamos lo suficiente. Por tanto, es el hablante y el oyente. Es posible que no estemos seguros o no podamos decir nuestra verdad. Por otro lado, podemos estar demasiado encerrados en nuestras ideas dogmáticas de lo que es la verdad, incapaces de mirar o pensar fuera de la caja o llegar a comprender otros puntos de vista y creencias. Entonces, las luchas del Yo Medio por sí mismas son certeza e incertidumbre. También puede tener problemas para reconciliar paradojas, en lugar de permitir que lo sean.

Cuando el Yo Medio no está alineado con el Yo Superior, puede tener dificultades para percibir a los demás como partes de sí mismos y puede tener problemas para conectarse con conceptos relacionados con la divinidad. Esto puede llevar al existencialismo, al nihilismo o al ateísmo estricto (en oposición a un ateísmo más agnóstico), por lo que estamos demasiado encerrados en un foco de facultades mentales y somos incapaces de percibir energías o propósitos espirituales superiores. También puede estar fuera de contacto con su lugar de interconexión dentro de la red de la realidad. Nos cuesta ver el bosque porque los árboles nos lo ocultan. Cuando no estamos alineados con el Yo Inferior, podemos volvernos estoicos y desconectarnos de nuestros sentimientos, confiando en la lógica por encima de la emoción. Podemos volvernos demasiado prácticos y descartar el juego, la imaginación y la indulgencia en favor de la prudencia y la practicidad.

El paralelo psicológico más cercano que tiene el Yo Medio es el del ego. Si bien el Yo Medio no es el ego en sí, el ego es parte del Yo Medio y nos ayuda a comprender qué es. En las enseñanzas espirituales modernas hay un poco de confusión en torno al concepto del ego. La mayoría condenan lo que llaman «ego» cuando en realidad están condenando la «sobredimensión del ego», que es un sentido exagerado de importancia personal, superioridad o arrogancia. Eso ha llevado a algo de confusión sobre el uso de la palabra «ego» en la espiritualidad. No hay absolutamente nada de malo en el ego, ya que es un sentido de individualidad, personalidad y expresión personal. Sin embargo, la combinación del ego y su sobredimensión ha sido utilizada por maestros espirituales abusivos y líderes de cultos para hacer que uno abandone el sentido de sí mismo con el propósito de dominarlo. Entonces, el ego disminuye hasta el punto de provocar baja autoestima o completa carencia de ella.

En la brujería, tendemos a no pintar las cosas con un pincel grueso cuando se trata de moralidad ni nos apresuramos a agrupar las cosas en los conceptos de «bueno» y «malo». Una división más saludable, desde mi perspectiva, es discernir si algo está en equilibrio o fuera de equilibrio. Un ego equilibrado tiene un sentido saludable de autoestima e identidad, mientras que un ego desequilibrado siempre pone al yo antes que a los demás o, por otro lado, siempre pone a los demás antes que al yo. Es importante encontrar un equilibrio saludable de empoderamiento. En la brujería, un uso equilibrado del poder es tener poder con los demás y con uno mismo, no tener poder sobre los demás o sobre uno mismo.

El punto de anclaje energético del Yo Medio es el área del corazón, o, en la brujería, el Caldero del Movimiento. *El Caldero de la Poesía* indica que el Caldero del Movimiento se inclina de costado cuando nacemos, capaces de recibir el vapor del Caldero del Calor del Yo Inferior y la lluvia de las aguas del Caldero de la Sabiduría del Yo Superior. El Caldero del Movimiento inclinado muestra su estado neutral. Cuando somos optimistas acerca de nosotros mismos, nuestras vidas, el pasado y el futuro, se inclina hacia arriba, y se vuelca completamente cuando somos pesimistas sobre estas cosas.[1]

El Yo Medio está representado por la imagen animal de la araña que une al Yo Inferior y al Yo Superior al unísono. Se sienta en el centro de la vasta red de la realidad, sintiendo las vibraciones de los movimientos de los reinos superior e inferior e interpretando su significado y tejiendo puentes entre ellos. El Yo Medio es lo que crea hilos de energía entre nosotros y los demás a través de nuestras interacciones. Es la parte de nosotros que tiene relaciones con los demás.

El Yo Medio está conectado y existe principalmente dentro del Mundo Medio, que es nuestra realidad física y su contraparte etérica. El Mundo Medio también contiene los espacios liminales y los portales entre mundos diferentes. En el Árbol del Mundo, es el tronco del árbol, la parte con la que interactuamos más fácilmente y que parece estar en la tierra misma. Elementalmente, el Yo Medio y el Reino Medio están representados por el elemento Tierra (que no debe confundirse con la tierra física o el planeta Tierra) y corresponde al reino celta de la Tierra.

---

1. Penczak, Christopher: *The Three Rays: Power, Love and Wisdom in the Garden of the Gods*, Copper Cauldron Publishing, Salem, NH, 2010, 61-67.

# Ejercicio 48

❦

## La Red de Interconexión

La Red de Interconexión es un método que utilizo para conectarme a distancia con personas. En mi práctica psíquica personal, a menudo no interactúo con mis clientes en absoluto. Sólo necesito saber su nombre, ubicación y edad o signo astrológico para realizar la lectura. La gente a menudo me pregunta cómo puedo leer a las personas si no están frente a mí. La respuesta simple es que todos estamos enredados energéticamente y todos estamos conectados. Se trata simplemente de centrarse en esta conexión para aprovecharla.

Para este ejercicio y el siguiente, una buena manera de encontrar temas para probar esto es preguntar a los amigos para obtener información de otros amigos (con el permiso del sujeto) que no sean amigos propios. También puedes emparejarte con personas que conoces *on-line*. Si no conoces a nadie en Internet que esté interesado en participar, puedes visitar mi sitio web (www.MatAuryn.com), en el que tengo grupos comunitarios establecidos para conocer a otros brujos psíquicos y practicar con ellos.

Sintonízate. Piensa en una persona con la que deseas conectarte psíquicamente. Recuerda obtener su permiso para conectarte con ella. Visualiza una esfera de luz ámbar brillando en el centro de tu corazón. Di el nombre completo de tu objetivo junto con cualquier otra información de identificación tres veces en voz alta. Por lo general, yo digo el nombre, la ubicación y la edad si la tengo. A veces no tengo o no quiero preguntar la edad de alguien, por lo que a menudo pregunto por su signo solar astrológico. Entonces, por ejemplo, dirás algo parecido a esto:

«Jane Doe, Seattle, Washington, libra.
Jane Doe, Seattle, Washington, libra.
Jane Doe, Seattle, Washington, libra».

Mientras repites la información de tu objetivo psíquico, dilo como si estuvieras dando órdenes a tu esfera de luz ámbar para que busque a esa persona.

Visualiza la esfera ámbar disparándose desde tu corazón hacia el cosmos ante ti. Cuando se marcha, deja tras de sí una telaraña de energía dorada. La esfera ámbar está buscando a tu objetivo y se conectará con él sin importar la distancia, y se conectará con el centro de tu corazón, creando un cordón psíquico de sentimiento entre los dos.

Una vez que se ha establecido la conexión, estáis conectados de corazón a corazón y tú estás listo para realizar una lectura psíquica a cualquier distancia. Si la persona es un extraño para ti, intenta sintonizar cuál es su aspecto físico. No lo fuerces, sólo visualiza el contorno de una persona y deja que tu mente comience a completar características como cabello, ojos, tono de piel, forma del cuerpo, etc. No pasa nada si no sabes qué aspecto tiene. Permite que su imagen se desarrolle dentro de tu Ojo de Bruja. Cuando hayas terminado con la lectura, trae mentalmente la luz ámbar. Realiza una limpieza psíquica, recupera tu energía y conéctate a tierra.

Ejercicio 49

## Realización de un escaneo energético

La curación es un conjunto de habilidades asociado durante mucho tiempo a la brujería. Las brujas estuvieron entre las primeras sanadoras energéticas, herbolarias, parteras y enfermeras. Antes de la medicina moderna, aquellos que necesitaban curación acudían a una bruja, a un chamán o a otro sanador que tuviera una conexión con las plantas y los espíritus. Se cree que los primeros humanos pudieron discernir qué plantas mataban y cuáles sanaban a través de la observación de animales, del ensayo y error, y a través de la información proporcionada por los espíritus o por el espíritu de la planta misma. La palabra «farmacia» proviene de la palabra griega *pharmakeía*, que hace referencia al uso de medicinas tal como lo entendemos hoy, pero también al uso de hechicería, hechizos, conjuros, curaciones y brujería. En la brujería, vemos la curación como algo holístico, algo que no es puramente para el cuerpo físico, sino que incorpora todas las formas de bienestar posibles para brindar equilibrio y plenitud a la persona que necesita curación. Podemos ver similitudes con muchas culturas indígenas cuya palabra para curación y magia a menudo se traduce por la palabra en inglés «medicine».

Sin embargo, para sanar, primero debemos saber qué estamos sanando. Para hacer esto, los brujos utilizan muchas técnicas diferentes para descubrir qué puede ocurrirle al individuo. Una de las formas más simples pero más efectivas es escanear la energía de una persona. Mientras me adiestraba con Laurie Cabot, uno de los ejercicios que realizábamos era el escaneo de salud. Al igual que con el ejercicio «La Red de Interconexión», sólo tenemos que trabajar con el nombre de una persona y su edad y ubicación, nada más. Utilizamos las técnicas que nos enseñaron para intentar diagnosticar psíquicamente a este individuo que ya ha sido diagnosticado por un médico para que la otra persona pueda verificar los resultados.

Tengo una fuerte aversión a la sangre y las vísceras e incluso al cuerpo humano. Bromeo diciendo que me gusta fingir que debajo de nuestra piel no hay más que energía y luz. Por alguna razón, los órganos, la sangre, las venas y los huesos me dan náuseas. Como psíquico, muchas veces las personas te harán preguntas sobre su salud. Nunca realices sólo escaneos de salud. No deberían ser el único método para diagnosticar enfermedades. Si tú o alguien a quien conoces tiene problemas de salud, debéis programar una cita con un profesional de la salud. El escaneo de salud debe considerarse sólo como un complemento de cualquier otro diagnóstico médico convencional. Si estás leyendo a otra persona, debes enfatizar eso e informarle claramente de que lo que tú haces no es un diagnóstico.

Durante uno de mis casos de escaneo de salud, vi vino tinto (a diferencia de sangre) con trozos blancos. Luego vi un corazón de San Valentín con esos trozos blancos alrededor. Interpreté esto como un problema con la presión arterial y el colesterol que estaban afectando a su corazón. Resultó ser correcto.

En otro caso de salud, vi un par de globos, uno al lado del otro, inflarse y desinflarse. Eso es porque el problema estaba en sus pulmones. Si hubiera visto los pulmones y la dolencia, me habría sentido asqueado y habría salido de mi estado alterado. Recibí la información de una manera que pude manejar. Pero, naturalmente, no interpretaría eso diciendo: «Siento que tus globos no se están llenando bien». Sin embargo, durante otro estudio de un caso de salud, en un momento sentí dolor en la cabeza y vi un impacto. Dije: «Siento como si hubiera tenido un accidente automovilístico porque experimento un traumatismo contundente en la cabeza, que ha causado daño cerebral». Esto convirtió un golpe certero (el dolor en la cabeza por un impacto que causó daño cerebral) en profundamente incorrecto al interpretarlo como un accidente automovilístico. Lo siguiente es una adaptación de lo que aprendí de Laurie Cabot.

Sintonízate. Realiza el ejercicio «La Red de Interconexión». Una vez conectado, enfócate en la imagen física del sujeto. Extiende tus manos como si estuviera justo frente a ti. Siente sus rasgos faciales con tus manos y pásalas por la superficie de su cuerpo con tu Ojo de Bruja, escaneándolo varias veces. Presta especial atención a cualquier área que siga llamándote la atención. Visualiza la imagen convirtiéndose en una radiografía que puedes acercar y alejar. ¿Qué ves?

Presta atención a cualquier sentimiento que experimentes dentro de tu propio cuerpo, incluidas molestias y dolores. Mantén el pulgar y el dedo índice hacia fuera como si estuvieras sosteniendo un vial vacío en tus manos. Con tu Ojo de Bruja, utiliza ese vial para recoger una muestra de su sangre.

Acerca el vial a tu Ojo de Bruja y agítalo. ¿Qué ves? ¿La sangre es oscura o clara? ¿Tiene manchas blancas o manchas oscuras? ¿Es densa o está muy licuada? No seas tímido y di lo que estés viendo y sintiendo. En este punto, si la otra persona está abierta, puedes enviarle energía curativa, que exploraremos más adelante en este libro.

# Ejercicio 50

## Magia de la memoria

Durante una entrevista para un *podcast*, me preguntaron cómo puedo retener toda la información que leo en tantos libros y cómo leo tan rápido. Ésta es una técnica que he creado, basada en algunas de las técnicas anteriores, que te permite no sólo registrar información, sino también acceder a ella a través de tus recuerdos. Eso también me ha ayudado a obtener acceso a cuentas de correo electrónico de más de una década de antigüedad de las que no podía recordar las contraseñas. Esta técnica puede resultar útil a la hora de estudiar o realizar cualquier tipo de prueba.

Mantén tu indicador psíquico como se muestra en el Ejercicio 18. La clave aquí es entrar en alfa mediante un comando y lograr ese estado relajado. Con tu Ojo de Bruja, simplemente imagina un botón de grabación y parada en la pantalla de tu mente. Imagina que presionas ese botón para decirle a tu mente que deseas retener la información que estás leyendo o escuchando. ¡Eso es todo!

Para acceder a información que no puedes recordar, simplemente mantén presionado el botón psíquico nuevamente y entra en un estado meditativo ligero. Imagina una barra de motor de búsqueda en la pantalla de tu mente e imagínate escribiendo la información o los recuerdos que estás buscando. Relájate y permite que tu mente busque suavemente la información hasta que ésta llegue a ti. Trata de no forzarlo. Puede tardar desde unos minutos hasta unos días, según lo profundamente enterrados que estén los recuerdos y la importancia con que el cerebro los haya marcado para recordar. Grabar información intencionadamente con tu botón psíquico hace que esta información sea de un acceso más fácil.

## El poder de la investigación

«Para mí, el signo de interrogación (?) es el símbolo más sagrado de la bruja porque nos atrevemos a hacer preguntas heréticas», escribe el mago sureño, anciano de la brujería y vidente de las hadas Orion Foxwood.[2] Ésta es una declaración convincente. Cuando era niño, me crie en un hogar muy religioso. Recuerdo que mi curiosidad me metió en muchos problemas en la escuela dominical, pero también me abrió toda una vía de exploración fuera del alcance de la iglesia. Cuestionar los agujeros teológicos y filosóficos de lo que nos enseñaban estaba muy mal visto. Después de todo, la serpiente en el jardín fue la primera criatura en hacer preguntas, las cuales llevaron a Adán y Eva a comer del Árbol del Conocimiento del Bien y del Mal. Seguramente, ese tipo de preguntas provienen del pensamiento herético. Al menos eso me aseguraban los ancianos en la iglesia.

Por ejemplo, me enseñaron tres cosas que eran contradictorias. La primera fue que Dios es omnisciente y sabe todo sobre el pasado, el presente y el futuro. La segunda fue que Dios lo amaba todo. La tercera fue que Dios envió el sufrimiento eterno a los que se apartaron de sus mandamientos. Meditar sobre esto me hizo sentir incómodo. Pregunté: «¿Por qué Dios nos haría sufrir por toda la eternidad si es todo amor?». Me dijeron que era porque Dios nos dio el libre albedrío para elegir ese camino. Eso era incorrecto, ya que técnicamente la serpiente le dio a la humanidad el libre albedrío. «Sí, pero si Dios es omnisciente y sabe lo que vamos a elegir antes incluso de crearnos, ¿por qué nos crearía sabiendo que elegiríamos libremente ir en contra de sus mandamientos y nos hace sufrir por toda la eternidad? Si realmente nos ama, ¿no nos crearía o acabaría con nuestra existencia en lugar de torturarnos por toda la eternidad?».

Aquellas preguntas no sentaron bien, y me castigaron cuando volví a casa después de que mi maestra de la escuela dominical tuviera una charla con mis tutores. Recuerdo las palabras que mi maestra utilizó para tratar de silenciar mis preguntas, y que sólo me hicieron cuestionarme las cosas más profundamente: «¿Quiénes somos nosotros para cuestionar a Dios?», me preguntó retórica y despectivamente. Para mí,

---

2. Foxwood, Orion: nota al pie en «The Witch Lives», en *The Flame in the Cauldron: A Book of Old-Style Witchery*, Weiser Books, San Francisco, 2015, XIX.

ésa fue una pregunta brillante. ¿Quiénes somos? ¿Quién es Dios? ¿Por qué somos nosotros? ¿Por qué es Dios? Fueron preguntas que dejaron atónita a mi mente y generaron una sed de comprensión que no ha sido apagada hasta el día de hoy.

Las preguntas son más importantes que las respuestas. El poder de las preguntas y la contemplación crítica son una fuerza impulsora detrás del desarrollo de la civilización. Las preguntas han sido el aspecto singular más importante de la existencia humana. Sólo puedo imaginar a nuestros ancestros lejanos haciendo preguntas como ¿por qué crecen las plantas?, ¿cómo puedo mantenerme caliente?, ¿por qué estamos aquí?, ¿de dónde venimos? No puedo evitar ver la investigación como la fuerza impulsora detrás de la ciencia, la filosofía, la religión y toda innovación en la historia.

Las preguntas tienen el poder de inspirar, iluminar, estimular, crear o destruir. Si queremos asumir los grandes misterios y crecer como individuos, brujos y psíquicos, debemos hacer preguntas. El cuestionamiento es la única manera en que la brujería evolucionará en el futuro, ya que la indagación es la predecesora de todos los grandes cambios en curso. Nuestro Yo Medio tiene el poder de la inteligencia y el poder de explorar verdaderamente el Universo que nos rodea a través de la reflexión crítica y del cuestionamiento. Cuando enseño brujería y habilidades psíquicas, siempre animo a que mis alumnos me pregunten, no sólo para asegurarme de que todos comprendan lo que estoy compartiendo, sino porque generalmente yo mismo aprendo algo o descubro una pregunta que aún no había contemplado.

## Ejercicio 51

## Indagación contemplativa

Para este ejercicio, no es necesario que te sintonices ni medites de manera formal. En cambio, trabajarás únicamente con tu Yo Medio, utilizarás tu mente para descubrir la raíz de quién es tu Yo Medio. Simplemente tendrás una conversación interior contigo mismo y te harás preguntas tipo: «¿Quién?», «¿Qué?», «¿Cuándo?», «¿Por qué» y

«¿Cómo?». Mantendrás ese diálogo hasta que no puedas responder. Esta investigación conversacional te dará una idea de quién eres como individuo y cuáles son tus motivos, claridad sobre el condicionamiento inconsciente y una idea de lo que realmente crees. Puede ser beneficioso escribir los resultados en un diario y realizar un seguimiento de tu progreso a lo largo del tiempo.

*Ejemplo de preguntas iniciales:*

¿Quién soy?

¿Qué es la divinidad?

¿Qué soy yo?

¿Qué es la conciencia?

¿Qué me impide seguir mis sueños?

¿En qué creo?

¿Por qué tengo este deseo?

¿Por qué existo?

¿Por qué existe algo?

¿Dónde estoy?

¿Por qué pienso esto?

¿Por qué actúo de esta manera?

¿Por qué me siento así?

¿Cómo me estoy reprimiendo?

¿Por qué me trato así?

¿Por qué trato a los demás de esa manera?

¿Por qué quiero mejorar mi capacidad psíquica?

¿Por qué quiero hacer magia?

¿Cuál es mi verdadero motivo?

# Capítulo 7
# EL YO INFERIOR
# Y LA SOMBRA

El Yo Inferior es el aspecto de ti mismo que siente y está conectado a tu entorno físico, emocional y energético. Es la conciencia primordial. Debido a que tiene una percepción del tiempo y del espacio tipo «aquí y ahora», se aferra a las emociones y energías del pasado y las experimenta como si estuvieran ocurriendo ahora. Algunas tradiciones de brujería llaman a esta alma la «pegajosa» y creo que es una descripción muy acertada. Implica que actúa como una esponja, absorbiendo todo de su entorno, pero también que es el alma más desordenada en algunos aspectos. El Yo Inferior es preverbal y se comunica como un niño que aún no ha aprendido a hablar o como un compañero animal que intenta transmitir información. Habla a través de sentimientos, ansias y deseos.

El Yo Inferior se describe a menudo como animal, primario, infantil, instintivo y sexual. Al estar compuesto principalmente de sangre y carne, el Yo Inferior proviene de los antepasados, y los antepasados viven a través de nosotros en lo que brujos como Raven Grimassi denominan el Río de Sangre, el linaje ininterrumpido desde nuestro primer antepasado hasta ahora.[1] Como tal, su sabiduría fluye a través de nosotros en forma de instinto evolutivo y conocimiento ancestral, y estamos en sintonía con su guía y ayuda si estamos abiertos a él. Tras la muerte, devolvemos este favor cuando el Yo Inferior se fusiona con los antepasados con el conocimiento y la curación acumulados de esa encarnación, ra-

---

1. Grimassi, Raven: *Communing with the Ancestors: Your Spirit Guides, Bloodline Allies, and the Cycle of Reincarnation*, Weiser Books, Newburyport, MA, 2016, XXI.

zón por la cual los antepasados eligen unirse al Yo Superior para empezar con él. El Yo Inferior es de donde venimos en la evolución espiritual de la humanidad. Es nuestra ascendencia y nuestro don ancestral.

Cuando se trata de la capacidad psíquica, el Yo Inferior evalúa su entorno y transmite esa información al Yo Medio, que interpreta en pensamientos y palabras las sensaciones corporales, los sentimientos, las emociones, los instintos, los sentimientos viscerales y las corazonadas. Cuando el Yo Inferior y el Yo Medio están alineados, mantienen una conversación, que llamamos intuición. Intuimos información sobre nosotros mismos, los demás, situaciones, entornos y posibles caminos sin saber lógicamente por qué.

El paralelo psicológico más cercano que tiene el Yo Inferior es el ello. Si bien el Yo Inferior no es el ello en sí mismo, el ello es parte del Yo Inferior y nos ayuda a comprender qué es. El ello es la parte sexual impulsiva, primitiva, agresiva de nosotros mismos formado por todas las cosas que hemos heredado biológicamente de nuestros padres. Un niño recién nacido es todo ello, y más tarde desarrolla un ego y un superego; así como la progresión de la evolución del alma humana consiste en que el Yo Inferior es de donde venimos, el Yo Medio es donde estamos y el Yo Superior es a donde vamos. El ello induce ansiedad y busca placer para evitar sentimientos desagradables y dolor.

## El Niño Interior

El Yo Inferior también puede entenderse como el Niño Interior y, como tal, le encanta jugar y tener experiencias placenteras. Anteriormente, cuando hemos explorado la imaginación y la inmersión psíquica, hemos aprovechado nuestro Niño Interior y nuestro Yo Inferior. El Yo Inferior es la parte de nosotros que sueña e imagina y no es completamente lógica y, por lo tanto, no está limitada por ella. El Yo Inferior se conecta con el Yo Superior de manera más fácil, y el Yo Medio los entrelaza para dar sentido a la información. Ésta es la razón por la que la intuición, que es un fenómeno del Yo Inferior, y la capacidad psíquica, que es un fenómeno del Yo Superior, tienden a difuminarse y entrelazarse entre sí.

Cuando el Yo Inferior está desequilibrado por sí solo, nos estamos complaciendo demasiado, sin moderación y volviéndonos propensos a las adicciones y los malos hábitos, o, por el contrario, nos negamos a nosotros mismos las experiencias placenteras y (en el peor de los casos) negamos a nuestro cuerpo lo que anhela para sobrevivir. La disciplina es el desafío del Yo Inferior, y descubrir cuál es el nivel apropiado de control para contentarnos y, al mismo tiempo, no ceder a nuestros vicios y, en última instancia, destruir nuestras vidas. Freud comparó el ello con un caballo y el ego con el jinete, por lo que una manera de ver el desafío del Yo Inferior es entrenar a un caballo salvaje sin abusar de él.

Cuando el Yo Inferior está desequilibrado con el Yo Medio, nos volvemos inconscientes de nuestros sentimientos y experiencias, y negamos la totalidad de quiénes somos, creando así problemas de sombras. Las experiencias, emociones y aspectos de nosotros mismos que no queremos poseer o reconocer son extraídos del Yo Medio, pero el Yo Inferior siempre tiene conciencia de ello. En psicología analítica, llaman a esto la «sombra» y se refieren a la colección de estas experiencias e identidades como el «Yo Sombra». El Yo Sombra es lo que el ego rechaza de la luz de su conciencia y es empujado hacia las sombras de la mente donde no se lo mira, pero sigue ahí. Sin embargo, el Yo Sombra sigue siendo parte de nosotros y cuanto más lo ignoramos, más actúa para tratar de llamar nuestra atención y volver a la luz de nuestra mente consciente. Esto se expresa como acción inconsciente y proyecciones sobre otros. Otro desafío derivado de que el Yo Inferior no esté alineado con el Yo Medio es que podemos volvernos demasiado ingenuos y crédulos, careciendo así de discernimiento y pensamiento crítico.

Cuando el Yo Inferior no está alineado con el Yo Superior, nos convertimos en monstruos, siendo los peores ejemplos de humanidad. El Yo Superior tiene una brújula moral espiritual del bien y del mal. En cierto sentido, cuando el Yo Inferior no está alineado con el Yo Superior, nos volvemos demasiado salvajes, más predispuestos a dañar a otros en comportamientos de lucha o huida. También podemos tener dificultades para relacionarnos y sentir empatía con los demás o preocuparnos por cómo afectamos al medio ambiente y a los animales.

Esto también puede conducir a un comportamiento de vampirismo energético y emocional, mediante el cual manipulamos y drenamos a otras personas consciente o inconscientemente para alimentar nuestro suministro de energía.

El punto de anclaje energético del Yo Inferior es el área del vientre, o en la brujería, el Caldero del Calor. El Yo Inferior como el Pegajoso acumula energía de fuerza vital a nuestro alrededor para alimentarnos, y «El Caldero de la Poesía» indica que el Caldero del Calor está boca arriba cuando nacemos, enviando el vapor de su fuerza vital hacia el Caldero del Movimiento para calentarlo, de ahí su nombre. El Yo Inferior está representado por la imagen de la serpiente que se eleva en sanación y sabiduría, una imagen que aparece en muchas culturas, desde el kundalini hasta el bastón de Asclepio, el caduceo de Hermes, el bastón de Moisés y el *uraeus* de los faraones egipcios. Al igual que la serpiente, el Yo Inferior está cerca de la tierra, siempre conectado, y es parte del mundo natural y del cuerpo físico.

El Yo Inferior está conectado y existe principalmente dentro del Mundo Inferior, que es el reino de los antepasados, de la iniciación, de la curación, de la regeneración y de la sabiduría. En el Árbol del Mundo, son las raíces invisibles del árbol que se sumergen profundamente en el Inframundo. Elementalmente, el Yo Inferior y el Reino del Inframundo están representados por el elemento Agua, que representa la emoción y las energías astrales y corresponde al reino celta del mar.

## El Yo Sombra

El psiquiatra y psicoanalista suizo Carl Jung fue un hombre prolífico cuyo trabajo fue muy influyente no sólo en los campos de la psicología y de la psiquiatría, sino también en la recuperación de adicciones, en la alquimia, en la arqueología, en la arteterapia, en la antropología, en la danzaterapia, en la filosofía, en la espiritualidad, en los estudios religiosos y en lo paranormal, incluso influyó en las interpretaciones espirituales de la mecánica cuántica. Muchos de sus conceptos también han tenido una influencia considerable en el paganismo y la brujería, como su concepto de sincronicidad, los arquetipos y el Yo Sombra.

La teoría de Carl Jung del Yo Sombra es que todos llevamos partes de nosotros mismos dentro de nuestra psique que queremos repudiar. Si pensamos en nuestro ego como la luz en la que nos vemos a nosotros mismos, el Yo Sombra es todo lo que reside dentro de la psique que el ego rechaza.[2] Aunque está compuesto por nuestra vergüenza y nuestras debilidades autopercibidas, el Yo Sombra no es necesariamente negativo del todo; también puede estar formado por aspectos de nosotros mismos que no poseemos ni abordamos. Por ejemplo, si alguien tiene baja autoestima, su sentido de empoderamiento reside en su Yo Sombra como compensación, porque está rechazando ese aspecto de sí mismo en la forma en que se ve a sí mismo. Dirigirnos al Yo Sombra es mirarnos con sinceridad a nosotros mismos a través de la introspección.

En Delfos, en el antiguo templo del dios griego Apolo, estaban inscritas las palabras «Conócete a ti mismo». Ese templo era conocido en todo el mundo por la Pythia, que era un título para la suma sacerdotisa que daría la profecía como un oráculo a Apolo, quien entre muchas cosas era dios de las profecías. La Pythia fue una de las psíquicas y canalizadoras de trances más famosas de toda la historia registrada, y en la antigüedad fue venerada por su precisión. Obviamente, la inscripción tenía un alto nivel de importancia para el templo, y estas palabras nos dan una visión crítica de un aspecto importante de esta gran psíquica: la importancia de conocerse y dominarse a uno mismo a fondo. Para hacerlo, debemos comprender quiénes somos realmente y no sólo quiénes queremos creer que somos.

Jung decía que nos iluminamos sobre la propia naturaleza no sólo enfocándonos en los aspectos positivos de nosotros mismos y en nuestra espiritualidad, sino también al enfrentarnos a nuestro propio Yo Sombra.[3] Como un niño que es ignorado, cuanto más se niega uno a enfrentarse a su Yo Sombra, más rabietas provoca éste para que lo re-

2. Jung, Carl G.: *The Collected Works of C. G. Jung: Volume 9, Part II, AION: Researches Into the Phenomenology of the Self*, Princeton University Press, Princeton, Nueva Jersey, 1959, 8-9.

3. Jung, Carl G.: *The Collected Works of C. G. Jung: Volume 13: Alchemical Studies*, Princeton University Press, Princeton, NJ, 1983, 265-266.

conozcamos. El método más común de nuestro Yo Sombra para llamar nuestra atención es proyectarse sobre otras personas y tratar de ser combatido externamente, lo que sólo perpetúa el problema de repudiarlo en lugar de reconocerlo e integrarlo de manera saludable.[4]

Pero ¿por qué lidiar con nuestro Yo Sombra es esencial para la habilidad psíquica o la brujería? Una de las razones es que somos conscientes de lo que estamos proyectando en los demás y de lo que realmente estamos captando psíquicamente, y somos capaces de discernir la diferencia. Devin Hunter también enseña que muchos espíritus menos amigables a menudo intentarán usar nuestros miedos y vulnerabilidades contra nosotros.[5] Esto puede variar desde una autoestima hiperhinflada o disminuida hasta nuestros miedos, adicciones y vicios más profundos. Al tener claro quiénes somos y reasignar nuestro Yo Sombra a roles más equilibrados y beneficiosos, estamos sentados en el trono de la soberanía con respecto a nuestra capacidad psíquica y nuestra brujería. Esto significa que tenemos el control, no nuestro Yo Sombra ni los espíritus externos, y estamos centrados en nuestro poder personal. Como brujos, todos los componentes que nos conforman manifiestan constantemente nuestra realidad: Yo Superior, Inferior y Medio. Queremos tener el mayor control posible de nuestras manifestaciones; así, debemos asegurarnos de que nuestro Yo Sombra se manifieste alineado con nuestras otras partes y no sabotee nuestra voluntad.

En la Tradición de la Brujería Feérica, el Yo Sombra es visto como una proyección exteriorizada de nosotros mismos que a veces se conoce como el Amante Sombra o el Gemelo Sombra.[6] El Amante Sombra es un aspecto de nuestro Yo Inferior. La brujería es un camino tortuoso entre polaridades aparentemente diferentes y también es un camino de purificación alquímica, que toma estos aspectos opuestos y los unifica en la totalidad. Esta unión alquímica de dos partes diferen-

---

5. Hunter, Devin: *The Witch's Book of Spirits*, Llewellyn Publications, Woodbury, MN, 2017, 83-84.

6. Faerywolf, Storm: *Forbidden Mysteries of Faery Witchcraft*, Llewellyn Publications, Woodbury, MN, 2018, 29.

tes es un motivo importante en muchas tradiciones de la brujería. Ya sea la unión divina masculina y femenina en el Gran Rito,[7] o el Dios de la Luz y el Dios Cornudo que se unen para luchar uno contra otro durante todo el año en el *sabbat*,[8] o los gemelos divinos como la serpiente y la paloma fusionándose como el Dios Azul,[9] la atención se centra en la fusión de opuestos.

El *Kybalion*, un texto esotérico que analiza los principios de la naturaleza de la realidad, señala dos cosas importantes que hay que tener en cuenta aquí. La primera, a la que el *Kybalion* se refiere como el Principio de Polaridad, es que todo tiene un polo opuesto. Hay luz y oscuridad. Hombre y mujer. Calor y frío. Pero la idea de polaridad sólo puede entenderse completamente a través del siguiente principio, que es el Principio del Ritmo. El Principio del Ritmo establece que todo es un espectro entre dos polos que están en constante cambio. El género es un espectro, al igual que la luz, la oscuridad y la temperatura.

Tanto Jung como muchas tradiciones ocultas ponen énfasis en combinar los opuestos en la totalidad. Jung se refiere a esta idea como «individuación», que es reconocer los aspectos de nosotros mismos de los que somos inconscientes e integrarlos en nuestro sentido del yo. En alquimia, esto se conoce como la Gran Obra, y en las tradiciones ocultas (incluidas muchas tradiciones de la brujería), Baphomet es un símbolo de esa Gran Obra. Uno de mis maestros se refiere a Baphomet como el «Gran Iniciador». Baphomet es una imagen simbólica creada por el ocultista Éliphas Lévi que se basó en los juicios de los caballeros templarios del siglo XIV.

La imagen puede parecer aterradora al principio, pero creo que es parte de la intención. Contrariamente a la creencia popular, no es una

---

7. Grimassi, Raven: *Encyclopedia of Wicca & Witchcraft*, Llewellyn Publications, St. Paul, MN, 2003, 193.

8. Penczak, Christopher: *The Outer Temple of Witchcraft: Circles, Spells and Rituals*, Llewellyn Publications, Woodbury, MN, 2014, 372.

9. Faerywolf, Storm: *Betwixt and Between: Exploring the Faery Tradition of Witchcraft*, Llewellyn Publications, Woodbury, MN, 2017, 29-30.

imagen del diablo, sino más bien una imagen del Universo como fuerza e inteligencia y una representación del dios griego Pan,[10] cuyo nombre fue comparado por los antiguos griegos con la palabra *pan*, que significa «todo». Lévi escribe que la imagen de Baphomet es la clave de toda la magia, ya que es la fuente de toda la energía mágica, a la que él y muchos ocultistas de su tiempo se referían como la «luz astral».[11]

Baphomet es la imagen de todas las fuerzas del Universo combinadas en una entidad simbólica. Baphomet es masculino y femenino, claro y oscuro, todos los elementos clásicos, animal y hombre, arriba y abajo, ángel y demonio. En el brazo levantado de Baphomet está la palabra «Resuelve», un término alquímico para descomponer los elementos; en su brazo bajado está la palabra «Coagula», que es un término alquímico para unir elementos. Es la fuente de donde vienen todas las cosas y a la que todas las cosas regresan, tal como dice la oración tradicional de la Tradición Feérica: «¡Santa Madre! En ti vivimos, nos movemos y tenemos nuestro ser. De ti emergen todas las cosas y hacia ti todas las cosas regresan».[12] En *Wiccan Charge of the Goddess*, de Doreen Valiente, se dice de manera similar: «Porque yo soy el Alma de la Naturaleza, que da vida al Universo; de mí todas las cosas proceden, y a mí es necesario que todas las cosas vuelvan». En *The Golden Dawn*, la frase «Oh alma de la naturaleza, que da vida y energía al Universo. De ti proceden todas las cosas. A ti todo vuelve» se recita en ceremonia ritual.[13] Tanto Gerald Gardner y Aleister Crowley declaran que Pan es el «devorador de todo» y el «creador de todo».[14] Todos ellos hacen referencia a la misma fuerza divina que se materializa en la imagen de Baphomet.

10. Lévi, Éliphas: *Transcendental Magic*, Weiser Books, York Beach, ME, 2001, 308.

11. *Ibid*, 104.

12. Faerywolf, Storm: *Betwixt and Between: Exploring the Faery Tradition of Witchcraft*, Llewellyn Publications, Woodbury, MN, 2017, 22-33.

13. Regardie, Israel: *The Golden Dawn: A Complete Course in Practical Ceremonial Magic*, Llewellyn Publications, St. Paul, MN, 2003, 433.

14. Gardner, Gerald: *The Meaning of Witchcraft*, Weiser Books, York Beach, ME, 2004, 161; Aleister Crowley: *The Book of Thoth*, Weiser Books, York Beach, ME, 2004, 62.

*Figura 7: Baphomet*

Victor Anderson es citado diciendo «Dios es uno mismo y uno mismo es Dios, y Dios es una persona como yo».[15] Del mismo modo, en la Misa Gnóstica de Aleister Crowley, se incluye la frase «No hay una parte de mí que no sea de los dioses».[16] Para mí, esto sugiere la idea contenida en el axioma hermético «Como es arriba, es abajo. Como es adentro, es afuera», así como la idea de un Universo holográfico, en el que somos fractales de la estructura más grande, conteniendo dentro de nosotros todo lo que contiene la estructura más grande. No sólo somos parte del Universo, sino que también somos un microcosmos del propio Universo. No sólo somos parte de Baphomet, sino que también somos Baphomet. Por lo tanto, nuestro trabajo es la Gran Obra del Universo, conocernos a nosotros mismos en todas las partes, lo cual es clave para la conexión y el dominio mágico y psíquico.

## La autoposesión

La autoposesión es lo que parece: estar plenamente encarnado y alineado con una o más de tus almas. Si pensamos en nuestro cuerpo como en un edificio, podemos optar por tratarlo como una casa encantada con aspectos desconocidos de nosotros mismos deambulando libremente y creando caos, o podemos tratarlo como un templo divino, honrando y teniendo una relación personal con los aspectos de nosotros mismos que habitan allí. Ganamos esta relación invocando o convocando ese aspecto de nosotros mismos para conocernos mejor, alinearnos con ese aspecto y construir una relación a través de la cual aprovechamos su energía.

15. Coyle, T. Thorn: *Evolutionary Witchcraft*, Tarcher / Penguin, Nueva York, NY, 2004, 43.
16. Milo DuQuette, Lon: *The Magic of Aleister Crowley: A Handbook of the Rituals of Thelema*, Weiser Books, York Beach, ME, 2003, 241.

# Ejercicio 52

❧

## Posesión de uno mismo: invocación del Yo Inferior

El Yo Inferior puede invocarse para curar, cambiar de forma, comunicarse con los animales, con las plantas, con el mundo natural y con los espíritus de la naturaleza. El Yo Inferior se puede invocar para prácticas rituales y extáticas, viajes astrales, para recordar sueños y para sintonizar con tu yo intuitivo cuando necesites acceder a tu entorno o a una situación desde una mentalidad más de lucha o huida. Yo también invoco al Yo Inferior cuando necesito comunicarme con mi Niño Interior o con el Yo Sombra para sanarme o cuidarme.

Empieza por sintonizarte. Lleva su conciencia a tu Caldero Inferior. Respira hondo, visualizándote a ti mismo absorbiendo toda la energía que hay a tu alrededor y llena tu caldero inferior con esta energía. Considéralo como una ofrenda a tu Yo Inferior. Realiza otra respiración profunda e invoca a tu Yo Inferior para que te cubra con su sombra, visualizándote rodeado por tu Yo Sombra, tu propio protector primordial.

«Yo primigenio, pegajoso, hecho de sombra y polvo,
el cambiaformas, el buscador, la encarnación de la lujuria,
el inmaculado niño salvaje, bailarín en la cornisa,
sanador siniestro, ladrón del fuego, jinete del límite,
buscador de placeres, orador de sueños, manos de corazón abierto,
vínculo no verbal, eterno y ancestral con la Tierra,
¡te invoco a que te levantes ahora como una parte sagrada de mí!,
¡te invoco para que te levantes ahora y me des tu sombra!».

Para volver a tu estado normal del Yo Medio, simplemente realiza el ejercicio de desactivación.

# Ejercicio 53

❧

## Dialogar con el Yo Sombra

La doctora Sarah Lynne Bowman fue quien me presentó el trabajo de Carl Jung y el concepto del Yo Sombra. Sarah es autora, erudita, profesora y un ser humano inmensamente espiritual. El siguiente es un ritual que desarrolló basándose en parte en las meditaciones femeninas divinas de Jumana Sophia en *Her Mystery School*, así como en los trabajos pioneros de Carl Jung y William Glasser.

Sarah proporciona este ritual para ayudar a los buscadores a ponerse en contacto con sus aspectos del Yo Sombra, alineándolos, estableciendo un diálogo, transmutándolos e integrándolos. El objetivo de este ritual es ayudar a las personas a eliminar la vergüenza que sienten por sus aspectos de sombra, a identificarlos como aliados, a descubrir las necesidades centrales que poseen y a descubrir la mejor manera de integrar y equilibrar el Yo Sombra en su vida cotidiana. Por lo tanto, esta práctica considera la integración del Yo Sombra como una manera importante de promover el bienestar psicológico y espiritual. Sugiero realizar la invocación del Yo Inferior antes de comenzar este ritual.

Encuentra un lugar donde sentirte completamente cómodo, pero permanece alerta y tranquilo. Siéntate o recuéstate, según creas necesario.

Respira profundamente varias veces. Al inhalar, concéntrate en recuperar tu energía de todas las distracciones del mundo, descansando en tu núcleo. Al exhalar, ablanda la columna vertebral, lo que te permitirá sostenerte sin esfuerzo.

Cuando sientas que tu energía ha regresado a tu núcleo, analiza tu ser emocional. ¿Qué estás sintiendo? ¿Estás en paz? ¿Sientes alguna interrupción, como ansiedad, miedo, ira, agitación? Observa estas emociones y dónde residen en tu cuerpo sin necesidad de cambiarlas.

Si tienes un aspecto de sombra en particular con el que te gustaría trabajar, recuérdalo. Puedes encontrar que ese aspecto ya reside en tu cuerpo emocional, manifestándose como ansiedad, ira o miedo. O puedes sentir que surgen emociones al contemplar un aspecto de sombra específico, como la codicia, la seducción, la ira, la autocompasión, etc. Simplemente observa los sentimientos que surgen en esta etapa.

Cuando accedemos a nuestros elementos de sombra, a menudo sentimos vergüenza, miedo o nos sentimos juzgados. Realiza algunas respiraciones profundas y limpias. Al inhalar, imagina dónde se encuentran la vergüenza, el miedo o el juicio en tu cuerpo. ¿Están enfocados en un centro de energía en particular? Centra la atención en esa área durante la respiración. Al exhalar, imagina que la vergüenza, el miedo o el juicio se liberan, como una cinta suelta que se desenreda en el Universo que te rodea. Repite el ejercicio hasta que sientas que te has desbloqueado.

A continuación, imagina el aspecto de la sombra. Cuando lo visualizas, ¿qué ves? ¿Tiene un color, una textura, un símbolo? ¿Se encarna como una persona o como un animal? Mantén la imagen en tu mente.

Ahora, dale a ese aspecto de sombra una voz y un nombre. El nombre puede ser una palabra o una descripción. El Yo Sombra intenta comunicarse con nosotros mediante todo tipo de formas que tal vez no reconozcamos, principalmente de manera sutil o indirecta. El objetivo aquí es entablar un diálogo directo con el Yo Sombra y comunicarte con él, preguntarle qué quiere y por qué.

Dialoga con tu aspecto de sombra. ¿Qué necesidad trata de satisfacer tu Yo Sombra? Algunas necesidades básicas pueden ser: poder, seguridad, diversión, pertenencia o libertad. O tu necesidad puede ser más específica y única para ti. Imagina tu Yo Sombra envuelto en misterio, como un caparazón envuelto en humo. Abre el caparazón. ¿Qué necesidad hay dentro del caparazón que es fundamental para ti? ¿Qué aspecto tiene? ¿De qué color, forma o textura es?

Analiza con la sombra de qué formas has tratado de satisfacer esa necesidad. ¿Estas formas han causado interrupciones en tu vida? ¿Han dañado a otros de alguna manera? ¿Has reprimido por completo este aspecto de la sombra, suprimiendo la necesidad? ¿A menudo afirmas no tener esa necesidad en absoluto? ¿Has intentado abordar la necesidad de otra manera en tu vida consciente que te haya satisfecho del todo? Explora cómo se manifiesta en tu vida ese elemento de sombra.

Habla con el Yo Sombra de las maneras en las que podrías satisfacer esa necesidad y que te beneficien a ti mismo y a los demás. Si necesitas cierto tipo de diversión, ¿cómo puedes divertirte de manera más segura? Si necesitas poder, ¿cómo puedes empoderarte a ti mismo y al mismo tiempo empoderar a quienes te rodean? Pídele a tu Yo Sombra que se convierta en tu aliado en tu viaje. Colaborad juntos. Si tu Yo Sombra sugiere un comportamiento que no te parece ético, sé amable al explicarle por qué no deseas perseguir esa energía o acción. Crea sugerencias alternativas útiles. Encuentra formas de darle a tu Yo Sombra lo que necesita.

Imagínate mostrando un gesto de gratitud y amor a tu aspecto de sombra. Quizá le des un abrazo a tu Yo Sombra. Quizá te imagines la energía de la luz de la mano de la energía de las sombras. Expresa amor y gratitud por tu Yo Sombra y todas las lecciones que tiene que enseñarte, mientras te equilibras con él. Recuerda que tu Yo Sombra es tu aliado y siempre lo ha sido.

Dale las gracias a tu Yo Sombra y libéralo. Respira varias veces para volver a ser tú mismo. Date las gracias a ti mismo por tener el coraje de emprender este viaje.

Saca tu diario y escribe en él tu experiencia. ¿Qué te ha enseñado tu diálogo con tu Yo Sombra? ¿Has llegado a alguna conclusión con tu Yo Sombra sobre la mejor manera de expresar su energía? ¿Qué has sentido al liberarte de la vergüenza que sentías por tu Yo Sombra? Observa cualquier cambio emocional o energético y regístralo en tu diario.

Te sugiero que realices este ejercicio abordando cada elemento de sombra uno por uno, e incluso que empieces por los aspectos de mayor complejidad. No recomiendo intentar desenterrar todos los aspectos del Yo Sombra a la vez, porque podría abrumarte. Más bien, trabaja lenta e individualmente con cada aspecto y aprende las lecciones que contiene. Puedes optar por seguir trabajando con estos aspectos a lo largo de varias sesiones o incluso años. El Yo Sombra evolucionará y se manifestará de nuevas maneras a medida que continúes tu propio crecimiento. Permanece en sintonía con sus misterios, absórbelos e intégralos, y alcanzarás un mayor equilibrio contigo mismo.

Ejercicio 54

❧

## Hechizo de glamur del Yo Inferior

El hechizo de glamur es un trabajo de magia que cambia la forma en que se percibe algo o alguien. La palabra proviene de la palabra escocesa *«glamer»*, que significa magia, hechizo, encanto o encantamiento. Se cree que es una corrupción de la gramática de la palabra inglesa, que tiene connotaciones ocultas similares detrás de su significado. A mediados del siglo XIX, la palabra perdió su significado mágico y se asoció con alguien o algo atractivo y seductor, al igual que la palabra «hechizante». En el folclore celta, el glamour se asociaba con mayor frecuencia a las hadas, que parecían cambiar de forma y mudar la apariencia de las cosas, como hacer que la paja pareciera oro. El glamur no cambia físicamente la forma de una persona o de un objeto, sino que crea una ilusión que convence a los sentidos de que algo es diferente de lo que es en realidad. Cuando pienso en glamur, pienso en pulpos. El pulpo puede camuflarse en casi cualquier entorno, y algunas especies de pulpos, como el pulpo imitador, contorsionarán sus cuerpos para imitar a otras criaturas marinas para engañar tanto a los depredadores como a las presas. En el peor de los casos, si el pulpo lo necesita, también liberará una nube de tinta para confundir al depredador y escapar rápidamente, como un mago que desaparece del escenario con una bomba de humo. Este hechizo es un glamur temporal. He descubierto que funciona durante aproximadamente un día si ha sido bien lanzado. La idea es que tu Yo Inferior proyecte una imagen a tu alrededor a otros que la captarán a través de su propio Yo Inferior, aunque inconscientes de ello. En este sentido, se trata de comunicar en gran medida la ilusión a través del instinto animal de una persona a otra, que luego se interpreta en la mente consciente de manera similar a la intuición, por la cual simplemente el otro percibe algo sobre ti sin estar conscientemente seguro de por qué. Lo he utilizado en entrevistas de trabajo para ser percibido como el empleado perfecto. También lo he usado cuando al hablar frente a grandes multitudes he necesitado sentirme mucho más seguro de lo que me sentía en ese momento. Los usos son innumerables.

Para este hechizo, ponte frente a un espejo. Empieza por invocar a tu Yo Inferior. Observa cómo la neblina de tu Yo Inferior te rodea como la tinta de un pulpo, distorsionando tu imagen. Mantén en tu Ojo de Bruja la imagen de cómo quieres que te perciban. Si quieres parecer más seguro, ¿qué aspecto tendrías? ¿Cómo sería una versión segura de ti? Si quieres parecer más atractivo, ¿qué aspecto tendrías? Concéntrate realmente en esa imagen y mira fijamente tu reflejo sin parpadear. Deberías notar que tu imagen se desvanece lentamente. Sigue aferrándote a esa imagen de cómo quieres que te perciban y superponla a tu imagen en el espejo. Luego recita:

«Con este glamur actúo,
doy forma y cambio mi propia forma,
como el pulpo en el mar,
creando ilusión para que todos los demás acepten,
que todos sus sentidos me perciban
como esta imagen que ahora concibo».

## Ejercicio 55

### Telepatía con animales y niños pequeños

Como se ha mencionado, el Yo Inferior no es todo sombra, también son los aspectos animales e infantiles de nosotros mismos, que resultan ser dos áreas de las que la mayoría de las personas están desconectadas o han repudiado. La mayoría de las personas relegan estos aspectos de sí mismos a su sombra. Mi padre es uno de los seres humanos más mágicos y psíquicos con los que me he encontrado, aunque él mismo nunca utilizaría esas palabras.

Mi padre me recuerda en muchos sentidos a un susurrador de animales pero en forma de motorista. Siempre ha tenido la capacidad de conectarse con niños realmente pequeños y con animales. Hay que verlo para apreciarlo plenamente. Tanto los animales como los niños simplemente tienen una facilidad natural para comprender por completo lo que les está transmitiendo. De niño, podía convocar palomas y luego entrenarlas. Es capaz de hacer que los perros más fieros se calmen y sean amigables. Los niños también lo adoran absolutamente, y no sólo porque está empezando a parecerse a Papá Noel con una larga barba blanca a medida que envejece.

Esto solía desconcertarme mucho, especialmente porque, como he dicho, mi padre es un motorista, y probablemente se parece a la idea que todo el mundo tiene de alguien que conduce una Harley Davidson. Yo no entendía por qué alguien que tenía un aspecto tan intimidante podía ser adorado por los animales, ni que los niños entendieran que él no era una amenaza en absoluto. Es decir, no lo entendía hasta que comencé a estudiar más las tres almas y me di cuenta de que esa conexión que tiene con los animales y los niños pequeños se debe a que mi padre está completamente alineado con su Yo Inferior y, por lo tanto, es capaz de comunicarse con ellos en ese nivel no verbal. Dado que los animales y los niños muy pequeños no son verbales, conectarse con el Yo Inferior es la mejor manera de conectarse con ellos.

Mi familia también me cuenta historias de cuando yo era un bebé. Mi padre entraba en mi habitación, se acercaba a mi cuna y me tocaba la frente, y yo me echaba a reír. Con el tiempo, él simplemente me señalaba y yo tenía un ataque de risa. A veces, mi padre podía estar en otra habitación de la casa y señalar en mi dirección a través de las paredes y yo me echaba a reír, lo que se convirtió en uno de sus «trucos» favoritos para mostrar a la gente cada vez que venían a casa.

Empieza por sintonizar e invocar a tu Yo Inferior. Siente tu naturaleza animal o tu naturaleza infantil según con quién te estés comunicando. Asegúrate de sentirte completamente relajado y tranquilo. La clave aquí es no sólo exudar la energía que deseas transmitir, sino también transferirla literalmente. Debes tener en cuenta con qué tipo de animal estás trabajando o la edad del niño. Por ejemplo, la idea de amistad de un perro puede diferir de la de una serpiente. Evoca sentimientos como amabilidad, amor, alegría o tranquilidad.

Mientras haces eso, mantén en tu Ojo de Bruja una imagen que esté relacionada con lo que deseas transmitir. Por ejemplo, si es un gato, mantén la imagen de alimentar y acariciar suavemente al gato mientras ronronea. Si es un niño, quizá puedas mantener la imagen de ti haciendo una mueca y del niño riéndose. Toma estos sentimientos e imágenes e imagínalos como externos, saliendo de tu campo de energía y colocándose en el campo del receptor. Experimenta también con todos los demás sentidos de claridad. Intenta jugar con el gusto, el olfato, el tacto, la vista y el sonido y envía esas sensaciones. De la misma manera, en este estado de conciencia, mantente abierto a lo que percibes activando tu propia percepción extrasensorial. Es muy posible que descubras que también te están enviando información.

# Capítulo 8
# EL YO SUPERIOR Y LA VOLUNTAD VERDADERA

El Yo Superior es nuestra conciencia divina. Es un aspecto de ti mismo que nunca ha abandonado la divinidad. Se le conoce como el Dios Personal, el Espíritu Santo, el Alma Santa o el Demonio Santo (que es un término griego para «espíritu», no un demonio en el sentido popular). Es la parte de nosotros que es perfecta, eterna y consistente a lo largo de la vida. Está más allá del tiempo y del espacio y no es lineal en absoluto. Es uno con todo el Universo, y su naturaleza integral está un poco más allá del alcance de nuestra comprensión completa. El Yo Superior es consciente de todas nuestras encarnaciones y supervisa nuestras experiencias en esas encarnaciones.

Generalmente se hace referencia al Yo Superior como esa chispa dentro de nosotros, pero la mayoría de las veces se percibe como una chispa sobre nuestras cabezas y no se encuentra directamente dentro del cuerpo mismo. Está literalmente por encima de nuestros cuerpos físicos. Antes de que estudiara el Yo Superior, tuve una experiencia en la que me desperté una noche y, en un estado hipnagógico, vi un círculo blanco resplandeciente flotando a unos centímetros por encima de mi cara. Era una hermosa esfera blanca nacarada del tamaño de un melón. Ese círculo emitía una luz blanca sobre mi rostro, y tuve la aguda sensación de que, de alguna manera, esa luz era yo mismo. Más tarde, cuando ya conocía el Yo Superior, esto tuvo mucho más sentido para mí.

Como mencioné anteriormente, antes de encarnarnos, el Yo Superior busca tener experiencias humanas específicas y también cumplir un papel en su interacción con otros Yo Superiores. El Yo Superior se conecta con la corriente de antepasados y crea un compromiso. Los antepasados proporcionan la vasija física de un cuerpo y el Yo Superior entrega el espíritu. Se unen para formar el Yo Medio de la personalidad. Esto tiene un paralelo en la alquimia, donde se enfatizan tres elementos: mercurio, azufre y sal. La alquimia se malinterpreta en gran medida como algo literal en lugar de la exploración de la espiritualidad y la experimentación con la transmutación del yo. En alquimia, la sal nace de la unión del azufre y del mercurio, dos elementos que se ven como opuestos combinados en uno.[1] Entre estas muchas capas de significado y asociación con estos elementos, también entendemos que el azufre equivale al Yo Superior, el mercurio al Yo Inferior, y la sal al Yo Medio.[2] Entonces, nuevamente, el Yo Superior mezclado con el Yo Inferior crea el Yo Medio.

Como ya he mencionado, el Yo Superior busca tener experiencias de aprendizaje para agregar a su conocimiento para evolucionar. Este conocimiento fue llamado «Registros Akáshicos» por algunos místicos y teósofos y por Edgar Cayce. Principalmente, son los recuerdos y registros de cada experiencia de cada encarnación que ha tenido el Yo Superior. El Yo Superior siempre está en contacto con los Registros Akáshicos, ya que es parte de la conciencia del Yo Superior mismo, y todos los Registros Akáshicos son parte de la memoria de la Mente Divina y de la Conciencia Colectiva. Y así como el Yo Inferior transmite al Yo Medio información intuitiva que recoge a un nivel instintivo en base a la información de su entorno, el Yo Superior transmite información de naturaleza psíquica a su Yo Medio, es decir, los dos comunican información que no se puede obtener por otros medios, a menudo trascendiendo el espacio y el tiempo.

El punto de anclaje energético del Yo Superior es la parte superior de la cabeza, la coronilla o, en la brujería, el Caldero de la Sabiduría. *El Caldero de la Poesía* indica que el Caldero de la Sabiduría está al

1. William Hauck, Dennis: *The Complete Idiot's Guide to Alchemy*, Alpha Books, Nueva York, NY, 2008, 99-100.
2. Penczak, Christopher: *The Three Rays: Power, Love and Wisdom in the Garden of the Gods*, Copper Cauldron Publishing, Salem, NH, 2010, 63.

revés cuando nacemos, vacío e inconsciente de nuestra naturaleza divina. Veo ese estado como la sabiduría del Yo Superior salpicando contra la parte inferior del caldero que está mirando hacia arriba, fuera de nosotros y sin alcanzar el Caldero del Movimiento del Yo Medio. Cuando nos alineamos con nuestro Yo Superior, el Caldero de la Sabiduría se pone boca arriba, y la sabiduría del Yo Superior llena el caldero y se desborda como una fuente en el Caldero del Movimiento del Yo Medio.

La imágenes de las aves —con frecuencia una paloma o un búho— a menudo representan al Yo Superior, descendiendo en vuelo desde los cielos a la Tierra, ya que no es de este mundo en absoluto, sino del cosmos divino que es su hogar. El Yo Superior está conectado con el Mundo Superior, que es la morada de la Mente Divina, del Inconsciente Colectivo y de los reinos de las fuerzas cósmicas y divinas. En el Árbol del Mundo, las ramas del árbol se elevan hacia el cielo. Elementalmente, el Yo Superior es el del aire y corresponde al reino celta del cielo. Las ideas de aire y aliento y espíritu están vinculadas casi universalmente al «aliento de vida», e incluso la palabra «espíritu» proviene de la palabra latina *spiritus*, que se traduce como «aliento». De manera similar, la palabra para espíritu en hebreo es *ruach*, que se traduce como «viento»; en sánscrito, la palabra *prana* es la que se usa para designar la fuerza vital y se traduce como «aliento».

## La Voluntad Verdadera: nuestro propósito divino

El papel y la misión que el Yo Superior busca cumplir es su propósito de encarnarse en el planeta. Este propósito superior, el deseo del Yo Superior, a menudo se conoce como «Voluntad Verdadera», es decir, el impulso principal del Yo Superior para esta encarnación. El ocultista Aleister Crowley es quien acuñó el término. Alinearte con tu Voluntad Verdadera no significa que la vida será fácil o que vaya a estar libre de conflictos, y no todos descubrirán o cumplirán su Voluntad Verdadera en la vida. Tu Voluntad Verdadera no es una cosa singular que lograr, pero creo que es mejor pensar en ella como un viaje en lugar de un destino. Estar alineado con tu Yo Superior es como tener una brújula que te guía a lo largo de ese viaje. Para llegar a conocer nuestra Voluntad Verdadera, debemos trascender el ego y los deseos del Yo Medio. Crowley se refirió a los deseos del ego y a las motivaciones externas como el «deseo de resultados» y afirmó que la Voluntad Verdadera debe cumplirse sin resistencia ni ansias de resultados.

Cuando estamos alineados con nuestro Yo Superior, tenemos una dirección en la vida y cumplimos con nuestra Voluntad Verdadera. La Voluntad Verdadera es la conversación entre el Espíritu y el Yo Superior. El Yo Superior habla a través de la sincronicidad, el simbolismo y las revelaciones. Llegamos a conocer la naturaleza de nuestra Voluntad Verdadera al alinearnos con el Yo Superior. Cuando estás alineado con tu Yo Superior, puedes expresar y experimentar el Amor Divino y la Gracia Divina, o en la terminología de la brujería, el «amor perfecto» y «confianza perfecta». Experimentamos profundos estados de paz, armonía y unión con otras personas.

Los paralelos psicológicos más cercanos que tiene el Yo Superior serían una combinación de la teoría del superego de Freud y de la teoría del inconsciente colectivo de Carl Jung. Si bien el Yo Superior en sí mismo no es el superego o el inconsciente colectivo, éstos son aspectos del Yo Superior que nos ayudan a comprender qué es. El superego se compone de dos aspectos principales, un yo ideal (un sentido perfeccionado del yo) y una conciencia. El superego intenta controlar los impulsos y comportamientos del ello que no están alineados con el sentido de moralidad del superego; puede transmitir sentimientos de orgullo por encarnar nuestra moral y puede causar un sentimiento de culpa por ignorar nuestra moral.

El superego siempre se esfuerza por ser la versión ideal de nosotros mismos cuando se trata de ser una «buena persona». Si bien no comulgo del todo con la idea de que la conciencia del superego o el esfuerzo por ser la versión ideal perfeccionada de una persona recta encarna con precisión el Yo Superior, sí creo que si los reemplazamos con la idea de intentar siempre encarnar nuestra Voluntad Verdadera y de que nuestro ego y nuestro ello se alineen con el superego, entonces estamos más cerca de la esencia de la naturaleza del Yo Superior. El inconsciente colectivo es la parte de nuestra conciencia que no está formada por la experiencia y es un conocimiento trascendental universal al que todas las personas acceden, aunque inconscientemente, que puede compararse con los Registros Akáshicos y la Mente Divina.

Volviendo a la metáfora anterior proporcionada por Freud de que el Yo Inferior es un caballo salvaje al que el Yo Medio está entrenando, tenemos una metáfora similar que Platón utiliza en su *Fedro*, en la que se refiere al alma como compuesta de tres partes: un auriga y dos caballos alados.[3] El auriga, como en nuestra analogía anterior, es el Yo Medio, el aspecto consciente de nosotros que trata de dirigir dos aspectos muy diferentes de nosotros mismos. Uno de los caballos es completamente de origen divino. Esto tiene un paralelismo con nuestra idea del Yo Superior. El caballo alado quiere ayudarnos a volar directamente a la morada de los dioses y al camino de la iluminación, como es la naturaleza de la Voluntad Verdadera. El otro caballo, sin embargo, es parcialmente un caballo normal de la Tierra y, como tal, tiene deseos y apetitos terrenales, y puede ser rebelde y terco, lo que encaja muy bien con nuestra noción del Yo Inferior. Cuando los dos caballos y el auriga no están alineados, tienen dificultades para moverse en una dirección clara, porque su voluntad no está unificada. Nuestro Yo Superior sabe exactamente hacia dónde deberíamos ir, pero no puede llegar allí a menos que el resto de nuestras partes trabajen alineadas.

## La brujería como sacerdocio

A través de la alineación con el Yo Superior, uno puede comprender mejor y estar en comunión con la deidad y los espíritus superiores en cualquier forma en que puedan experimentarse. Muchos brujos y brujas también son sacerdotes y sacerdotisas de diferentes dioses y espíritus, mientras que otros pueden simplemente estar enfocados en ser sacerdotes de su Yo Superior. Independientemente de los espíritus o deidades a los que sirva un sacerdote o sacerdotisa, son, ante todo, servidores de la humanidad, ya que todo ser humano es divino. Por siervo,

---

3. Platón: *Phaedrus*, editado por R. Hackforth, Cambridge University Press, Cambridge 1972, 69-77.

no me refiero a un esclavo o cualquier connotación relacionada, sino a que el sacerdocio es un camino de servicio. Un sacerdote o sacerdotisa guía, dirige y aconseja a otros. Un sacerdote o sacerdotisa del Oficio mantiene la puerta abierta a los buscadores justo cuando la puerta se ha abierto para ellos. Un sacerdote o sacerdotisa tiene el espacio para la curación. Un sacerdote o sacerdotisa ayuda a orientar a otros en la dirección correcta sin decirles específicamente qué hacer.

Un sacerdote o sacerdotisa del Oficio se diferencia de los sacerdotes y sacerdotisas de otras religiones y tradiciones en el sentido de que su misión es elevar a otras almas en lugar de someterlas y dominarlas. Un sacerdote o sacerdotisa del Oficio empodera y ayuda a otros a encontrar su propio camino hacia la curación y la conexión con lo Divino, en lugar de dictar dogmas a aquellos a quienes sirve. De hecho, la mayoría de los sacerdotes y sacerdotisas del Oficio no están de acuerdo entre ellos al cien por cien. Es probable que esto suceda porque no existe una autoridad central cuando se trata de la brujería; todos tienen una relación y una conexión con la magia diferentes, y todos tienen una Voluntad Verdadera diferente. El escritor de ficción Terry Pratchett escribió de manera divertida: «Algunas personas piensan que "aquelarre" es la palabra que designa a un grupo de brujas, y es cierto que eso es lo que dice el diccionario. Pero la palabra real para un grupo de brujas es "bronca"».[4] Si interactúas con la comunidad pagana o de brujería más grande, seguramente encontrarás personas fuertemente obstinadas discutiendo sobre sus puntos de vista y creencias. Un sacerdote o sacerdotisa del Oficio es también un puente, un puente que actúa como intermediario de los dioses, los espíritus y la humanidad para crear buenas relaciones y conexiones entre sí para el bien mayor.

Desde mi perspectiva, un sacerdote del Oficio recorre el camino tortuoso entre el camino de la izquierda del poder personal, la soberanía y el autoservicio, y el camino de la derecha de la curación, el servicio a los demás y el empoderamiento de los demás. Significa que el brujo es soberano como autoridad de su propia espiritualidad, no una

---

4. Prachett, Terry: *Wintersmith*, HarperCollins, Nueva York, NY, 2006, 94.

autoridad sobre la espiritualidad de otros ni tiene otra jurisdicción con respecto a la gnosis personal de otro. Es probable que también te encuentres con los términos «sumo sacerdote» o «suma sacerdotisa» en la brujería, y eso tiene diferentes significados según la tradición de la brujería que siga ese individuo. Cuando estudiaba en la Brujería del Templo, tuve una conversación con Christopher Penczak, quien era mi mentor en ese momento. Me explicó que la diferencia fundamental es que un sacerdote o sacerdotisa del Oficio es quien realiza rituales y desarrolla habilidades mágicas para una relación personal con deidades, poderes, energías y espíritus; es, en última instancia, responsable de su propia realidad y de sí mismo. Un sumo sacerdote o suma sacerdotisa, por otro lado, asume el papel de trabajar con otros y asume la responsabilidad de una parte del todo mayor. También, tradicionalmente, un sumo sacerdote o suma sacerdotisa es el sacerdote o sacerdotisa al servicio de otros sacerdotes y sacerdotisas que están aprendiendo y trabajando bajo la tradición de ese sumo sacerdote o suma sacerdotisa.

¿Ser sacerdote o sacerdotisa significa que la brujería es una religión? No. La brujería no es intrínsecamente una religión, aunque puede serlo para algunos. La brujería es más una espiritualidad, o más bien es cómo uno se relaciona con el mundo del espíritu, y eso será único e individual para cada brujo. La brujería también puede ser religiosa en algunos casos, dependiendo de cómo interpretes la palabra «religión». Por ejemplo, en la tradición en la que estoy, la Tradición de la Brujería de los Fuegos Sagrados, veo los niveles más altos de ella como una religión en el sentido en que los sacerdotes y sacerdotisas tienen un lenguaje, comprensión e interacción comunes con los dioses de nuestra tradición en un nivel mutuo de comprensión a pesar de nuestras experiencias personales individuales cuando estamos solos. Nos acercamos a los dioses y los misterios de una manera prescrita para que todos estemos en la misma página y la misma longitud de onda cuando trabajamos juntos como grupo. Al tener un modelo teológico, filosófico y cosmológico que compartimos, uno podría ver esto como un modelo religioso. También nos vemos como ministros de los dioses y diosas de nuestra tradición, actuando como intermediarios entre ellos y nuestro pueblo.

# Ejercicio 56

❧

## Autoposesión: invocación del Yo Superior

Puedes invocar al Yo Superior para aprender tu misión, propósito de vida y Voluntad Verdadera en esta vida, y para comunicarte con deidades y entidades angelicales. Invoco a mi Yo Superior cuando me siento perdido y necesito la guía divina en la vida. El Yo Superior también se puede alinear con el propósito de crecimiento y desarrollo como brujo, psíquico y ser humano. El Yo Superior también se puede invocar cuando se trata de entidades o situaciones que son peligrosas y se necesita un poder de autoridad más fuerte. Cuanto más conozcas a tu Yo Superior y aprendas a encarnarlo, más autoridad tendrás sobre las energías y entidades desequilibradas. La energía tiende a querer adaptarse a otras energías que son más dominantes o predominantes en el área, ya que la energía busca adaptarse en resonancia con otra energía. Una resonancia vibratoria y equilibrada hará que la energía más baja huya o se equilibre en armonía.

Empieza por sintonizarte. Lleva tu conciencia a tu caldero superior. Sigue respirando y centra tu atención en una chispa de llama blanca prismática y opalescente que refracta todos los colores del arcoíris dentro de su blancura justo por encima de tu cabeza. Éste es tu Yo Superior, el aspecto sagrado e indestructible de tu divinidad. Se vierte en tu caldero superior, llenándolo y desbordándolo, derramándose por todas partes y dentro de ti. Solidifica la experiencia con la invocación del Yo Superior diciendo:

«Yo Superior, el sagrado, hecho de luz y aliento,
chispa divina, que no nace, que no conoce la muerte,
alma seráfica, rol angélico, que brilla en los cielos,
ascendido, iluminado, maestro de la quintaesencia,
mente maestra, ilimitada, otorgadora de mi voluntad verdadera,
quien entiende, mano oculta, motor del molino,
¡te invoco para que desciendas ahora como una parte sagrada de mí!
¡Te invoco para que desciendas ahora, iluminándome!».

Para volver a la conciencia normal del Yo Medio, simplemente realiza el ejercicio de desactivación.

## Sincronicidad

La sincronicidad es un concepto acuñado por Carl Jung que definió como un fenómeno significativo por el cual un vínculo entre dos eventos sin una explicación de causa y efecto parece ser una coincidencia en la superficie, pero tiene un gran significado.[5] Jung creía que el Universo, a través el Inconsciente Colectivo, constantemente trataba de hablarnos a través de la sincronicidad. Tanto los psíquicos como las brujas saben que el Universo no es aleatorio, sino que tiene patrones, ciclos, estructura y, sobre todo, significado.

Un ejemplo de sincronicidad se dio hace varios años, cuando vivía en California. En ese momento trabajaba con mi padre en su negocio de fontanería. Una noche tuve una intensa experiencia con un espíritu que tomó la forma de un búho. La experiencia fue tan surrealista pero tan vívida que me pregunté si había soñado con el espíritu con forma de búho o si había sido una especie de creación de mi propia imaginación. Al día siguiente, cuando nos acercábamos a la puerta del primer cliente, me fijé en que el felpudo tenía forma de búho. Pensé que era una coincidencia interesante.

Sin embargo, a medida que avanzaba el día, todas las casas a las que fuimos tenían una estatua de un búho, un felpudo, una campanilla, un letrero o alguna otra representación de un búho. Estaba bastante sorprendido y me di cuenta de que era una señal del Universo de que la experiencia era real. Mientras pensaba en lo extraño que era que todas las casas tuvieran algún tipo de representación de un búho, regresé a mi apartamento y había una publicidad en mi puerta con la ilustración de un búho. A lo largo de los años, ese espíritu ha sido mi contacto espiritual y mi aliado más cercano.

---

5. Pascal, Eugene, *Jung to Live By: A Guide to the Practical Application of Jungian Principles for Everyday Life*, Warner Books, Nueva York, NY, 1992, 201.

Como brujo psíquico, es importante ser consciente y estar abierto a los momentos de sincronicidad. Es igualmente importante no forzar conscientemente el significado sincrónico de las cosas. Por ejemplo, hay muchas personas que creen que las 11:11 es una señal de las alturas. Sin embargo, también he visto que muchas personas que creen esto buscan constantemente las 11:11. Alrededor de las 11:00 a.m. o de las 11:00 p.m., comienzan a mirar repetidamente sus relojes hasta las 11:11 y luego lo toman como una especie de señal. La sincronicidad es más espontánea e inesperada que buscar activamente patrones donde puede que no los haya.

Ejercicio 57

# Meditación de la sincronicidad de la Voluntad Verdadera

En esta meditación guiada, te reunirás con tu Yo Superior para recibir un símbolo que utilizarás en tu vida diaria a través de la sincronicidad para mostrarte si estás alineado con tu Voluntad Verdadera, y un símbolo para mostrarte cuándo te estás desviando mucho de ella.

Sintonízate. Invoca a tu Yo Superior. Cierra los ojos e imagina que una densa niebla comienza a llenar el área. La niebla oscurece todo lo que te rodea. La niebla se desvanece y te encuentras frente a un castillo. Tómate un momento para ver realmente los detalles del castillo. ¿De qué material está hecho? ¿Qué aspecto tiene? El castillo es sorprendentemente hermoso y vagamente familiar, aunque no puedes ubicarlo. Sabes que quienquiera que sea el dueño de ese castillo es un individuo poderoso.

Avanzas hacia las enormes puertas del castillo. A medida que te acercas a las puertas, éstas se abren, invitándote a entrar. En el interior del castillo, entras en un gran salón con hermosas y enormes vidrieras en todas las paredes, que desprenden luces de colores por todas partes. Hay una alfombra roja y majestuosa que conduce al fondo de la estancia, y al final hay un trono magnífico. Muy por encima del trono hay un espejo suspendido en el aire y cubierto por una tela de seda. Alrededor del trono hay entidades compuestas de luz. Son tus aliados y guías espirituales, a algunos los conoces y a otros no.

Te acercas al trono y te sientas en él.

El trono es cómodo y vibra con poder. Lentamente, el trono comienza a levitar contigo en él. Te elevas cada vez más hasta que te colocas directamente frente al espejo cubierto de seda que está suspendido en el aire. Cuando miras al espejo, la tela de seda se levanta. Te miras en el espejo y ves tu reflejo, pero en lugar de ver el rostro al que estás acostumbrado, ves el reflejo de tu Yo Superior. Tómate un momento para ver cómo se te presenta tu Yo Superior en ese momento.

Le pides al reflejo de tu Yo Superior que te dé un símbolo para mostrarte cuándo estás alineado con el camino de tu Voluntad Verdadera. El reflejo en el espejo se desplaza y cambia y te muestra un símbolo. ¿Qué es? Éste es el símbolo con el que tu Yo Superior, a través de la sincronicidad en tu vida diaria, te comunicará que estás en el camino correcto.

Le das las gracias a tu Yo Superior y le pides un símbolo para mostrarte cuándo te has desviado mucho de tu Voluntad Verdadera. Una vez más, el espejo se desplaza y cambia y te muestra otro símbolo. Tómate un momento para observar ese símbolo. Es una señal de advertencia de que te estás alejando mucho de tu Voluntad Verdadera que tu Yo Superior te mostrará a través de la sincronicidad en tu vida diaria. Dale las gracias a tu Yo Superior por este símbolo. Mientras lo haces, la tela de seda cubre el espejo y te encuentras en tu trono descendiendo de nuevo al suelo.

Levántate y camina por la majestuosa alfombra roja y sal por las puertas del castillo. Una vez más, una niebla se arremolina a tu alrededor oscureciendo todo lo que ves y te encuentras de nuevo donde comenzaste la meditación. Abre los ojos y escribe tus experiencias en tu diario.

# Ejercicio 58

## Hechizo para transmutar bloqueos hacia la Voluntad Verdadera

En este hechizo, utilizamos magia simpática (a veces también llamada magia «imitativa»). La magia simpática es cuando estás utilizando elementos de un hechizo para representar metafóricamente otra cosa. La magia simpática es una de las prácticas mágicas más antiguas, y algunos creen que un ejemplo de ello se remonta a los primeros hombres que pintaban imágenes de caza exitosa en las paredes de las cuevas para garantizar una caza abundante.

Para este hechizo, todo lo que necesitarás es un tazón pequeño, una vela de té pequeña y unos cuatro cubitos de hielo. En este hechizo, utilizamos el hielo para representar los bloqueos en tu vida que te impiden estar alineado con tu Voluntad Verdadera. La vela de té te representa a ti y la luz representará la intervención de tu Yo Superior no sólo para eliminar los obstáculos y bloqueos, sino para transmutar esa energía para ayudarte a alinearte con tu camino. Toda la energía se puede transmutar de acuerdo con el Principio Hermético de Vibración, que establece que toda la energía tiene el potencial y la capacidad de cambiar.

Sintonízate. Invoca a tu Yo Superior. Coloca la vela en el centro del bol. Coloca los cuatro cubitos de hielo en el bol para rodear la luz de la vela de té.

Enfócate en la luz divina que te rodea desde tu invocación del Yo Superior. Habla con firmeza:

«Enciendo esta vela con el poder de mi Yo Superior».

Enciende la vela mientras sientes la iluminación de tu Yo Superior infundiendo la llama. Sintiendo la autoridad divina de tu Yo Superior, coloca las manos sobre el cuenco con la vela y los cubitos de hielo y di con firmeza:

«A medida que la luz derrite el hielo, comienza la magia,
transmuta bloqueos por dentro y por fuera,
me ayuda a elevarme para cumplir ahora
el divino despliegue de mi sagrada Voluntad Verdadera».

A medida que el hielo se derrite, la vela de té debería subir más y más hasta que sea apoyada por todos esos bloqueos anteriores. Cuando el hielo se derrita, retira la vela de té y deséchala. Vierte el agua en la tierra para que ésta pueda nutrirse de ella y descomponer y transmutar esos bloqueos aún más.

Ejercicio 59

## Unidad universal

Esta meditación te ayudará a fortalecer tus poderes espirituales al conectarte más intensamente con todo en el Universo y ayudarte a aprender a identificarte y relacionarte con él. Esto permitirá que tus poderes psíquicos fluyan más fácilmente a medida que te des cuenta de que hay un aspecto común que compartes con todos y con todo. Te ayudará con tu magia a medida que comprendas tu interconexión con todo lo demás como tú mismo y tu capacidad para alterarlo como lo harías con tu cuerpo. Piensa en este ejercicio como en un gran adiestramiento para ayudar a desarrollar todos esos músculos espirituales para que sean fuertes y efectivos.

Sintonízate. Invoca a tu Yo Superior. Cierra los ojos y concéntrate en la luz blanca prismática sobre tu cabeza que ilumina tu cuerpo físico. Enfócate en todo lo que esté dentro de la luz del halo de tu Yo Superior. Tu Yo Superior es parte de la Fuente. Todo tú eres también parte de esa Fuente: tu cuerpo, tus emociones y tus pensamientos. Tómate un momento para abrirte al Amor Divino de la Fuente, un sentimiento de amor incondicional por existir, un amor sin juicio pero sólo por ser.

Piensa mentalmente: «Éste soy yo y yo soy éste: poderoso, divino y unido en el Amor». Siente que el Amor Divino fortalece el halo de iluminación del Yo Superior. La luz se vuelve más brillante y abarca un área más allá de tu cuerpo, un metro y medio en todas las direcciones. Repite el proceso de asimilar mentalmente lo que existe dentro de todo lo que toca la luz y repítete a ti mismo: «Éste soy yo y yo soy éste: poderoso, divino y unido en el Amor».

Continúa repitiendo este proceso extendiendo tu luz cada vez más en todas direcciones en incrementos cada vez mayores mientras recitas la afirmación. Sigue expandiéndola hasta que ilumine todo tu espacio, tu país, tu continente, el planeta, el sistema solar, la galaxia, el Universo, etc., durante el tiempo que puedas imaginar. Cuando llegas a los confines de la realidad más lejanos que posiblemente puedas comprender, sientes que la luz se retira a su brillo normal alrededor de tu cuerpo. Cuando estés listo, abre los ojos.

# Capítulo 9
# LAS LLAMAS DE LAS
# ALMAS DE LAS BRUJAS

¿Por qué es importante trabajar con las tres almas para la habilidad psíquica o mágica ? Al trabajar con el modelo de las Tres Almas, obtenemos diferentes lentes para ver la realidad. Piensa en ello como si tuvieras un microscopio para el Yo Inferior, un telescopio para el Yo Superior y un par de gafas de lectura para el Yo Medio. Trabajando con cada alma, obtenemos diferentes puntos de vista desde los cuales interpretar la información psíquica que se nos da. Asimismo, también nos brinda diferentes capas de realidad para trabajar y manipular en un contexto mágico. Si sólo miramos a través de un par de lentes, digamos unos anteojos para leer, no podemos ver lo que está sucediendo a nivel microscópico y, de la misma manera, no podemos ver lo que está sucediendo a nivel macroscópico más allá de nuestra vista como podemos hacerlo con un telescopio. En la misma línea, trabajamos con diferentes partes de nuestra alma durante diferentes momentos y prácticas para propósitos específicos.

Sin embargo, a veces necesitamos que se alineen para que podamos operar desde un lugar en el que estamos completamente alineados con nuestro poder divino, trabajando en varios niveles simultáneamente. La mayoría de la gente no está alineada con sus tres almas. Como brujos, estar alineados con las tres almas permite al yo estar completamente conectado con todas las partes de nosotros mismos. Cuando estamos en un estado de alineación, somos conscientes de nuestra realidad multidimensional, estamos en sintonía con los tres reinos y las energías que esos reinos poseen. Nos permite romper las barreras de la ilusión de la realidad y ver la realidad multidimensional tal como es y ver a quienes están en ella. Aumenta la capacidad de levantar el velo entre los mundos y mirar al otro lado.

# La trinidad del alma

Hay dos metáforas de la cultura popular que me gusta utilizar para explicar la alineación del alma. La primera fue sugerida por Danielle Dionne, médium y bruja psíquica con un talento increíble. Ella comparó la alineación del alma con el concurso televisivo *Legends of the Hidden Temple* que se emitió en Nickelodeon en la década de 1990. En el espectáculo, equipos de niños competían en habilidades físicas y mentales con temas de folclore y mitología. Había una parte del desafío llamada «Santuario del Mono de Plata», en el que esencialmente se encontraban con tres secciones de un ídolo roto de una deidad con forma de mono. Estas secciones eran la cabeza, el torso y la parte inferior. Tenían que armar el ídolo del mono en el orden correcto para que se activara y seguir adelante. Primero tenían que poner la base en el santuario, luego el torso y luego la cabeza. Éste es un excelente ejemplo de la alineación del alma y del proceso –la alineación con el Yo Inferior, el Yo Medio y el Yo Superior– con el que activas tu Fuego de Bruja.

La segunda metáfora de la cultura popular que me gusta utilizar es aún más simple. Es de *Mighty Morphin Power Rangers*, que adoraba cuando era niño. En el programa, cada Power Ranger opera un robot dinosaurio gigante. Estos se llaman Zords. En la batalla final de cada episodio, los Zords se unían para hacer un Megazord, que era un robot enorme hecho de todos los robots individuales. Me gusta especialmente este ejemplo porque cada uno de los Zords funcionaba de manera autónoma, pero también podían unirse para convertirse en un robot unificado mucho más poderoso. Una idea similar de la cultura popular que es paralela y anterior son los dibujos animados *Voltron*, en los que cinco leones robot individuales se unían para crear un robot gigante llamado Voltron.

La alineación de nuestras tres almas sincroniza tu energía en una sola corriente. Pensemos en la idea de los ritmos biaurales. Si pensamos en la idea de frecuencia, en lugar de dos frecuencias tenemos tres. Tres almas que crean algo aparentemente nuevo o, más precisamente, que revelan algo nuevo a partir de su alineación armónica.

# El Fuego de Bruja

Cuando nuestras tres almas están alineadas, ocurre un fenómeno llamado Fuego de Bruja. El Fuego de Bruja es el elixir energético de las tres almas que funcionan como una energía unificada. Cuando alineamos nuestras tres almas, damos un paso hacia nuestra divinidad y nuestro máximo potencial. El Fuego de Bruja a menudo se experimenta como un estado extático de gnosis, poder y Amor Divino que se experimenta como caridad. La caridad es el amor incondicional por toda la humanidad que se ve como una cualidad divina. Es reconocer la divinidad dentro de todas las personas y desear el bienestar para ellos, a menudo a través del servicio voluntario, ya sea mediante palabras, hechos o magia.

Como ya hemos explorado, los brujos y las brujas son los sacerdotes y las sacerdotisas de sus propias almas y, como tales, son su propia autoridad en sus vidas cuando están alineadas con su Voluntad Verdadera. El ocultista Nema escribió que «el sacerdocio es una condición de un alma que arde de amor. El sacerdocio es una forma de vida exigida por un cierto nivel de responsabilidad espiritual, una forma de vida que enfoca la acción y la no acción hacia la iluminación universal».[1] Una cita famosa de *Book of the Law* de Crowley dice que «el amor es la Ley, Amor bajo la voluntad».[2] Los thelemitas interpretan esto como amor refiriéndose a la caridad y a la voluntad relacionadas con la Thelema (Voluntad Verdadera).

El Fuego de Bruja también se conoce como la Llama de la Bruja, la Llama Triple e incluso a veces como el Fuego del Espíritu Santo. El Fuego de Bruja es azul eléctrico y tiene una consistencia que se parece un poco al fuego, un poco a la electricidad, mientras que también se mueve de manera fluida. Penetra a través de la bruja y e ilumina su alrededor. El Fuego de Bruja es el poder de la creación misma; es una muestra de ti en un estado deificado mientras estás vivo, el poder de la Voluntad del Espíritu corriendo a través de ti para tu uso en la cocrea-

---

1. Nema: *The Priesthood: Parameters and Responsibilities*, Back Moon Publishing, Cincinnati, OH, 2008, 1.
2. Crowley, Aleister: *The Book of the Law*, Weiser, San Francisco, CA, 1976, 9.

ción de la realidad a través de la magia. Aquí me gustaría volver a enfatizar la naturaleza de la cocreación y no dominar o abusar de ese poder. Buscamos poder *con*, no poder *sobre*. Se sabe que aquellos que han abusado al trabajar con el Fuego de Bruja han provocado serias repercusiones. Así que asegúrate de que tus motivos sean correctos justo antes de abrazar ese poder. Cuando el alma está alineada y nuestro Fuego de Bruja se activa, se dice que estamos en nuestro estado divino como hijos del Gran Dios y de la Gran Diosa. El Fuego de Bruja alinea el poder de la bruja con el poder de la creación misma.

## Ejercicio 60

## El Fuego de Bruja y la alineación del alma

Empieza por sintonizarte. Sé consciente de tu respiración a medida que entra y sale, prestando especial atención a las pausas entre cada inhalación y exhalación. Visualiza tus pensamientos y tu sentido de ti mismo como la llama de color ámbar del Yo Medio en el centro de tu corazón, tu caldero medio. Trae tu atención aquí mientras la llama crece y se estabiliza con cada respiración. Mantén tu enfoque hasta que la llama crezca y abarque tu cuerpo lentamente. Invoca a tu Yo Inferior y lleva tu atención a un punto justo debajo del ombligo en tu caldero inferior y enfócate en una llama de color rubí del Yo Inferior, que representa todos tus deseos, emociones y sombras primordiales. La llama crece y se estabiliza con cada respiración, llenando y envolviendo lentamente tu cuerpo, convirtiendo la llama ámbar en una llama rojo rubí.

Invoca a tu Yo Superior y sigue respirando, centra tu atención en una chispa de llama blanca prismática y opalescente que refracta todos los colores del arcoíris dentro de su blancura justo por encima de tu cabeza. Éste es tu Yo Superior, el aspecto sagrado e indestructible de su divinidad.

Mientras respiras, esta llama blanca comienza a verterse en el caldero superior de tu cabeza, y el caldero empieza a desbordarse. El desbordamiento de la energía del Yo Superior comienza a derramar fuego blanco a través de ti y a tu alrededor, como un fuego líquido luminoso que transmuta la llama rojo rubí en una llama de fuego azul eléctrico. Éste es tu Fuego de Bruja, la unión de tres partes dentro de ti que ahora están trabajando juntas como una sola.

Siente el poder de tu Fuego de Bruja por unos momentos impregnando cada célula de tu cuerpo, corriendo por tus venas y quemando suavemente a tu alrededor como un aura divina. Luego afirma:

«Por divinidad, ego y deseo
alineado como uno de tres partes.
Ahora por el poder del Fuego de Bruja
estoy en sintonía con el arte antiguo.
Tres en uno y uno en tres,
yo soy ellos y ellos son yo».

Para volver a tu autoconciencia media normal, simplemente realiza el ejercicio de desconexión.

## Ejercicio 61

## Curación práctica básica

El Fuego de Bruja es el poder de la alineación: el poder de tu Yo Superior, de tu Yo Inferior y de tu Yo Medio entrando en armonía. Aporta equilibrio y ayuda a sintonizarte en diferentes niveles del ser, incluido el bienestar emocional, mental, físico y espiritual. Como tal, también podemos utilizarlo para ayudar a equilibrar a otros y ayudarlos a sanar. Para esto no necesitas estar en sintonía con ningún linaje de energía curativa, como el Reiki. A través de la alineación del alma ya estás sintonizado con la frecuencia del antiguo poder de las brujas.

Para este ejercicio, debes asegurarte de no tocar a la persona con demasiada firmeza; quieres que tu toque sea suave y amable. Cuanto más presiones, más débil será el flujo de transferencia de energía. También debes asegurarte de no tener ningún tipo de tecnología o joyería en las muñecas o en las manos, como anillos, pulseras o relojes. Esto puede alterar la frecuencia de la energía que se envía absorbiendo parte de ella o mezclándola con la energía que estás enviando. Para un método básico de curación, queremos confiar únicamente en el poder de nuestro Fuego de Bruja.

Es útil que la persona a la que estés curando con energía esté lo más relajada posible, para asegurarte de que sea más receptiva a la energía y no bloquee inconscientemente el flujo con dudas, preocupaciones o estrés. Del mismo modo, tú deberías estar ya en un estado relajado, alineado y sintonizado al realizar esta técnica de curación.

Empieza por sintonizarte. Realiza una alineación del alma. Concéntrate en la sensación de tu Fuego de Bruja a tu alrededor y fluyendo a través de ti. Recuerda el flujo de energía desde arriba y desde abajo del ejercicio «Crear un circuito» (Ejercicio 15). Debes asegurarte de que nunca utilizas tus propias reservas de energía personales al curar a otra persona, sino las energías celestes y terrestres que estás haciendo circular a través de tu cuerpo y campo energético. Piensa en las energías celestial y terrestre como en el suministro de combustible para tu Fuego de Bruja, para que no se agote en ese proceso. Establece tus intenciones de que tu Yo Superior y su Yo Superior, tu Yo Inferior y su Yo Inferior, tu Yo Medio y su Yo Medio van a trabajar juntos en este proceso.

Despierta los centros de energía en tus manos (Ejercicio 30) y colócalas suavemente sobre la persona. Piensa en el dolor, la incomodidad o la dolencia por la que está pasando. Comienza con la respiración solar y piense en ella como en un fuelle que agrega oxígeno a tu Fuego de Bruja. Siente la energía fluyendo de tus manos hacia la persona a la que estás sanando. Contempla el fuego azul moviéndose a través de tu cuerpo y hacia el cuerpo y el campo de energía de la persona. Enfoca tus pensamientos y sentimientos en las ideas de bienestar, curación y equilibrio. Vuelve la respiración a su estado normal mientras mantienes este flujo canalizado de energía. Sintonízate con la persona a la que estás sanando y confía en el proceso, sabiendo que tu Yo Superior está guiando cuánta energía enviar y cuándo detenerse.

Cuando hayas terminado, pídele a la persona que beba un vaso de agua y guíala a través de la conexión a tierra para descargar el exceso de energía si se siente aturdida o mareada.

# Capítulo 10
# ENTRE MUNDOS

Antes de pasar a la creación de un espacio sagrado, me gustaría explorar algunas ideas que lo rodean, con el propósito de que al comprender conscientemente algunas de las teorías detrás de él, puedas convocarlo conscientemente de manera más efectiva. El espacio sagrado es un elemento crucial a la hora de realizar magia. Al crear el espacio sagrado, estamos limpiando las energías etéricas y creando un contenedor etérico para la energía que se eleva dentro de él. Trabajar con energía etérica es el primer paso para mover la energía más allá del nivel físico de la realidad. Dado que el nivel etérico está tan intrincadamente ligado al material, podemos usar energía física y mental para trabajar en este nivel. En otras palabras, podemos realizar acciones físicas que tienen la atención plena detrás de ellas para trabajar en lo etérico.

El espacio sagrado cumple muchas funciones. Cuando creamos un espacio sagrado, limpiamos todas las influencias físicas y energéticas que son contrarias a nuestras intenciones y creamos un espacio de protección contra ellas. Dentro del espacio sagrado, reconocemos que existe un carácter sagrado y una divinidad inherente al área y creamos un bolsillo dentro de la realidad que trasciende el tiempo y el espacio. Y es en el espacio sagrado donde creamos un contenedor dentro de ese bolsillo para llenarlo con las energías que elevamos al unir todos los niveles de la realidad para fusionarlos como una singularidad.

El espacio sagrado no es sólo un lugar externo. También es un lugar interno. Lo físico y lo mental sirven para crear, dar forma y manipular lo etérico. A partir de lo etérico podemos crear un contenedor para otros niveles de energía, como la energía astral. Nuestro espacio sagrado interno sirve como lugar de quietud y vacío donde podemos realizar magia, tal como lo es el espacio sagrado externo. Es un lugar para reconocer nuestra divinidad inherente y, por lo tanto, nuestro potencial ilimitado de posibilidades. Cuando estamos en un espacio sagrado, representamos un mito de creación de nuestro deseo. Éste es el estado de la realidad que a menudo se cita en los mitos de la creación como «Al principio…».

Cuando proyectamos nuestro espacio sagrado, creamos un tiempo y un espacio que no es un tiempo y un espacio a través de la alineación. Adoptamos el axioma Hermético de «Como es arriba, es abajo», lo que significa que reconocemos y conocemos que los eventos que ocurren en el macrocosmos afectan a los eventos que ocurren en el microcosmos. El macrocosmos es el Universo más grande, y el microcosmos es el Universo más pequeño. Por ejemplo, el espacio exterior es un macrocosmos y nuestro mundo es un microcosmos. Nuestro mundo es un macrocosmos para el microcosmos de nuestros cuerpos. Nuestros cuerpos son el macrocosmos del microcosmos de nuestras células y ADN. Todos los niveles de la realidad están vinculados y la causa en un nivel afecta al otro nivel.

## El efecto mariposa

Esto se relaciona con la idea del efecto mariposa, un término acuñado por Edward Lorenz, matemático y pionero de la teoría del caos. La idea detrás del efecto mariposa es que pequeñas causas pueden equivaler a resultados más sustanciales. La ilustración que se da para la metáfora es una mariposa pequeña batiendo sus alas en una parte del mundo. Ese aleteo mueve el viento, y ese movimiento del viento eventualmente conduce a un huracán en otra parte del mundo a través de una serie interminable de causas y efectos. En esta noción, un pequeño cambio en el nivel de los minutos crea un cambio drástico en una escala más amplia.

Asimismo, lo que hacemos internamente afecta al mundo que nos rodea y el mundo que nos rodea afecta a nuestro mundo interior. Con esta noción, nada está separado, y nuestro mundo interior y exterior están intrincadamente ligados entre sí. Esto abarca la siguiente parte del axioma «Como es arriba, es abajo», que es «Como es dentro, es fuera». En el *Kybalion*, que popularizó estos axiomas y conceptos herméticos, se afirma que la naturaleza del Universo físico se compone de pensamientos que emanan del Todo, o de la Mente Universal de la Fuente. Esta noción sugiere que nosotros, como seres humanos, que tenemos la capacidad de pensar, conjurar, sostener y controlar ideas, también podemos influir y crear la realidad, que es lo que llamamos magia.

Si miramos las imágenes del espacio exterior a través de los satélites, vemos que cuando nos alejamos, el Universo tiende a moverse en espirales y sistemas orbitales, como los sistemas solares. También sabemos que cuando nos acercamos profundamente con microscopios potentes, los átomos se mueven en sistemas orbitales, como los electrones que rodean un núcleo. Tanto arriba como abajo. Esto implica que el Universo es fractal. Un fractal es cuando una imagen más grande se puede dividir en pedazos más pequeños y aún contener el plano y el modelo del todo dentro de ella. Una sola célula contiene en su interior toda la información de lo que la célula forma parte, dentro de su ADN.

## La realidad holográfica

Cuando unimos la idea de que el Universo es mental y los pensamientos pertenecen a la Mente Universal, obtenemos la noción de que el Universo es holográfico. Un holograma también es fractal, y cada parte contiene la imagen más grande. La cosmología fractal parece estar alineada con esta idea. La cosmología fractal es una teoría de los físicos de que el Universo es intrínsecamente fractal y, a veces, se cree que se autogenera a través de esta naturaleza fractal. El concepto central que recordar es que cada partícula de materia contiene el plano de todo el Universo desde el Big Bang. Esto implica que la información de todo el Universo está dentro de nosotros.

Lo que es diferente acerca de los hologramas, en pocas palabras, es que la ilusión tridimensional de un holograma se forma a partir de la luz y la imagen que se proyecta no es local. Nuestros cerebros funcionan de manera similar. Todas las imágenes que vemos y los sonidos que escuchamos y otra información sensorial se origina inicialmente en algún lugar fuera de nuestras cabezas. Sin embargo, el cerebro toma esta información externa y la procesa, lo que nos permite percibir el mundo. La mente también puede ser engañada, percibiendo cosas que no están ahí como si estuvieran ahí. Esto se demuestra tanto con las alucinaciones como con las sugerencias hipnóticas, y esto indica que la realidad se basa más en la percepción subjetiva que en la objetivamente concreta y real.

Muchos filósofos y teólogos se han enfrentado a la cuestión de si la realidad es un sueño y si somos el soñador o el soñado. En la filosofía hermética, la respuesta es ambas. Somos sólo los sueños y los pensamientos de la Mente Infinita, pero, como microcosmos de la Mente Infinita, también somos soñadores. Si podemos enfocar nuestra atención tanto en el espacio interior microcósmico de la mente como en el espacio exterior macrocósmico de la realidad física, podemos crear niveles profundos de espacio sagrado.

## El círculo mágico

La forma más común de espacio sagrado para la bruja es el círculo mágico. El círculo es un símbolo de lo infinito y lo finito. Es todo y nada. Es el Ouroboros, la serpiente que se come su propia cola, símbolo del ciclo interminable de creación y destrucción, nacimiento y muerte, y símbolo del cosmos sin principio ni fin.

Hay cuatro propósitos principales para el círculo mágico: protección, contención, liminalidad y paradoja. Si bien la mayoría de las brujas forman un círculo mágico, es importante tener en cuenta que no todas lo hacen. Algunas brujas formarán un círculo por cada trabajo que hagan, otras sólo lo harán cuando lo consideren apropiado. Si bien ésta es una elección personal de discernimiento, siento que a cualquiera que comience a trabajar con la magia le conviene hacer siempre un círculo mágico.

El círculo mágico se crea para poner una barrera entre tú y todo lo que esté en tu entorno. Es como lanzar un campo de fuerza donde no pueden entrar energías o entidades sin tu invitación explícita. Algunos practicantes de magia ven el círculo mágico como una extensión de su propia aura, y el acto de expandirlo sólo contempla lo que está permitido en tu propio campo de energía personal, y todo lo demás debe mantenerse fuera.

Como contenedor de energía, el círculo mágico sirve para almacenar toda la energía que estás elevando al espacio sagrado, donde luego puede mezclarse y soldarse a través de tu voluntad e intención de dar a luz el hechizo en sí. La metáfora que más me gusta para esto es la idea de un caldero: agregas diferentes ingredientes, y dentro del caldero todos se fusionan para crear algo completamente distinto. También puedes pensar en esto como en el equivalente moderno de la olla de cocción lenta. Agrega la cantidad correcta de ingredientes diferentes y permite que se cocinen y se unan para crear un alimento específico que no existía antes de agregar y calentar todos los elementos juntos.

«Ni una cosa ni otra» es una frase que en la brujería tradicional define el estado de liminalidad en el que opera la bruja. El círculo mágico sirve como creación de espacio liminal. Lo liminal es el umbral del no estar ni aquí ni allá, ni ahora ni entonces. Para la bruja, lo liminal es un estado de puro potencial. Es el punto de conexión donde converge la energía bruta. Por eso, ciertos lugares se consideran poderosos en lo que respecta a la brujería, como la encrucijada donde dos caminos se fusionan pero no son sólo uno, o la orilla donde el océano se vierte en la tierra. Horas como la medianoche son de naturaleza liminal; la medianoche se conoce como la «hora de las brujas» y se considera un momento poderoso para crear magia. En los espacios liminales, no tienes que decidir estar en este mundo o en el otro. Estás simultáneamente en ambos sin estar en ninguno.

A menudo pienso en el círculo mágico del lanzamiento como en el «Bosque entre los Mundos» de *El sobrino del mago*, de C. S. Lewis, la sexta historia de las *Crónicas de Narnia*. Cuando era muy pequeño, era una de mis series favoritas de libros, y aunque incluye temas cristianos muy intensos, también hay mucha magia e influencias paganas. En la historia, el Bosque entre los Mundos es un lugar de quietud y atemporalidad. No es un mundo en sí mismo, pero lo es por derecho propio. El Bosque entre los Mundos no es sólo un lugar que no es un lugar, sino que también es una época de atemporalidad. En él, el tiempo no existe. Sólo hay un eterno ahora, mientras que las épocas pasan en los mundos fuera de él. Siempre me ha parecido interesante y divertido que para llegar a ese lugar los personajes utilicen anillos mágicos, que son círculos.

Hay una naturaleza paradójica en el círculo mágico. Una paradoja es un concepto que tiene una naturaleza contradictoria en sí misma, pero que tiene mayor importancia cuando reflexionamos acerca de ella y no nos quedamos en su apariencia superficial. Como los Ouroboros, un círculo es también nuestro símbolo de la nada, el número cero. Cero es simultáneamente nada y algo. El cero es infinito pero finito en su naturaleza. Cuando creamos un espacio sagrado, santificamos el espacio, lo que significa que lo separamos para convertirlo en santo o sagrado. En la brujería no hay nada que no sea sagrado en la existencia, sin embargo, seguimos santificando el espacio dejándolo a un lado como espacio sagrado, algo que parecería paradójico si todo ya es sagrado.

Dentro del círculo mágico, que simboliza el infinito, hay un espacio seccionado. Dentro del círculo, reconocemos la realidad infinita de la que somos parte y de la que no podemos separarnos. Cuando trazamos un círculo, nos dividimos a nosotros mismos y a nuestro espacio, separándolo del tiempo y del lugar, y creando un contenedor de energía. Establecemos límites firmes recreando lo ilimitado. Nos protegemos a nosotros mismos y a nuestras operaciones mágicas rodeándonos de infinitud.

La paradoja está en el corazón de los misterios de la brujería. Creo que la paradoja es lo que permite que se den las condiciones para que la bruja cree magia. Al crear una paradoja, esencialmente sobrecargamos el procesamiento de la realidad al romper las reglas. En cierto modo, estamos bloqueando el sistema como si arrojáramos una llave inglesa a los engranajes, donde luego podemos introducir nuestros propios códigos para cuando hayamos terminado y el sistema y sus procesos de realidad se reanuden. Al trazar un círculo, una frase que se usa a menudo es «un espacio más allá del espacio» y «un tiempo más allá del tiempo». Lo que esto implica es que es un espacio que no es un espacio y contiene un tiempo que no es un tiempo. Al crear tal cosa, esencialmente pirateamos la naturaleza de la realidad a través del lanzamiento de círculos.

Cuando creamos un espacio sagrado a través del lanzamiento de círculos, centramos nuestra energía en un nivel más profundo. La principal diferencia entre centrarse, como se mencionó anteriormente, y lanzar el círculo es que no sólo enfocas tu conciencia y energía internas, sino que ahora creas una matriz energética de conciencia expandida para operar dentro. Verás, el círculo no es sólo un círculo bidimensional, sino más bien una esfera tridimensional, una burbuja de realidad, similar al aura.

*Figura 8: Ouroboros*

Ejercicio 62

## Dibujar con luz

Dibujar en el aire con luz es un componente importante del lanzamiento de círculos que hará que pase de ser una experiencia oscura a ser una experiencia clarividente. También es un aspecto importante el uso de pentagramas de invocación y desvanecimiento, el cual veremos más adelante. Una vez que hayas dominado la capacidad de dibujar con luz en el aire, puedes utilizar también la habilidad para otras situaciones, ya que no se limita a estos usos. Puedes utilizarla para marcar tu espacio energético personal, escribiendo tu nombre en las cuatro direcciones del lugar en el que te encuentras. También puedes utilizarlo para dibujar sellos y glifos de poder en el aire para canalizar su influencia.

Sintonízate. Realiza el Ejercicio 9, «Respiración elemental en cuadratura», pero debes añadir algunos pasos más. Una vez obtengas un ritmo, extrae energía a través de ti al inhalar, desde los pies hasta la coronilla. Mientras haces una pausa en la respiración antes de exhalar, observa cómo la energía asciende en espiral alrededor de tu cuerpo. Al exhalar, extrae energía desde tu coronilla y a través de ti hasta tus pies. Mientras haces una pausa en la respiración antes de inhalar, observa cómo la energía desciende en espiral alrededor de tu cuerpo. Entona mentalmente «Tierra, Aire, Fuego, Agua» de manera normal, y cuando sientas que se ha acumulado suficiente energía, respira normalmente.

Realiza el Ejercicio 43, «Blindaje y protección fundamentales». Cuando hayas terminado, utiliza el dedo índice de tu mano proyectiva, la mano con la que escribes y dirige la energía que has acumulado a través de tu dedo. Utiliza tus habilidades de visualización con los ojos abiertos y con fuerte intención dibuja una «O» de luz del tamaño de unos treinta centímetros de diámetro frente a ti, hecha de una luz de color blanco y azul eléctrico. Esto sería similar a mover rápidamente una barra luminosa en la oscuridad, dejando un rastro de luz de color. Sin embargo, deseas mantener el enfoque y seguir visualizando la mancha de luz restante.

Mueve la otra mano (receptiva) como si hubiera un vacío sobre la «O» de luz que has dibujado frente a ti, succionándola de regreso a tu campo de energía, sin dejar de mantener los ojos abiertos. Alterna este ejercicio con los ojos cerrados y luego con los ojos abiertos. Cuando sientas que realmente lo dominas, entonces puedes lanzar el círculo.

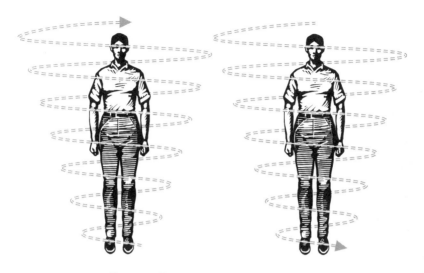

*Figura 9: Energía en espiral a tu alrededor*

## Ejercicio 63

## Lanzamiento y liberación del círculo

Sintonízate. Realiza una alineación del alma. Ponte de pie de cara al norte. Con tu brazo proyectivo extendido, apunta con el dedo hacia fuera. Como en el ejercicio anterior, pinta el aire con el Fuego de Bruja azul. Mientras caminas o giras sobre ti mismo dependiendo de tu espacio, di en voz alta:

«Lanzo este círculo para crear un espacio más allá del espacio
y un tiempo más allá del tiempo».

Sigue dibujando en el aire con tu dedo para crear un círculo a tu alrededor de esta energía azul hasta que finalmente llegues al norte nuevamente. Realiza otra ronda, indicando:

«Lanzo este círculo para bloquear las energías y los espíritus
que no son aliados míos».

Cuando llegues al norte nuevamente, realiza una última pasada y di:

«Lanzo este círculo para que todas las energías que se eleven
aquí sean confinadas».

Mirando al norte, levanta la palma de la mano hacia el cielo. Mientras lo haces, observa el círculo expandiéndose para formar una cúpula sobre ti. Expresa:

«¡Como antes!».

Vuelve la palma hacia abajo y empieza a bajarla empujando hacia abajo el círculo para expandirlo y formar una cúpula debajo de ti. Expresa:

«¡Abajo! ¡El círculo está sellado!».

Golpea con firmeza con el pie en el suelo o da una palmada, afirmando tu fuerza de voluntad en el lanzamiento del círculo.

Después de realizar tu magia, querrás soltar el círculo. Para soltar el círculo, extiende tu mano receptiva hacia fuera, moviéndote en el sentido contrario a las agujas del reloj, comenzando en el norte y empujando el anillo de luz con tu mano como si estuvieras abriendo una cortina pesada que lo rodea, al mismo tiempo que visualizas cómo entra en la palma de tu mano. El círculo ahora está abierto. Siente toda la energía de tu magia corriendo hacia el Universo para comenzar a manifestarse.

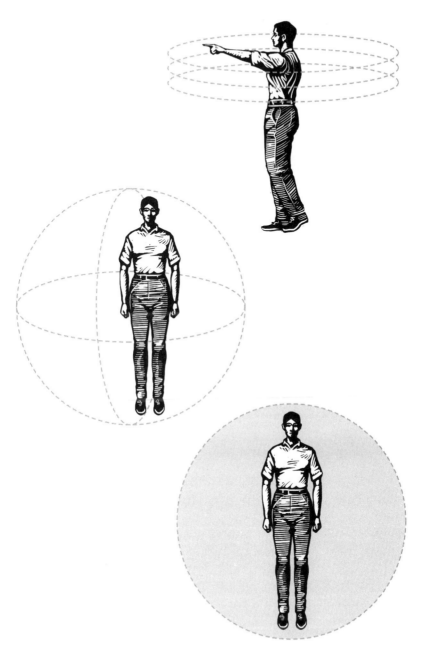

*Figura 10: Lanzar el círculo mágico*

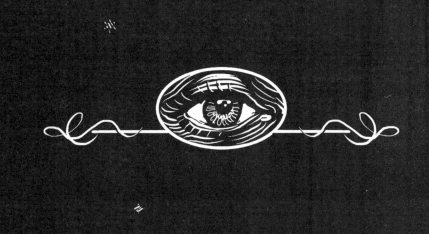

# Capítulo 11
# LAS FUERZAS ELEMENTALES

**M**ejoramos el espacio sagrado con el propósito de hacer magia al atraer las energías de las fuerzas elementales para ayudarnos a crear un área que está más allá del tiempo y del espacio. Los poderes elementales son bloques de construcción energéticos de creación, por lo que la bruja convoca esas fuerzas elementales a través de portales dentro del espacio sagrado. Si pensamos en el espacio sagrado como en un contenedor de energía, los portales elementales son los que sostienen y empoderan ese espacio y traen esa energía cruda de la que está compuesto el Universo.

Sin embargo, la energía elemental que llega a través de esos portales puede ser demasiado intensa o demasiado suave para el espacio que estamos tratando de crear. El brujo pasa por alto esto llamando a un guardián de cada fuerza elemental. El guardián de cada elemento es considerado un maestro de ese tipo de energía y, como tal, está llamado a controlar el flujo de energía elemental que entra para que sea suficiente para el trabajo que estamos realizando. El guardián elemental también sirve como guardián de ese portal para garantizar que no entre en el espacio nada más que energía elemental en bruto.

Uno de los primeros conceptos que uno suele encontrar dentro de la brujería es el de los cuatro elementos junto con el quinto. A menudo encuentro que los libros que tratan el verdadero corazón de los cuatro elementos no hacen un trabajo completo para el principiante. Los cuatro elementos son Tierra, Aire, Fuego y Agua, y el quinto elemento es el Espíritu. Estos elementos fueron definidos por los antiguos filósofos y alquimistas griegos con ese nombre, aunque ideas similares también se utilizaron en la teología antigua india y egipcia. Más tarde, los alquimistas medievales ampliaron estos cuatro elementos subdividiéndolos en otros elementos, como sulfuro, mercurio, plomo, fósforo, etc. La alquimia fue la antecesora de la química y, como tal, dio origen a la tabla periódica elemental.

Lo que es importante entender acerca de estos elementos es que sus nombres son simbólicos y metafóricos. No son literalmente tierra, aire, fuego o agua, ni es el espíritu el que los gobierna. En cambio, son nombres para los diferentes tipos de energía. La tabla periódica tomó las metáforas más definidas y articuladas de los cuatro elementos y examinó la composición puramente química de estas ideas. Lo metafórico se volvió literal. Esto ha causado mucha confusión en torno al concepto de elementos en los tiempos modernos. Como puede resultar confuso hablar de la fuerza elemental frente a su símbolo físico, he escrito con mayúsculas la primera letra de una fuerza elemental al hablar de ella.

## Bloques de construcción elementales

La palabra «elemento» denota los bloques de construcción que componen todas las cosas y existen en todas las cosas de este Universo. Por lo tanto, si recoges un puñado de tierra, no es puramente Tierra. En cambio, la tierra contiene los cuatro elementos dentro en ella. Lo mismo ocurre con el Agua, el Aire y el Fuego. Estas cualidades de la energía que componen todas las cosas fueron descritas por los antiguos con estos cuatro nombres porque la energía actúa y se mueve de una manera energética muy similar a su contraparte física.

Como mencioné anteriormente, nosotros, como humanos, no tenemos una manera exacta de describir la energía tal como la percibimos, ya que nuestro vocabulario está muy poco desarrollado para tales cosas. Con la idea hermética de «Como es arriba, es abajo», podemos tener una idea de cómo funcionan las fuerzas invisibles al observar las fuerzas que podemos experimentar con nuestros cinco sentidos. Entonces, al señalar la contraparte metafórica del elemento, podemos comenzar a comprender su naturaleza y cualidad un poco más fácilmente y describirla y exponérsela a otras personas para que sepan de qué estamos hablando.

Comprender que los nombres elementales son simbólicos es difícil a menos que uno pueda experimentarlos psíquicamente. Por ejemplo, el agua es una energía relativamente más liviana y fría y de naturaleza muy húmeda que tiende a tener una cualidad fluida. Por lo general, su temperatura se percibe como fresca. Por lo tanto, el agua es una excelente metáfora del elemento Agua. El elemento Tierra tiene una energía muy lenta y estable; se percibe como fría en cuanto a temperatura; está seca y es muy densa. El elemento Fuego, por otro lado, es una energía más ligera de constante fluctuación, inestabilidad y cambios rápidos. Se percibe que tiene una temperatura muy alta; está seco y, por lo general, ofrece una sensación de hormigueo. El elemento Aire es una energía más rápida que se percibe como más cálida, húmeda y tiene una energía que fluye, similar a una ráfaga de viento constante.

Fácilmente podríamos llamar al Agua «energía fría y húmeda», la Tierra podría llamarse «energía fría y seca», el Fuego podría llamarse «energía caliente y seca» y el Aire podría llamarse «energía caliente y húmeda». Sin embargo, eso es casi un trabalenguas y tampoco denota completamente cuál es la naturaleza esencial e inherente de la energía, sino más bien cómo actúa y qué sensaciones provoca cuando se experimenta. También surge el problema de que la «frescura» del agua y la «frescura» de la tierra son experiencias diferentes. Esto también es cierto con la estabilidad del aire y la estabilidad de la tierra, dos sensaciones muy diferentes. Por eso los elementos son mucho más fáciles de utilizar como descriptores de estas energías. Además, al tener una metáfora para estos tipos de energía, tenemos una forma mucho más fácil de discernirlos, interactuar con ellos y convocarlos. Al trabajar con el simbolismo, estamos trabajando conscientemente con el subconsciente y el lenguaje universal del inconsciente colectivo.

## Quintaesencia

El Espíritu, el quinto elemento, es un poco paradójico en sí mismo y también es fractal. El Espíritu es el elemento más fino que compone los cuatro elementos, pero también contiene dentro de él los cuatro elementos. Cada elemento contiene Espíritu, y cada uno de los cuatro elementos se mantiene dentro del Espíritu y en un estado de perfecto equilibrio. Ésta es la quintaesencia de los elementos. Es la energía bruta por excelencia que une todas las cosas y que incluye todas las cosas, pero es de lo que todas las cosas están compuestas. Por esta razón, el Espíritu, al igual que el círculo mágico o el Ouroboros, a menudo está simbolizado por el círculo paradójico.

Los elementos también tienen cualidades que corresponden a estados de existencia física. El Agua tiene una cualidad emocional. La Tierra tiene una cualidad creciente y, como el elemento de vibración más lento, es el más sólido o tangible. El Aire tiene una condición mental e intelectual y el Fuego tiene una cualidad animadora, a menudo comparada con esa chispa divina interior. El sistema elemental nos brinda la mejor manera de categorizar la energía y, como la energía compone todas las cosas, es la base de la realidad. Por lo tanto, si estamos recreando un mito de la creación dentro de nuestro círculo mágico, lo siguiente que vamos a querer hacer es tener una paleta de estos bloques de construcción mágicos de energía con los que trabajar.

Dado que los elementos representan los componentes energéticos más básicos de la realidad, también tiende a ser un sistema de categorización popular para varios conceptos, virtudes, desafíos y atributos. Tiende a ser uno de los principales sistemas de correspondencias que utilizan las brujas. La correspondencia, en su definición más básica, es cuando algo tiene una resonancia energética claramente fuerte con una firma de energía arquetípica específica, como un elemento o un planeta. Exploraremos tanto las correspondencias como los planetas con más detalle en breve, pero por ahora, es suficiente explicar que ciertas cosas parecen tener una resonancia energética más fuerte con un elemento que con otros a pesar de contener todos los bloques de construcción elementales de energía dentro de ellos. Esto no se limita sólo a cosas físicas o fuerzas físicas, sino también a conceptos, estados del ser y experiencias más abstractas. Cada elemento también corresponde a uno de los tres mundos. A medida que exploremos o hablemos de elementos, trata de pensar de forma menos literal y más simbólica. Esto te ayudará a descubrir los misterios de las fuerzas elementales.

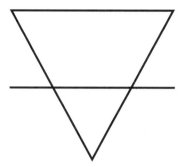

*Figura 11: Glifo de la Tierra*

## Tierra

El elemento Tierra es el de la forma, la estabilidad, la quietud y el crecimiento. Está íntimamente ligado a las cosas físicas, siendo la más lenta y densa de las cuatro energías elementales. Al igual que el homónimo de este elemento, las cualidades de la Tierra en su conjunto son las de enraizamiento, estabilidad, abundancia, fuerza, crecimiento, estructura, nacimiento y detalle. Es una energía de estructura, formación, geometría y cristalización.

La Tierra es el elemento ligado a los misterios desde «el útero a la tumba», el de la creación y el del retorno. Esto se entiende a través de la simbología del suelo. Las plantas crecen y se deleitan con el suelo, absorbiendo nutrientes. Los animales, las personas y los insectos comen esas plantas. Sin embargo, todas las cosas colocadas dentro del suelo de la Tierra eventualmente se consumirán a través de la descomposición y regresarán a él, incluidos nosotros, hasta que el ciclo comience nuevamente. Conocemos el elemento Tierra dentro de nosotros como nuestro cuerpo físico y salud física. Nos conectamos con la Tierra a través del crecimiento, el ejercicio, la seguridad física y financiera, la estructura, la organización y la conexión a tierra. La Tierra proporciona la capacidad de que las cosas se experimenten como físicas. La Tierra está relacionada con el sentido del tacto y la experiencia psíquica de la claritangencia (sentimiento de claridad).

Como estado de la materia, está representada por el estado sólido, con moléculas que vibran lentamente creando una cristalización de la forma. Está casi universalmente asociada a la dirección norte. Los tipos de inteligencia conectados con la Tierra se denominan *gnomos*, que se conciben como figuras humanoides bajas y robustas que se asocian a los jardines y al cultivo de plantas, así como a las excavaciones y extracciones de minerales preciosos y piedras preciosas del interior de la Tierra. El glifo de la Tierra es un triángulo descendente que indica su energía pasiva con carga negativa y una línea que lo atraviesa para indicar que es una fuerza generativa.

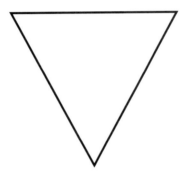

*Figura 12: Glifo del Agua*

## Agua

El elemento Agua es el de la expresión, la capacidad de respuesta, la síntesis y el magnetismo. Está íntimamente ligado a la naturaleza emocional e intuitiva. El Agua se expresa de muchas maneras y de muchas formas, desde el estanque quieto hasta la corriente que se mueve suavemente, o las olas de marea furiosas que chocan entre sí. Toma la forma de cualquier recipiente en el que se meta, y sintetiza y se mezcla con cualquier agua o líquido adicional que encuentre. Puede ser tan sutil como una niebla o tan intenso como una cascada.

Conocemos el elemento Agua dentro de nosotros como nuestra naturaleza emocional, soñadora e intuitiva. Nos conectamos con el Agua a través de los sueños, honrando nuestras emociones, adaptabilidad, visiones psíquicas, proyección astral, relaciones nutritivas y cuidado personal. Experimentamos el Agua como alimento, sanación, fluido, empatía, sensibilidad, intensidad, misticismo y profundidad. El

Agua se mueve en ciclos, como el flujo y el reflujo de las mareas, o la luna que mueve esas mareas y tiene su propio ciclo de crecientes y menguantes. El Agua está relacionada con el sentido del gusto y la experiencia psíquica del clarigusto (claridad de gusto), así como con la clariempatía (claridad de emociones), que son actos de tomar y absorber energía.

Como estado de la materia, está representado por el estado líquido, cuyas moléculas vibran con estabilidad, lo que lo hace demasiado lento para ser gaseoso y demasiado rápido para ser sólido. Está casi universalmente asociado a la dirección del oeste. Las formas de inteligencia relacionadas con el Agua se denominan ondinas, que se describen como pequeños tritones compuestos de agua. El glifo del Agua es un triángulo hacia abajo que indica su energía pasiva con carga negativa. No hay una línea que lo atraviese como en el glifo de la Tierra, porque es una fuerza generada, al igual que el agua brota de los pozos subterráneos o emerge a través de la licuefacción de un sólido.

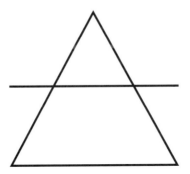

*Figura 13: Glifo del Aire*

## Aire

El elemento Aire es el espacio y el movimiento. Conocemos mejor el elemento Aire no viéndolo, sino experimentando lo que distribuye. Conocemos el Aire por los aromas que viajan a través de la brisa y los sonidos que se transportan a través de él; sentimos las temperaturas que el viento mueve y lleva; vemos las hojas y el polvo que giran y danzan entre sus torbellinos.

Conocemos el elemento Aire dentro de nosotros como nuestra naturaleza mental e intelectual. El Aire es la extensión de la quietud de la que emergen y en la que se mueven la inteligencia, el intelecto, el análisis, la comunicación, el sonido, la creatividad, la conciencia y el movimiento. Nos conectamos con el Aire a través de esfuerzos intelectuales, meditación, visualización, concentración, imaginación, habla, canto y escucha. El Aire está relacionado con los sentidos del olfato y el oído, y con las experiencias psíquicas de la clarividencia (claridad de olfato) y la clariaudiencia (claridad de audición).

Las representaciones simbólicas naturales del Aire son el viento, la brisa, los tornados, el humo y el trueno. Como estado de la materia, se expresa como gas, que también es informe, ligero y cálido. Se asocia más comúnmente con la dirección este. Las formas de inteligencia conectadas con el Aire se llaman sílfides, que se representan como criaturas tenues parecidas a duendes. El glifo de Aire es un triángulo hacia arriba que indica su energía activa con una carga positiva y una línea que lo atraviesa para indicar que es una fuerza generadora.

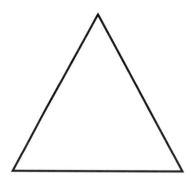

*Figura 14: Glifo del Fuego*

## Fuego

El elemento Fuego está íntimamente ligado a cosas de naturaleza apasionada y transformadora. Es una fuerza cinética que existe a través del movimiento y la acción. Si dejara de moverse, perdería su poder, al igual que un incendio forestal, y, como ese incendio forestal, parece tener una fuerza de voluntad decidida y agresiva propia. El Fuego es transformador, una energía que transmuta todo lo que se encuentra con él, al igual que el fuego, que convierte en carbón y en ceniza todo lo que encuentra.

Las cualidades del Fuego en su conjunto son la pasión, el impulso, la fuerza de voluntad, la transformación, la calidez y el poder. Conocemos el Fuego como nuestro propio espíritu. Nos conectamos con el Fuego dentro de nosotros mismos a través de la sexualidad, la ambición, la intensidad, la determinación y el coraje. Es la chispa del potencial que crea un fuego completamente animado. Es el poder del magma haciendo erupción y superando cualquier cosa que se encuentre con él. Es la luz y el resplandor aparentemente eternos del sol y de las estrellas, que imponen su propia voluntad sobre nuestro planeta y nuestra vida. El Fuego está relacionado con el sentido de la visión y la experiencia psíquica de la clarividencia (claridad de visión).

Como estado de la materia, se expresa como plasma, que es inestable, cambiante, liviano y peligroso, al igual que su símbolo terrenal del fuego. Los rayos son plasma, al igual que las estrellas. El plasma se produce cuando el gas ha absorbido tanta energía que los electrones se separan de sus núcleos. Estos electrones se ionizan y se vuelven eléctricos, creando luz y radiación electromagnética. De hecho, en algunos casos, si un fuego está lo suficientemente caliente, los gases que emite se convertirán en plasma.

Se asocia más comúnmente a la dirección sur. Las formas de inteligencia relacionadas con el fuego se denominan salamandras, que se representan como pequeños lagartos compuestos de fuego. El glifo del Fuego es un triángulo hacia arriba que indica su energía activa con carga positiva. No hay una línea que lo atraviese como en el glifo del Aire, que indicaba que es una fuerza generada. El Fuego se mantiene con el Aire del mismo modo que el plasma se genera a partir del gas.

*Figura 15: El pentagrama y los elementos*

## El pentagrama

No hay otros símbolos más estrechamente relacionados con la brujería que el pentagrama y el pentáculo. La palabra «pentagrama» proviene de la palabra griega *pentagrammon*, que significa «cinco líneas». Por lo tanto, los pentagramas son estrellas geométricas de cinco puntas y los pentáculos son pentagramas con un círculo alrededor. Ninguno de los símbolos es un signo de maldad o adoración al diablo, ya sea que estén del lado derecho o al revés. El pentagrama tiene una historia difícil de precisar, pero la encontramos en casi todas las tradiciones religiosas y místicas, incluidas las griegas, babilónicas, celtas, egipcias, druidas, cabalísticas, cristianas y chinas.

Las brujas ven los pentagramas como un símbolo de equilibrio, protección y divinidad. El pentagrama representa los cuatro elementos, siendo el punto superior el quinto elemento de quintaesencia o divinidad. Un pentagrama vertical representa el material que asciende a lo espiritual, mientras que un pentagrama invertido representa el espíritu descendiendo a la materia. Si un pentagrama está en posición vertical, yendo en el sentido de las agujas del reloj desde el punto superior de la quintaesencia del Espíritu, tenemos el elemento Agua en el punto superior derecho, Fuego en el punto inferior derecho, Tierra en el punto inferior izquierdo y Aire en el punto superior izquierdo.

Las brujas y los magos ceremoniales a menudo usan pentagramas dibujados en el aire con energía dirigida como llaves para abrir y cerrar portales elementales de energía. Cuando el pentagrama se utiliza para abrir un portal de energía elemental, se denomina «pentagrama de invocación», y cuando se utiliza para cerrar un portal de energía elemental, se denomina «pentagrama de desvanecimiento».

Los pentagramas de invocación y desvanecimiento provienen de las tradiciones ceremoniales para traer una fuerza elemental al círculo o al trabajo. En las tradiciones de brujería no podríamos llamar invocación a esto; o más bien lo llamaríamos evocación, ya que no se llama a esta energía a nuestro cuerpo, sino más a nuestro círculo de magia. En la brujería, la palabra «invocar» se refiere generalmente a llamar a algo a tu cuerpo o a un objeto, mientras que la palabra «evocar» se usa para llamar algo a tu espacio. Pero en las tradiciones ceremoniales, se ve el círculo como una extensión del cuerpo, por lo que cuando llaman algo al círculo, lo invocan. Del mismo modo, dado que algunas brujas ven el círculo mágico como una extensión de su aura, definitivamente podría verse como una invocación. Los pentagramas de invocación y desvanecimiento pueden verse como «llaves», pero yo los veo más como portales. Los pentagramas de invocación abren un portal para que entre una energía elemental específica, y los pentagramas de desvanecimiento cierran el flujo de un portal de una energía elemental específica.

En el ritual, estos pentagramas se dibujan al llamar a los guardianes elementales que estarán a cargo de los portales y controlarán a través de su discernimiento cuánta energía permiten pasar a través de ese portal, en función de su experiencia con ese elemento y el funcionamiento en sí. Estos pentagramas también se pueden utilizar sin llamar a un guardián si no estás realizando un ritual para controlar las energías elementales de un lugar u objeto.

Antes de invocar un pentagrama, es esencial conectarse con cada elemento en un nivel profundo y comprender cómo se siente esa energía. Una vez que estés debidamente sintonizado con ese elemento, puedes convocarlo desde tu interior y canalizarlo concentrándote en él mientras dibujas la energía en el aire. Dibuja la energía en el aire de la misma manera en que lanzarías un círculo, pero con el foco de la energía elemental.

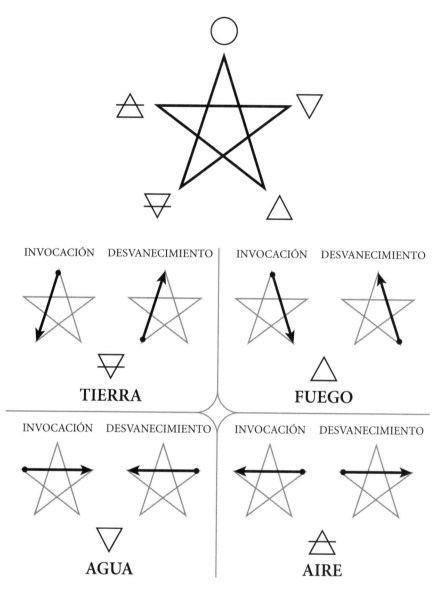

Figura 16: Los pentagramas de invocación y desvanecimiento

# Ejercicio 64

## Sintonización con los elementos

Empieza por sintonizar. Respira profundamente y di:

«Tengo la intención de vibrar en resonancia con el elemento Tierra para poder conocerte».

En el aire frente a ti, dibuja el pentagrama invocador de Tierra en azul Fuego de Bruja. Siente la energía del elemento Tierra que emana del portal de tu pentagrama. Siente la energía del elemento Tierra rodeándote. Realiza el Ejercicio 9, «Respiración elemental en cuadratura», excepto que debes concentrarte sólo en la Tierra con cada número, repitiendo Tierra cuatro veces por cada parte del proceso de respiración. Toma la energía de la Tierra, deja que se cargue y te llene. Lleva tu respiración y conciencia para llenar cada caldero con esta energía. Llena el caldero inferior, el caldero medio y el caldero superior. ¿Qué sientes? ¿Qué aspecto tiene? ¿A qué huele? ¿Cómo suena? ¿A qué sabe? Cuando hayas terminado, realiza el pentagrama de desvanecimiento de la Tierra.

Continúa con los otros elementos (Aire, Fuego, Agua y Espíritu) con sus apropiados pentagramas de invocación y pentagramas de desvanecimiento.

# Ejercicio 65

## Conjurar energía elemental para cargar y enviar

Empieza por sintonizar. Activa los centros de energía de las palmas de tus manos. Decide qué elemento quieres conjurar. Dibuja el pentagrama invocador de ese elemento con los dedos de tu mano proyectiva en la palma de tu mano receptiva. Céntrate en cómo sientes el elemento específico, basándote en tus experiencias del ejercicio anterior. Separa las manos. Llena cada uno de tus calderos internos con la energía elemental y luego visualízalos fluyendo hacia cada mano, creando un círculo de energía formado puramente por ese elemento. Visualiza el símbolo elemental en tu círculo.

Puedes utilizar esta energía para cargar objetos con un elemento específico. Por ejemplo, si quisiera cargar una vela con el elemento Aire, tomaría la energía elemental Aire en mis manos y la colocaría alrededor de la vela, visualizando toda esa energía elemental llenando y activando la vela. También puedes enviar el círculo de energía a otra persona a distancia. Concéntrate únicamente en el círculo de energía dentro de tus manos, piensa en el receptor y respira hondo. Exhala con fuerza, visualizando que estás soplando la esfera de energía elemental hacia su destino.

## Ejercicio 66

∽❧∽

## Llamar a los Cuartos

Los Cuartos son los cuatro puntos direccionales dentro de un círculo que presiden los espíritus guardianes de los cuatro elementos.

Empieza por sintonizar y realizar una alineación del alma. Comenzando por el norte, dibuja ante ti el pentagrama de invocación de su elemento correspondiente con la luz azul del Fuego de Bruja. Llama al guardián de ese elemento mientras visualizas al guardián acercándose y levantando su mano receptiva. Comienza en el norte y muévete en el sentido de las agujas del reloj en tu círculo:

«Salve al Guardián de la Atalaya del [Dirección],
por el poder del [Elemento] y la Luz Astral,
yo [tu nombre] los convoco y los llamo a este círculo
para presenciar, proteger y unirse a este rito.
Anciano ven y toma tu lugar,
saca tu poder y abre tus puertas,
colocando tu cuarto en este espacio sagrado.
¡Salve y que seas bienvenido!».

Espera hasta que sientas su presencia. Luego, comenzando desde el centro de tu pentagrama, traza una línea con la luz azul del Fuego de Bruja hasta el próximo Cuarto moviéndote de norte/Tierra a este/Aire a sur/Fuego a oeste/Agua y termina conectando tu rastro de luz desde el pentáculo oeste al pentáculo norte.

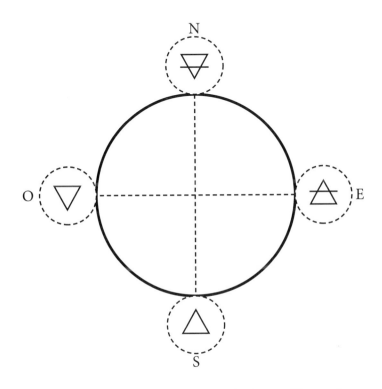

*Figura 17: Invocación a la Atalaya en los Cuartos Elementales*

Ejercicio 67

## Despedir a los Cuartos

Este proceso es similar al de «Llamar a los Cuartos», pero se hace a la inversa. Para despedir a los Cuartos, te mueves en el sentido contrario a las agujas del reloj desde el oeste hacia el norte, dibujas el pentagrama de desvanecimiento del elemento apropiado delante de ti con la luz azul del Fuego de Bruja. Llamas al guardián del elemento mientras lo visualizas abandonando el espacio, al tiempo que levantas tu mano proyectiva y dices:

«Salve al Guardián de la Atalaya del [Dirección],
por el poder del [Elemento] y la Luz Astral,
te agradezco tu presencia y asistencia
al guardar y proteger este rito.
Quédate si quieres y vete si debes,
que siempre haya paz entre nosotros
con perfecto amor y perfecta confianza.
¡Salve y adiós!».

Camina en sentido contrario al de las agujas del reloj repitiendo este proceso para despedir cada cuarto con su guardián.

# Capítulo 12
# ENERGÍA TERRESTRE

**L**as brujas tienden a ser animistas. La palabra «animista» se refiere a alguien que abraza el concepto de animismo. El animismo se deriva de las palabras *anima* y *animus*, las palabras latinas relacionadas con el alma, la inteligencia y la naturaleza viva. A ojos de la bruja, todo está vivo y cualquier cosa con materia física contiene fuerza vital e inteligencia. Para la bruja, la naturaleza está viva: las rocas, el agua, el viento, los animales, las plantas, las estrellas, los planetas y todas las cosas que podemos percibir como existentes dentro del Universo material.

Como todas las cosas provienen y están imbuidas de la quintaesencia del Espíritu, todas las cosas son sagradas y están vivas por derecho propio, y cualquier cosa que tenga una existencia física contiene en su interior una personalidad, una energía y una expresión únicas del Espíritu. En los Fuegos Sagrados, llamamos a este Espíritu Universal la «Diosa de la Estrella», el espíritu del Universo mismo, y habitualmente utilizamos los términos «Diosa de la Estrella» y «Universo» indistintamente. La Diosa de la Estrella como un aspecto principal del Espíritu impregna todo lo que existe de manera perceptible e imperceptible en el Universo.

Antes de comenzar a mirar hacia fuera, a las energías de diferentes planetas y estrellas, comencemos por nuestro propio planeta. Así como los humanos tienen expresiones individuales de identidad pero están conectados a un Inconsciente Colectivo de la humanidad que los conecta como especie a nivel espiritual, también lo está la naturaleza. Una planta lleva la memoria colectiva de su especie y cada planta tiene su propio espíritu individual. Lo mismo ocurre con los cristales, los animales y otras expresiones de la naturaleza.

Así como los humanos pueden acceder al Inconsciente Colectivo y a su sabiduría e historia, así como al río ancestral de sangre, también lo hacen otras formas de vida. Por ejemplo, un búho es un animal individual con su propia conciencia, pero también está conectado a la Conciencia Colectiva más amplia de todos los búhos. Un rosal tiene su propia personalidad individual y, sin embargo, es parte de la memoria y del espíritu más amplios de las rosas. Cada pieza de amatista tiene su propia identidad y también es parte de la memoria de las amatistas.

## La Tierra está viva

Las brujas comprenden que el planeta mismo está vivo. La idea de que la Tierra está viva no es sólo un concepto espiritual. El químico James Lovelock y la microbióloga Lynn Margulis propusieron la idea de que la Tierra está viva en su Teoría de Gaia.[1] Para evitar la confusión con el elemento Tierra, me referiré al planeta Tierra como un ser con el término Gaia, derivado del nombre Gea, el nombre griego antiguo que se refiere al espíritu de nuestro planeta. La idea principal detrás de la Teoría de Gaia es que nuestro planeta Tierra actúa como un único sistema inteligente autorregulador, muy parecido a un organismo, y a su vez, toda la vida en el planeta Tierra es sólo parte de una red más extensa. Esto es algo que las brujas siempre han sabido: Gaia está viva y nosotros, como humanos, así como el resto de la naturaleza, somos sólo partes microcósmicas que son codependientes con el planeta. Esto es similar a cómo nosotros, como humanos, tenemos miles de microorganismos y bacterias dentro de nosotros que nos permiten vivir, digerir y curarnos a nosotros mismos. Como tal, las brujas a menudo muestran reverencia a Gaia y se ven a sí mismas como personas que tienen la misión divina de ser cuidadoras, protectoras y administradoras de nuestro planeta.

Raven Grimassi analiza un concepto fascinante que él denomina «La memoria orgánica de la Tierra», por el cual todas las cosas se

---

1. Locklove, James: *Gaia, a New Look at Life on Earth*, Oxford University Press, Oxford, NY, 1995.

descomponen y pasan a formar parte de la Tierra misma.[2] Como mencioné anteriormente, nuestra sangre contiene las memorias genéticas de nuestros antepasados. La experiencia, los recuerdos, la sabiduría y la historia de toda la materia biológica se absorben de nuevo en Gaia cuando morimos y nos descomponemos dentro de ella o cuando se esparcen nuestras cenizas. Gaia tiene toda esta sabiduría en su interior.

Grimassi compara esto con los Registros Akáshicos del pensamiento oriental, pero es independiente de ellos y reside dentro de Gaia.

Brujas, chamanes y místicos saben desde hace mucho tiempo que los cristales no sólo están vivos y poseen energías específicas, sino que también registran la memoria. De hecho, utilizamos cristales para operar la mayor parte de nuestra tecnología informática debido a su capacidad para recibir, retener y proyectar información. Cuando nos acercamos a la suciedad con microscopios potentes, ¿qué vemos? Vemos que está formada por organismos diminutos que descomponen materia vegetal y animal, minerales y cristales. Estos cristales registran toda la información de lo que está siendo absorbido por Gaia, y la Tierra contiene los recuerdos de todo lo que ha existido en ella, desde los dinosaurios hasta nuestros antepasados.

## Sincronizar con la imaginación de la Tierra

Pero ¿Gaia tiene conciencia? La superficie del planeta Tierra y la ionosfera trabajan juntas para crear pulsos rítmicos electromagnéticos producidos por la actividad de los rayos dentro de una cavidad. Nuestro mundo emite un pulso electromagnético de 7,83 hercios (aunque a veces puede aumentar) y muchos investigadores lo han comparado con la actividad cerebral de los humanos y todos los demás animales con cerebro. Este misterioso ciclo de pulsaciones electromagnéticas se conoce como Resonancia Schumann, y lleva el nombre del físico Win-

---

2. Grimassi, Raven: *Grimoire of the Thorn-Blooded Witch: Mastering the Five Arts of Old World Witchery*, Weiser, San Francisco, CA, 2014, XVII-XIX.

fried Otto Schumann, quien fue el primero en predecir este fenómeno matemáticamente.[3]

Independientemente, el físico nuclear Robert Beck examinó los estados de ondas cerebrales de brujas, psíquicos, curanderos cristianos, chamanes y otros sanadores, y descubrió que la mayoría de ellos exhiben el patrón de ondas cerebrales de 7,8 a 8 hercios cuando curan o entran en un estado de conciencia alterado.[4]

Ya hemos explorado este estado de ondas cerebrales anteriormente; éste es el estado de ondas cerebrales alfa (7,5-13 hercios) vinculado a la capacidad psíquica, la meditación, el soñar despierto y la visualización. Entonces, si la resonancia de Schumann es la mente de Gaia, esto llevaría a uno a concluir que la conciencia de Gaia está en alfa, y tal vez cuando nos deslizamos hacia alfa nos estamos alineando con la conciencia, los sueños, la imaginación y los recuerdos de la propia Gaia. Este estado de conciencia alterada por los sueños está asociado a lo astral. Como tal, estamos influenciados por Gaia, y Gaia se ve afectada por nosotros.

## Ejercicio 68

## Conectar con Gaia

Encuentra un lugar en la naturaleza donde no te molesten. Empieza por sintonizarte e invocar a tu Yo Inferior, ya que el Yo Inferior es la parte de nosotros que está conectada con la Tierra. Siéntate en el suelo en una posición cómoda y coloca las manos sobre el suelo. Desde un lugar profundo dentro de tu corazón y de tu espíritu, llama a Gaia, viendo esta llamada como un impulso energético de ondas que se mueven a través de tu cuerpo y bajan a través de tus manos, llegando hasta el corazón de Gaia. Afirma verbal o mentalmente:

3. L. Oschman, James: *Energy Medicine: The Scientific Basis*, Elsevier, Dover, NH, 2016, 257-263.

4. Brennan, Barbara: *Light Emerging: The Journey of Personal Healing*, Bantam, Broadway, NY , 1993, 17-18.

«Mano a la tierra,
hueso a la piedra,
sangre al barro,
con la mente de Gaia
estoy alineado.
Estoy alineado
con la mente de Gaia,
barro a la sangre,
piedra al hueso,
tierra a la mano».

Espera una respuesta de Gaia. Ésta será diferente para cada individuo. Presta atención a todos tus sentidos de claridad. Por lo general, yo primero recibo esto como una sensación de claritangencia antes de que aparezca una imagen de ella en mi Ojo de Bruja. Cuando recibas una respuesta, no dudes en iniciar una conversación con Gaia, haciéndole preguntas, pidiéndole consejos o algún mensaje que ella tenga para ti. Recomiendo entablar una relación con Gaia por muchas razones, la principal de ellas es que ella es la reina y la madre del reino terrenal. Para ello, puede ayudar en tu trabajo que impliques al espíritu del lugar o a los espíritus de la naturaleza cuando surja la necesidad, si te conectas a ella de esta manera y le pides ayuda.

Cuando hayas terminado, puedes simplemente desconectar para volver a la conciencia del Yo Medio.

## El espíritu del lugar

Si bien Gaia tiene una conciencia propia, las diferentes ubicaciones, así como los edificios en sí, también tienen sus propias formas de conciencia. Esto generalmente se conoce como el «espíritu del lugar». Dentro del espíritu del lugar también puede haber plantas, animales, minerales y otros espíritus que lo habitan y que tienen sus propias formas individuales de conciencia, al igual que existen ecosistemas físicos de plantas y animales que coexisten y crean complejos sistemas de comunidad. Un brujo psíquico debe aprender a conectarse no sólo con la propia

Gaia, sino también con los espíritus del lugar y los espíritus dentro de los lugares.

Entablar amistad con el espíritu del lugar es importante. Al entablar amistad con el espíritu del lugar, cualquier esfuerzo mágico que realices en ese lugar, ya sea un bosque, una playa, una casa o un jardín, tendrá la bendición del espíritu del lugar, lo que garantizará mejores resultados en tu magia y proporcionará protección y menor resistencia de los espíritus que puedan estar allí. Piénsalo. No querrías que un extraño irrumpiera en tu casa y realizara rituales extraños, ¿verdad? Probablemente no.

Al implicar al espíritu del lugar, hay algunos factores importantes que tener en cuenta. Siempre quieres pedirle permiso. Presta atención y respeta la respuesta, especialmente si es un no. Siempre debes hacer una ofrenda si eres un visitante. Las ofertas variarán según el lugar donde vivas y las costumbres de ese lugar. Trata de investigar diferentes costumbres religiosas, indígenas, chamánicas y folclóricas en lo que respecta a las ofrendas; eso te dará una idea clara de lo que le gusta a la tierra.

Aquí en Nueva Inglaterra, donde vivo, es costumbre ofrecer harina de maíz, tabaco, agua fresca o un mechón de tu cabello, especialmente si estás recolectando alimentos o recogiendo cosas de ese lugar. Nunca tomes de la naturaleza sin devolver algo. Hay un viejo refrán que dice que «un regalo exige un regalo». Esto mantiene un intercambio equitativo y una reverencia por la naturaleza para que no sólo tomes y molestes al espíritu del lugar. A medida que desarrolles un vínculo con el espíritu del lugar, puedes preguntarle de qué tipo de ofrendas disfruta más.

## Ejercicio 69

## Conectar con el espíritu del lugar

En el umbral de la ubicación con la que buscas conectarte, como el borde de un bosque o fuera de la puerta de una casa, sintonízate e invoca a tu Yo Inferior. Realiza el último ejercicio (Conectar con Gaia), llamando a Gaia y conectando con ella con tus manos en el suelo del borde del lugar en el que estés.

Haz una ofrenda, ya sea verbal o mentalmente. Puede ser similar a esta:

«Llamo al Espíritu de este Lugar. Yo [nombre] traigo una ofrenda de [ofrenda] para honrarte y conectarme contigo. Te pido permiso y bendiciones para [explica cuál es tu propósito para conectarte con el lugar. ¿Quieres hacer magia, meditar o algo más? Házselo saber al espíritu del lugar]. ¿Tengo su permiso y bendición para continuar?».

Espera una respuesta, como has hecho en el último ejercicio («Conectar con Gaia»). ¿El espíritu del lugar toma forma en tu Ojo de Bruja? Verifica con todos tus sentidos de claridad. ¿Lo notas agradable o parece hostil y poco amable? A veces, el espíritu del lugar negará tu solicitud en ese momento sin parecer hostil. Respeta todo lo que recibes. Si obtienes el visto bueno del espíritu del lugar para continuar, puedes entablar una conversación psíquica con él, y puedes hacerle preguntas sobre él y su historia.

## Ejercicio 70

## Predecir con la naturaleza

Una técnica clásica entre muchas brujas y paganos es escudriñar con la naturaleza, y es una de las técnicas más fáciles que existen. El escrutinio es el acto de obtener información clarividente a través de la observación meditativa de un objeto, pero en esta técnica, el escrutinio se realiza con la naturaleza como un todo. Por lo general, esta técnica se hace mientras se pasea casualmente por la naturaleza o mientras se está sentado en un lugar específico de la naturaleza. Antes de comenzar, querrás tener una sola pregunta en mente; está bien si esa pregunta es simplemente «¿Qué necesito saber ahora mismo?».

Asegúrate de estar en un estado relajado y meditativo. Puedes activar tu comando psíquico o realizar el ejercicio de sintonización completo. También puedes optar por realizar los dos últimos ejercicios si el lugar es nuevo para ti. Tanto si estás caminando como si estás sentado en un lugar, observa tu entorno de manera pasiva.

Si el espíritu estuviera transmitiendo una respuesta a tu pregunta a través de imágenes metafóricas de la naturaleza, ¿cuál sería el mensaje? ¿Qué animales, insectos o plantas verías? ¿Cuál sería su comportamiento? ¿Los arbustos, las copas de los árboles o las nubes producirían imágenes o rostros? ¿Cómo se relacionaría esto con tu pregunta?

Cuando estés en casa, es posible que también desees buscar cuál es el significado espiritual de cualquier animal, insecto, planta o símbolo que haya llamado tu atención para llegar a una capa más profunda de comprensión.

# Capítulo 13

# ENERGÍAS CELESTIALES

L os ocultistas antiguos no sólo reconocieron la influencia de Gaia. Si Gaia estaba viva, seguramente los otros planetas también lo estaban y, por lo tanto, también tenían algún efecto en nosotros. A lo largo de la historia de la humanidad, las personas han observado a las estrellas y a los planetas y han ido registrando su influencia sobre nosotros. La gente reconoció la energía arquetípica que tenían estas estrellas y planetas, y se dieron cuenta de que su influencia podía alinearse y aprovecharse en esfuerzos mágicos. Los antiguos sostenían que siete planetas tenían una fuerte influencia: éstos eran el Sol, la Luna, Venus, Mercurio, Marte, Júpiter y Saturno. Fíjate en que veían el Sol y la Luna como planetas, cosa que nosotros no hacemos hoy en día, y se referían a ellos como «luminarias». Pero la definición de planeta en la antigüedad era diferente.

La palabra «planeta» proviene de la palabra griega *planētēs*, que significa «vagabundo». Un planeta se definía como uno de los siete objetos principales que vagaban por nuestro cielo. Los griegos nombraron a los planetas debido a sus poderes arquetípicos y les pusieron el nombre de sus dioses. Es importante no obsesionarse o confundirse demasiado con los planetas y sus homónimos. En muchos sentidos, los planetas ejercen influencias similares a estos dioses, pero también difieren en muchos aspectos. Los objetos celestes que están más cerca tienen una fuerte influencia espiritual sobre nosotros, mientras que los que están más lejos tienen una influencia decreciente sobre nosotros. Si bien se han descubierto más planetas desde los planetas griegos originales, los siete vagabundos son los más poderosos para trabajar en términos de magia y serán en los que nos enfocaremos.

Estas influencias planetarias se conocen como «influencias astrales», y el nombre mismo se refiere a los reinos planetarios celestes. Otra forma de pensar sobre los planetas y su influencia y cómo nos afectan es pensar en el sistema solar como en un ser macrocósmico, del cual cada objeto celeste es parte del todo.

Cada planeta tiene un glifo que se compone de combinaciones de los tres elementos visuales principales: la cruz, el círculo y la media luna. El círculo representa el espíritu y está relacionado con el Yo Superior, la cruz representa la materia y está conectada al Yo Medio, y la media luna representa el alma, que está ligada al Yo Inferior.[1]

## Correspondencias planetarias y la doctrina de las firmas

Después de los cuatro elementos, encontrarás que los libros sobre brujería utilizarán los poderes planetarios como la siguiente forma primaria de correspondencias. Verás listas de muchas plantas o cristales que corresponden a diferentes energías planetarias. Este sistema de correspondencias proviene de la Doctrina de las Firmas. La Doctrina de las Firmas examina la forma, el color, la apariencia y la cantidad de hojas y pétalos de una planta para determinar qué hace por el cuerpo o cómo interactúa con su entorno. Un claro ejemplo común es la pulmonaria, que ayuda medicinalmente a aliviar los problemas respiratorios y tiene hojas con forma de pulmón.

El concepto de correspondencias se basa en el axioma hermético de «Como es arriba, es abajo. Como es dentro, es fuera». En la Era Común del siglo I, Dioscórides escribió *De Materia Medica* utilizando este concepto y aplicándolo a las plantas. Aproximadamente cien años después, las obras de Galeno adoptaron las nociones presentadas en *De Materia Medica*, conformando una de las principales influencias históricas en la medicina y la salud modernas.

En la década de 1400, Paracelso expandió y realzó la idea de correspondencias cuando él y otros alquimistas y ocultistas vieron que las propiedades de una planta basadas en la Doctrina de las Firmas esta-

---

1. Dominguez Jr., Ivo: *Practical Astrology for Witches and Pagans: Using the Planets and the Stars for Effective Spellwork, Rituals, and Magickal Work*, Weiser, San Francisco, CA, 2016, 27-28.

ban gobernadas por poderes planetarios específicos. Por lo tanto, se pensaba que la naturaleza imbuida en el espíritu de la planta tenía la firma o correspondencia con ese poder planetario y podía ayudar en los esfuerzos mágicos que rodean a las cosas que necesitan ese poder planetario, puesto que ya estaban conectadas a él.

Laurie Cabot lo explica maravillosamente, afirmando: «La naturaleza es particularmente buena para sostener una luz pura, una vibración pura. Los seres humanos son fácilmente influenciados por todos los planetas y estrellas, y del mismo modo todo lo demás también lo está, pero las hierbas, las maderas, las piedras, los metales y los animales tienen una conciencia y un aura muy puras y son capaces de anclar vibraciones específicas de uno o dos planetas diferentes. Decimos que un ingrediente mágico está "regido" por un planeta o signo en particular».[2]

En cuanto a los aspectos de género utilizados en listas y gráficos de correspondencia más antiguos, estas ideas no estaban relacionadas con nuestra comprensión moderna del género y se favorecieron otros términos tradicionales como «caliente» y «frío», que representaban mejor los términos con los que intentamos transmitir sin las connotaciones sexistas más antiguas. Por ejemplo, estimulante, agresivo, eléctrico o positivo se considera «caliente» (antes masculino). Si una planta o una hierba es relajante, pasiva, magnética o negativa, se considera «fría» (antes femenina). Tales cosas se utilizan para determinar el «género» de la asociación de una planta. Incluso vemos este cambio en la época de Cunningham: en un libro sobre hierbas utiliza el género y luego en el siguiente usa «caliente» y «frío» y explica por qué evita los términos de género a partir de ese momento.

Las correspondencias también se basan en cómo las plantas interactúan con el cuerpo o con su entorno. Por ejemplo, el ajenjo es útil para eliminar parásitos del cuerpo, por lo que también es bueno para disipar seres menores fuera del cuerpo y el aura; todo esto es una ener-

---

2.  Cabot, Laurie, y Cabot, Penny y Penczak, Christopher: *Laurie Cabot's Book of Spells & Enchantments*, Copper Cauldron, Salem, NH, 2014, 39-40.

gía muy arquetípica de Marte. La artemisa, medicinalmente, calma y promueve el sueño, que a su vez son efectos que estimulan a la glándula pineal a producir melatonina y, a su vez, promueve una mayor capacidad psíquica; todo esto es una energía arquetípica muy lunar. Al usar la Doctrina de las Firmas, podemos llegar a comprender cuál es el poder planetario arquetípico central de una planta o cristal en función de su apariencia, lo que nos da una idea de lo que hace con fines medicinales. Estas propiedades medicinales sugieren lo que hacen mágica y espiritualmente.[3]

Lo principal que hay que sacar de esto es que todo en nuestro planeta corresponde a una energía planetaria, al igual que las plantas, y que hay un razonamiento detrás de estas correspondencias. Al aprender cuál es ese poder planetario, puedes sintonizarte con él a través de medios psíquicos y activar aún más sus propiedades y poderes mágicos para trabajar con él en un nivel más profundo. Te mostraré cómo en los dos ejercicios siguientes de este capítulo.

## El Sol

El Sol es el poder del espíritu y el simbolismo del Yo Superior representado dentro de nuestro sistema solar. Su poder está ligado al sentido de identidad y al yo. Gobierna el bienestar en todas las áreas de uno mismo, incluida la salud, la riqueza, la felicidad y la prosperidad. El glifo del Sol es un círculo de espíritu con un punto en el medio. Ivo Domínguez se refiere a esto como un símbolo de la relación entre el microcosmos y el macrocosmos y del espíritu que se manifiesta.[4]

 El glifo del Sol también puede verse como una representación simbólica del propio Sol. El Sol también es una estrella y, como tal, es el objeto planetario más divi-

---

3. Penczak, Christopher: *The Plant Spirit Familiar: Green Totems, Teachers & Healers On the Path of the Witch*, Copper Cauldron, Salem, NH, 2011, 71-73.

4. Dominguez Jr., Ivo, *Practical Astrology for Witches and Pagans: Using the Planets and the Stars for Effective Spellwork, Rituals, and Magical Work*, Weiser, San Francisco, CA, 2016, 28.

no de nuestro sistema solar, siendo una manifestación directa de la Diosa de la Estrella. El sol gobierna el domingo.

**Aprovecha la energía solar para realizar esfuerzos mágicos relacionados con:** avance, ambición, confianza, creatividad, dominio, egoísmo, expresión, fama, paternidad, amistad, codicia, crecimiento, felicidad, curación, salud, iluminación, individualidad, alegría, liderazgo, vida, manifestación, masculinidad, motivación, personalidad, poder personal, poder, orgullo, prosperidad, renombre, autoestima, sentido de uno mismo, fuerza, éxito, vitalidad, riqueza.

**Día de la semana:** domingo.

## La Luna

La Luna es el poder del alma y es un símbolo del Yo Inferior representado dentro de nuestro sistema solar. Su poder está vinculado al reino de lo oculto, como la capacidad psíquica, la magia y la destreza, las emociones, el instinto, el glamur y la ilusión. La Luna es uno de los cuerpos celestes que está más intrincadamente conectado con la brujería, aparte de la Tierra misma. Las brujas trabajan con diferentes fases de la luna para ayudar en distintos esfuerzos mágicos. La fase de luna creciente se utiliza para la magia de manifestación y la luna menguante se usa para la magia de desvanecimiento.

El glifo de la Luna es una luna creciente, que se compone de una media luna. Sorprendente, ¿verdad? La energía de la Luna puede manifestar y desvanecer energías dentro de nosotros mismos y de situaciones en nuestras vidas a través de sus fases crecientes y menguantes.

**Aprovecha la energía lunar para realizar esfuerzos mágicos relacionados con:** trabajo astral, nacimiento, compasión, adivinación, sueños, emociones, empatía, feminidad, glamur, gratitud, familia, hogar, ilusiones, imaginación, aumento y disminución, intuición, magia y destreza, maternidad, paciencia, habilidad psíquica, cambio de forma, espiritualidad, sutileza, transformación.

**Día de la semana:** lunes.

### Mercurio

El poder de Mercurio está vinculado al ámbito del pensamiento, la velocidad, el movimiento, la comunicación, el procesamiento, los negocios y el comercio. Las palabras inglesas *mercenary* (mercenario) y *merchant* (comerciante) se derivan del latín *merx*, que es la misma raíz de la palabra latina para Mercurio, *Mercurius*. La palabra «mercurial» se refiere a cualquier cosa que se relacione con el planeta Mercurio, pero también se relaciona con la idea de cambiar rápidamente la postura, las perspectivas o la mente de uno.

 El glifo de Mercurio es la media luna del alma que corona el círculo del espíritu sobre la cruz de la materia. El glifo también puede verse como una representación simbólica del caduceo del dios romano Mercurio.

**Aprovecha la energía mercurial para realizar esfuerzos mágicos relacionados con:** negocios, comunicación, engaño, flexibilidad, curación, perspicacia, intelecto, conocimiento, lógica, magia, memoria, procesos mentales, música, percepción, poesía, protección, procesamiento, ciencia, lenguaje, estudio, tecnología, hurto, pensamiento, comercio, viajes, artimañas, escritura.

**Día de la semana:** miércoles.

### Venus

Venus es el poder de la belleza, la receptividad, la atracción y la fertilidad. Si bien Venus tiende a asociarse con el amor y la belleza, también está vinculado al reino de la fertilidad y la naturaleza, y también tiene un lado más oscuro, al igual que la naturaleza y la belleza. Muchas palabras se derivan de Venus, como «venéfico», que significa «venenoso» y se relaciona con la idea de envenenamiento a través de plantas y hierbas, y lo mismo ocurre con «veneno», que está relacionado con «venéfica». «Venéreo» pertenece al concepto de amor y placer, como las enfermedades venéreas, que son enfermedades de transmisión sexual. Cuando adoramos y amamos a alguien, lo veneramos. También existe el vínculo entre «vino» y «vid» con Venus, que derivada de la palabra de raíz proto-indoeuropea *wen*, que une las ideas de placer, intoxicación y Tierra.

El glifo de Venus es el círculo del espíritu sobre la cruz de la materia. El glifo también puede verse como el espejo de mano de Venus o como una flor.

**Aprovecha la energía venusiana para realizar esfuerzos mágicos relacionados con:** acuerdo, atracción, afecto, arte, belleza, cooperación, cultura, emociones, fertilidad, simpatía, amistad, gracia, glamur, inspiración, celos, amor, atracción, lujo, pasión, paz, placer, relaciones, romance, autoconfianza, sensualidad, sexo, sexualidad, sociabilidad, objetos de valor.

**Día de la semana:** viernes.

## Marte

Marte es el poder de la fuerza, la energía bruta, la fuerza física, la resistencia, las batallas, los enfrentamientos, el ejército, la lucha, la autodefensa y la potencia sexual. La energía de Marte puede ser beneficiosa cuando necesitas ayuda para romper cosas. La palabra «marcial» se refiere a todo lo relacionado con el planeta Marte, pero también se utiliza para describir cosas relacionadas con el ejército, como la ley marcial o las artes marciales.

El glifo de Marte es el círculo del espíritu con una flecha de fuerza dirigida, el único glifo que rompe las reglas de la fórmula. El glifo de Marte también puede verse como un escudo y una lanza.

**Aprovecha la energía marcial para realizar esfuerzos mágicos relacionados con:** agresión, ira, batalla, límite, conflicto, confrontación, coraje, defensa, disputa, energía, lujuria, motivación, pasión, fuerza física, protección, energía bruta, liberación de la esclavitud, deseo sexual, potencia sexual, resistencia, fuerza, venganza, vigor, vitalidad, guerra.

**Día de la semana:** martes.

## Júpiter

Júpiter es el poder de la verdad y la justicia superiores, el liderazgo, la sabiduría, la religión, la fe y la expansión. La palabra «jupiteriano» se refiere a todo lo relacionado con la ambición, el liderazgo y la religión. Júpiter también está relacionado con la idea de las bendiciones divinas y, como tal, palabras como «jovial» (Jove es una variante del nombre de Júpiter) se refieren a la idea de tener una buena naturaleza y ser divertido o estar complacido. Cuando estamos alineados con nuestro Yo Superior, somos expansivos y las áreas de nuestra vida comienzan a llenarse de las bendiciones de la sabiduría, la justicia y la prosperidad.

 El glifo de Júpiter es la media luna del alma y la cruz de la materia. También se puede ver como el trono de Júpiter.

**Aprovecha la energía jupiteriana para realizar esfuerzos mágicos relacionados con:** abundancia, ascendencia, autoridad, devoción, entusiasmo, ética, expansión, fortuna, crecimiento, propósito superior, conciencia superior, honor, humor, justicia, ley, sistema legal, camino de la vida, suerte, optimismo, filosofía, moralidad, política, prosperidad, religión, responsabilidad, reglas, gobierno, espiritualidad, voluntad verdadera, verdad, riqueza, sabiduría.

**Día de la semana:** jueves.

## Saturno

Saturno es el poder de las reglas, la restricción, la contracción, el blindaje, la protección, los límites, la evolución, los finales y las lecciones kármicas. La palabra «saturnina» se relaciona con cualquier cosa oscura y lúgubre. Mientras que Júpiter expande áreas de vida, Saturno las restringe. Mientras Júpiter crece, Saturno cosecha. Mientras que Marte es más agresivo en su energía, Saturno es más defensivo.

 El glifo de Saturno es la cruz de la materia con la media luna del alma. El glifo de Saturno también se puede ver como la guadaña invertida de Saturno, que indica que la guadaña se está utilizando.

**Aprovecha la energía saturnina para realizar esfuerzos mágicos relacionados con:** envejecimiento, agricultura, austeridad, atadura, límite, muerte, destrucción, deber, equilibrio, miedo, formación, historia, iniciación, intimidación, karma, ciclo de vida, lección de vida, restricción, paciencia, perseverancia, practicidad, protección, prudencia, responsabilidad, restricción, sacrificio, autodisciplina, trabajo en la sombra, enseñanza, tiempo, sabiduría.

**Día de la semana:** sábado.

## Ejercicio 71

## Sintonización con las energías planetarias

Empieza por sintonizarte y realizar una alineación del alma. Respira hondo y di:

«Tengo la intención de vibrar en resonancia con el poder de [planeta] para poder conocerte».

En el aire frente a ti, dibuja el glifo de ese planeta en azul Fuego de Bruja y dibuja un círculo en el sentido de las agujas del reloj a su alrededor. Siente la energía de ese elemento que emana de tu portal planetario. Siente la energía del poder planetario rodeándote. Realiza el ejercicio «Respiración Lunar», pero concéntrate sólo en el planeta que estás llamando en vez de en la Luna, a menos que, por supuesto, estés llamando a la Luna.

Toma la energía planetaria y deja que se cargue y te llene. Visualiza el glifo que aparece en tu pecho y tu cuerpo brillando con esta energía, llenando tu cuerpo y aura con su energía. ¿Cómo te sientes? ¿Qué aspecto tiene? ¿A qué huele? ¿Cómo suena? ¿A qué sabe? Realiza esto para cada planeta, comenzando por el Sol y pasando por la Luna, Mercurio, Venus, Marte, Júpiter y Saturno, hasta que te familiarices con todos ellos.

Ejercicio 72

## Conjurar la energía planetaria para cargar y enviar

Empieza por sintonizarte. Activa los centros de energía de las palmas de tus manos. Decide qué planeta quieres conjurar. Dibuja el glifo planetario con los dedos de tu mano proyectiva en la palma de tu mano receptiva y dibuja un círculo en el sentido de las agujas del reloj a su alrededor. Concéntrate en cómo sientes la energía planetaria específica, según tus experiencias del ejercicio anterior. Separa las manos. Visualiza el glifo que aparece en tu pecho y tu cuerpo brillando con esa energía, llenando tu cuerpo y aura con su poder y luego visualízalo fluyendo hacia cada mano, creando un círculo de energía formado puramente por ese elemento. Puedes utilizar esta energía para cargar objetos con un planeta específico. Por ejemplo, si quisieras cargar un cristal con el poder planetario de Mercurio, tomarías la energía planetaria de Mercurio en las manos y la colocarías alrededor del cristal, visualizando esa energía elemental llenando y activando el cristal. También puedes enviar ese círculo de energía a otra persona a distancia. Concéntrate únicamente en el círculo de energía en tus manos, piensa en el receptor y respira hondo. Exhala con fuerza, visualizando que estás soplando la esfera de energía elemental hacia su destino.

# Capítulo 14
# MANIFESTACIÓN MULTIDIMENSIONAL

**U**n aura es un campo de energía que rodea a todos los objetos, personas y entidades. Cuanto más complejo sea el ser, más compleja será el aura. Por esa razón, los objetos inanimados tienden a tener auras muy básicas. Las rocas tienen auras menos complejas que las plantas. Las plantas tienen auras menos complejas que los animales. Los animales tienen auras menos intrincadas que los seres humanos. El aura aparece como un campo de luz de colores que nos transmite información psíquica. Las auras pueden informarnos sobre el estado emocional, los estados de ánimo, los pensamientos, la salud y la espiritualidad de una persona.

La palabra «aura» proviene de la palabra latina *aura*, que significa «brisa». En la mitología grecorromana, cuatro dioses personificaban los cuatro vientos cardinales. Estos dioses fueron llamados Anemoi. Los Anemoi tenían hijas que eran las ninfas de las brisas. Estas ninfas se llamaron Aurae. También estaba la diosa principal de las brisas, que se llamaba Aura. Aura y las Aurae fueron representadas en el arte clásico con un *velifacatio*, que era una pieza de tela que ondeaba con la brisa detrás de ellas. Este *velifacatio* las enmarcaría en una capa en forma de huevo, que recuerda cómo se ve el aura a ojos de las personas.

El *velifacatio* representaba la energía celestial, o lo que podríamos llamar energía astral en los tiempos modernos, ya que la palabra «astral» se deriva de la palabra latina *astrum*, que significa «conectado a las estrellas». Más tarde, el *velifacatio* se representaría en el arte detrás de la realeza y de personas de cierta cualidad de poder mundano. Esto es similar a cómo se utilizan los halos en el arte para señalar a una persona santa, que también es una referencia al aura de una persona. Estoy seguro de que has escuchado la expresión de que alguien tiene un «aire sobre él». Esta expresión apunta a la idea del aura que tiene la persona.

La palabra «aura» es muy similar a la palabra «aurora». Aurora era la diosa del amanecer y su nombre significa «luz de la mañana» o «alba». Aurora y Aura fueron fusionadas por escritores romanos, como Ovidio en *La metamorfosis*. Creo que esto le da otra explicación a por qué usamos la palabra «aura» para el campo de energía. Así que no sólo es un «aire» no físico sobre una persona que aparece en capas, sino que también es una luz coloreada justo cuando el cielo del amanecer está lleno de luces de varios colores que se mezclan entre sí, como aparece el aura alrededor de una persona.

## Los calderos y el campo áurico

Los tres calderos espirituales son los portales internos de nuestro campo áurico. Así como en la imagen clásica del caldero de una bruja éste está lleno de un líquido que humea y hierve, nuestros calderos también reciben energía continuamente de diferentes reinos de la realidad y, cuando se filtran a través de nosotros mismos, se expresan como un campo áurico a nuestro alrededor. La función es similar a la respiración. Siempre estamos tomando información de nuestro entorno energético multidimensional y filtrándola a través de nuestros calderos internos y liberándola como campos áuricos a nuestro alrededor. Cada caldero procesa dos bandas dimensionales diferentes de nuestra realidad. El Caldero del Calor como punto focal de nuestro Yo Inferior procesa energías etéricas y astrales. El Caldero del Movimiento como punto focal de nuestro Yo Medio procesa las energías mentales y emocionales. El Caldero de la Sabiduría como punto focal de nuestro Yo Superior procesa energías psíquicas y divinas.

Estos campos áuricos actúan como nuestros otros cuerpos en nuestra realidad multidimensional. Si bien nuestro enfoque está predominantemente en nuestros cuerpos físicos, tenemos otros seis cuerpos que también existen dentro de su propia banda dimensional de realidad. Piensa en las bandas dimensionales de la realidad como en canales de energía que existen dentro del mismo espacio. Al igual que las ondas de radio, aparentemente son invisibles e imperceptibles, pero si utilizas una radio y sintonizas la estación correcta dirigiéndose a esa banda de frecuencia, surge una cadena de radio específica. Al trabajar con nuestros calderos espirituales, podemos aprender a sintonizarnos con esas bandas dimensionales en diferentes grados.

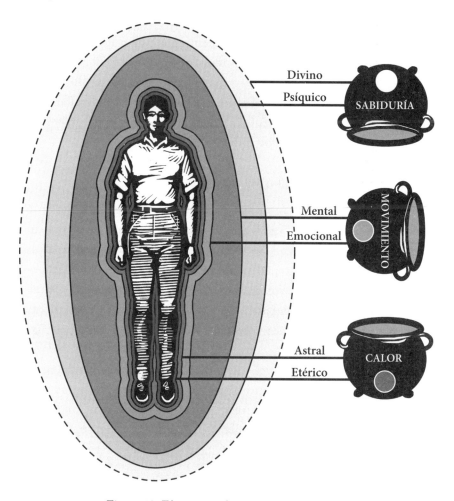

*Figura 18: El aura en relación con los tres calderos*

Por lo tanto, el cuerpo físico es nuestro cuerpo dentro del plano físico. El cuerpo etérico es nuestro cuerpo en la banda de frecuencia etérica. El cuerpo astral es nuestro cuerpo en la banda de frecuencia astral. El cuerpo emocional es nuestro cuerpo dentro de la banda de frecuencia emocional. El cuerpo mental es nuestro cuerpo dentro de la banda de frecuencia mental. El cuerpo psíquico es nuestro cuerpo en la banda de frecuencia psíquica y el cuerpo divino es nuestro cuerpo dentro de la banda de frecuencia divina. Todos existen simultáneamente, y nuestro cuerpo físico es el nexo que mantiene unidos a estos cuerpos como una espiral mortal.

Estas bandas de frecuencia se encuentran en un grupo más amplio que experimentamos como los tres mundos en el Árbol del Mundo. El Mundo Inferior de las raíces del Árbol del Mundo alberga al etérico y al astral. El Mundo Medio del tronco del Árbol del Mundo alberga al mental y al emocional. El Mundo Superior de las ramas del Árbol del Mundo alberga al espiritual y al divino.

## Mapas de realidad

Si has leído otros libros de metafísica, es muy probable que hayas visto el aura y la realidad explicadas o representadas de manera un poco diferente. Eso es porque cuando se trata del reino de lo espiritual, nada es concreto y, por lo tanto, no es una ciencia precisa. Sin embargo, podemos trazarlos en modelos que nos ayuden a navegar por estos reinos al tener una comprensión básica de lo que hay ahí afuera. Christopher Penczak se refiere a ellos como «mapas de realidad» en *Temple of High Witchcraft*,[1] y es importante comprender que los mapas de realidad son modelos creados para cumplir un propósito específico. Cuando nos obsesionamos demasiado con un modelo particular de nosotros mismos o con la realidad misma, atrofiamos nuestro crecimiento, lo que tenemos a nuestro alcance y nuestras posibilidades. Asimismo, he hablado de qué seres es más probable que encuentres en estos planos de

---

1. Penczak, Christopher: *The Temple of High Witchcraft: Ceremonies, Spheres and the Witches' Qabalah*, Llewellyn Publications, Woodbury, MN, 2014, 69-75.

realidad, ¿significa eso que aquí es donde existen concretamente? Absolutamente no. Lo que significa es que aquí es donde es más probable que puedas entrar en un canal comprensivo de resonancia y ser capaz de experimentarlos.

Entonces, ¿por qué los campos áuricos están representados de la forma en que lo están si coexisten dentro del mismo espacio? ¿Por qué esta división de los campos áuricos está representada en una disposición de capas? La primera respuesta es que la percepción psíquica de cada uno es diferente. Piensa en cada psíquico como si tuviera un nivel diferente de enfoque ampliado. Cuando un psíquico mira el aura, puede ver las capas reorganizadas de diferentes maneras y también puede percibir distinciones más sutiles o cuerpos áuricos más generalizados. La segunda razón es que este mapa de realidad en particular nos ayuda a comprender qué energías están vinculadas a qué partes del Árbol del Mundo junto con nuestro Modelo de Tres Almas y Tres Calderos. Sin embargo, la razón más importante es que este orden de capas áuricas y niveles de realidad nos ayuda a comprender la mecánica de la magia. Traza claramente los pasos que damos para lanzar la magia, cómo pasa de nuestra realidad física a la divina, qué pasos damos para recibir la manifestación y cómo esa magia se devuelve como resultado de lo divino a nuestra realidad física.

## Magia multidimensional

Para realizar magia con éxito, comenzamos por lo físico. Podemos recolectar ingredientes físicos como velas, hierbas, muñecos, cristales, etc. Incluso podemos realizar nuestro gesto físico rápido de cruzar los dedos. Esto da inicio al trabajo energético. Luego creamos un contenedor energético para él en lo etérico creando espacio para la magia. Esto se expresa como aclarar la mente y entrar en un estado alterado, reservar un tiempo para realizar la magia y lanzar un círculo o crear un espacio sagrado. Al hacer esto, estamos preparando el escenario para la creación. A continuación, empujamos ese contenedor de magia junto con lo que hay en él, que a menudo se denomina «forma de pensamiento», hacia lo astral llenándolo con nuestra fuerza de voluntad y deseando que se manifiesten nuestras intenciones.

Luego empujamos esta forma de pensamiento hacia lo emocional conjurando y alineándonos con la energía emocional que deseamos manifestar y dirigiéndola hacia el hechizo. Los hechiceros y los conjuradores son conocidos porque mientras realizan su magia, ponen de fondo música de blues y jazz clásicas, que evocan el poder emocional del trabajo que están haciendo. Si estás creando magia para manifestar amor, evocas esos sentimientos internos de amor y dicha para que se adhieran a tu forma de pensamiento. Luego se traslada la forma de pensamiento a lo mental expresando nuestro deseo con claridad. Esto se hace afirmando mental o verbalmente lo que deseas, escribiendo una petición, diciendo las palabras de un hechizo, cantando o tarareando.

En la siguiente etapa de nuestra magia, empujamos la forma de pensamiento hacia lo psíquico al visualizar claramente el resultado que deseamos y visualizar cómo ese deseo puede manifestarse. En el último paso de nuestra fórmula para lanzar un hechizo, lo enviamos a lo divino pidiéndole a la deidad que intervenga en nuestro nombre. Esto se puede expresar como brujas levantando el cono de poder y enviando la forma de pensamiento al cosmos para que se realice. Entregamos la forma de pensamiento a los niveles más altos de realidad y liberamos nuestro apego a ella.

Una vez hecho esto y terminado el lanzamiento de magia real, ésta regresa a nosotros como un bumerang. Se nos devuelve asegurándonos de que toda nuestra energía está alineada con lo que buscamos obtener. Cuando cada parte de nosotros mismos está alineada con nuestra magia, nos convertimos en nuestra magia y es casi imposible que ésta no se convierta en realidad. Honramos a lo divino y nos alineamos con nuestra Voluntad Superior y actuamos al servicio de los demás, lo que inicia la manifestación en nuestras vidas. Desde lo divino, entramos en lo psíquico cuando visualizamos que el hechizo ya se ha manifestado y sucedido, y nos negamos a visualizar cualquier resultado que contradiga nuestro deseo.

Desde lo psíquico, entramos en lo mental sabiendo que ya se está cumpliendo y no permitiendo que nuestros pensamientos que contradicen nuestro deseo anulen la manifestación. Luego entramos en lo emocional sintiendo que está sucediendo y asegurándonos que somos emocionalmente optimistas acerca de su manifestación. Después lo llevamos a lo astral al permanecer absolutamente firmes en nuestra fuerza de voluntad y rechazar cualquier cosa que no sean los resultados. Luego se ancla en lo etérico cuando creamos espacio dentro de nuestras vidas para que se manifieste. Entonces se convierte en una realidad física cuando tomamos la iniciativa de la acción, que en el lanzamiento de hechizos es un elemento esencial pero a menudo pasado por alto. La actividad física es como crear una salida para que toda esa energía fluya hacia el plano físico. Por ejemplo, no manifestará la pareja perfecta para ti si no te pones activamente en situaciones sociales en las que puedes conocer a alguien. Si has realizado todos estos pasos pero te has dormido en los laureles, existe una gran posibilidad de que nada cambie ni de que tu alma gemela atraviese las paredes de tu sala de estar sólo para encontrarte en tu sofá.

## Cuerpo etérico

La primera capa del aura se llama cuerpo etérico. El cuerpo etérico es la capa más visible del aura y lo que las personas suelen ver cuando comienzan a ver auras. Aparece como un contorno alrededor de una persona, que varía desde unos pocos centímetros hasta unos pocos palmos de ancho. Al principio, generalmente se verá como una sustancia transparente, como el calor que se eleva sobre el asfalto caliente, o como una neblina blanca o grisácea alrededor de una persona. Con el tiempo y el desarrollo, el brujo psíquico comenzará a percibir el cuerpo etérico a todo color.

La palabra «éter» proviene del latín *aethēr*, que se traduce como «el aire superior puro y brillante», con raíces etimológicas en las palabras griegas *aíthō*, que significa «yo ardo, brillo», y *aithēr*, que significa «aire superior». El éter, en la mitología griega, era una deidad primordial que encarnaba la sustancia que llenaba las regiones superiores de las moradas de los dioses, la cual respiraban de la misma manera en que los humanos dependen y respiran aire. Esto nos da una pista de la naturaleza de este campo como energía metafísica. Platón, en su obra

*Timeo*, escribió que «existe el tipo más translúcido que se llama con el nombre de éter».

Sin embargo, la comprensión más significativa de la naturaleza de este campo se obtiene al comprender que su nombre proviene de las antiguas ciencias alquímicas griegas. Éter fue el nombre que se le dio a la quinta fuerza elemental que forma la realidad, también conocida como la quintaesencia en latín, y más comúnmente hoy en día en inglés como *spirit*. El Espíritu es la fuerza elemental divina que impregna y compone cada uno de los cuatro elementos. Por estas razones creo que este campo se llama campo etérico. Todo lo que existe en la realidad física tiene forma etérica. Eso es así porque es la matriz energética sobre la que toma forma la realidad física. El cuerpo etérico penetra en cada partícula que crea materia y es la fuerza que actúa como un contenedor para mantenerlo todo junto en un contorno similar a una rejilla.

El reino etérico es simultáneamente el primer paso de manifestación desde lo físico y la última etapa de manifestación antes de llegar a lo físico. Una excelente manera de pensarlo es equipararlo a la fotografía tradicional. Cuando un fotógrafo toma una fotografía, la imagen se captura y se imprime en la película de la cámara como un negativo. Este proceso ocurre cuando la película captura la luz en su estructura cristalina y la registra. Este negativo es similar al reino etérico en el sentido de que a partir de él se revela la fotografía real, pero hasta que se haga, es sólo un plano transparente de la imagen que se parece, pero no del todo, a la imagen antes de que ésta pase por el proceso de revelado. Al igual que un rollo de película que absorbe la luz para que se grabe en una imagen, el campo etérico también tiene una cualidad magnética y, en nuestra metáfora, es el último lugar de atracción antes de que recibamos los resultados deseados. Piensa en el proceso de enviar y recibir una manifestación como en el de tomar una foto. En esta metáfora, piensa en la cámara como si tuviera un rollo de película dentro. Apunta la cámara en la dirección del objeto que deseas capturar y presiona el botón del obturador. Luego absorbe la luz en sí misma para registrar una imagen que se revelará más tarde.

El cuerpo etérico existe dentro del reino etérico, que actúa como el puente liminal entre las energías físicas y espirituales sutiles, traduciendo información de un lado a otro. El cuerpo etérico, sin embargo, no sólo es dependiente o está interconectado con el cuerpo material. En casos raros en los que un espíritu toma una forma completamente visible ante tus ojos, manifiesta un cuerpo etérico para interactuar con el reino físico de manera más concreta y es lo más cercano que puede llegar al físico sin el caparazón de materia física. Del mismo modo, es el vehículo energético que podemos fabricar nosotros mismos para retener todos los demás ingredientes energéticos en el Universo al lanzar un hechizo.

Por esta razón, me gusta pensar en lo etérico como vinculado a la idea de espacio sagrado. Cuando lanzamos un hechizo como brujos, lo primero que hacemos es crear un espacio sagrado para trabajar en su interior. Un viejo truco metafísico para recibir la manifestación es despejar el espacio físico dentro de tu vida para que la manifestación se ancle en la realidad física. Si todos los objetos físicos tienen un campo etérico, sólo tendría sentido que al despejar el exceso de desorden físico estemos permitiendo un espacio para que se desarrolle una nueva manifestación etérica, ya que de este modo hay menos campos etéricos en el camino. Por ejemplo, si tratas de manifestar un trabajo, deberás crear el espacio en tu agenda para que se cumpla. O en mi caso, en el proceso de manifestar este libro he despejado un espacio en mi agenda para poder crear este libro escribiéndolo.

## Cuerpo astral

La segunda capa del aura se llama cuerpo astral. El cuerpo astral aún conserva una forma aproximada del cuerpo físico, siendo la siguiente capa del cuerpo etérico, que contiene la matriz energética de la forma. El cuerpo astral por lo general se ve psíquicamente como colores arremolinados, pareciendo nubes nebulosas de luz. Sin embargo, al estar al lado del cuerpo emocional, también puede cambiar de forma y tiene la capacidad única de crear un doble astral de sí mismo, o porciones de sí mismo, y separarse del resto de los cuerpos energéticos.

El cuerpo astral también se conoce como la «búsqueda». A veces, la búsqueda puede referirse ampliamente al Yo Inferior. Otras veces, el término puede aplicarse a un espíritu servidor artificial que uno ha creado para cumplir sus órdenes, establecido a partir de su propio campo de energía. En ocasiones, la búsqueda puede referirse al recipiente que toma el Yo Inferior cuando cambia de forma a un animal mientras viaja a otros reinos, particularmente en viajes extáticos y experiencias extracorporales. El cuerpo astral puede moverse a través de los reinos internos y externos de nuestra realidad y es el puente entre los reinos físico y espiritual sin ningún concepto concreto de tiempo y espacio.

El cuerpo astral está profundamente conectado a la energía emocional, ya que está al lado del cuerpo emocional. Sin embargo, éstas son emociones que no son necesariamente lógicas o basadas en pensamientos, sino más bien fundamentadas en un mecanismo de seguridad inconsciente de lucha o huida. Piensa en los sentimientos de un niño muy pequeño o de un animal pequeño y te acercará a la idea. Es también el propio cuerpo que está relacionado con los deseos, las necesidades, los anhelos y los impulsos. Por lo tanto, también está asociado a la fuerza de voluntad. El cuerpo astral es la parte de nosotros que sueña, y el paisaje onírico y el plano astral de la realidad son bastante difíciles de distinguir, si es que hay algo que los distinga. Cuando soñamos, actuamos e interactuamos con nuestros deseos, necesidades, anhelos, impulsos, tensiones y miedos. Son nuestra fuerza de voluntad y nuestras emociones inconscientes las que están preparando el escenario y nos impulsan a través del paisaje onírico, a menos que seamos soñadores conscientes y lúcidos dentro del sueño. Es esta parte del cuerpo energético la que comprende y experimenta los arquetipos, los recuerdos y los símbolos de los sueños.

El cuerpo astral es maleable y muchas veces, sin canalizar la fuerza de voluntad directa, es inestable. Por eso en los sueños suele ser difícil ver las propias manos o pies o el reflejo durante largos períodos de tiempo, si es que se perciben. Cuando lo astral se proyecta fuera del cuerpo, se crea un duplicado. Piensa en ese duplicado como en un traje de astronauta. Durante una experiencia de proyección astral fuera del cuerpo, la conciencia mental se divide en dos partes, una es el cuerpo astral alrededor de una persona y la otra es el doble astral. Esto dura unos momentos hasta que, por lo general, la conciencia mental se conecta con el doble como enfoque principal.

Una experiencia típica cuando uno está a punto de proyectarse en lo astral, pero algo se tuerce, es que la conciencia mental de la persona en su cuerpo astral conectado al físico se despierte mientras el cuerpo está dormido y no se vincule a este doble astral. Es como si en lugar de elegir el doble como foco principal, decidiera permanecer con la persona. Este fenómeno se llama «parálisis del sueño», ya que el cuerpo físico está completamente paralizado, como sucede cada vez que dormimos, de modo que no representamos físicamente nuestros sueños.

Algo que se informa comúnmente sobre la parálisis del sueño es que por lo general hay una figura oscura en la habitación. A veces, esto se indica como una bruja, un monstruo, un extraterrestre o una entidad demoníaca. Mi creencia personal es que no es ninguna de estas cosas, sino que es el doble astral en el que normalmente entraríamos en un proyecto astral. Como el cuerpo astral está conectado a emociones, deseos y temores primarios, su forma es inestable. Cuando uno se despierta y encuentra su cuerpo paralizado y ve una figura oscura en la habitación, asustarse y entrar en pánico es sólo una reacción normal. Dado que el cuerpo astral que rodea al cuerpo físico y el doble del cuerpo astral están intrincadamente vinculados, siendo el mismo cuerpo energético dividido en dos, nuestro doble astral automáticamente asume nuestros miedos y pánicos y adquiere una forma espantosa.

Si alguna vez te encuentras en esta situación de parálisis del sueño, he descubierto que mantener la calma es lo mejor que puedes hacer. Cuanto más te asustes y te resistas, más aterradora será la experiencia. En este estado tienes dos opciones: puedes volver a entrar en tus sueños o puedes despertarte. Si deseas volver a entrar en tus sueños, trata de mantener la calma y cierra los ojos mientras te concentras en los dibujos de remolino detrás de tus párpados; esto normalmente te será útil. Sin embargo, si deseas despertar, el método preferido para hacerlo es dirigir tu fuerza de voluntad hacia los dedos de los pies y tratar de usar toda esa fuerza de voluntad para moverlos conscientemente, rompiendo la parálisis del sueño. Un método más natural es arrugar la cara como si hubieras olido algo podrido. La clave es que te concentres en una pequeña parte de tu cuerpo físico y no en el cuerpo entero. Otro método para despertar es intentar toser, que es una acción que la mente permite que el cuerpo físico realice mientras sueñas, lo que te dará un momento para recuperar el control de tu cuerpo.

Creo que es la parte del cuerpo astral del alma que se fragmenta a través de traumas y se queda en diferentes lugares dentro del tiempo y el espacio. Son estos fragmentos astrales los que se recuperan en un proceso denominado «recuperación del alma», en el que un practicante de magia atrae aspectos de sí mismo para reintegrarlos a la plenitud. Teniendo en cuenta que el cuerpo astral es parte del Yo Inferior, piensa en él como en un animal asustado o herido o en un niño que huye para evitar más dolor y abuso. Son partes de nosotros mismos que se esconden por miedo debido a un evento traumático. Al igual que un animal o un niño asustado, la bruja que realiza una recuperación del alma debe ganarse estos aspectos fragmentados de la confianza del yo y demostrar que es seguro regresar.

El reino astral es con el que experimentamos y procesamos la información de una manera más amplia e inconsciente, trascendiendo el pensamiento consciente. Se cree que esta capa de realidad es aquella en la que experimentamos influencias astrológicas, que afectan a nuestros estados de ánimo e interacciones sin ser procesadas conscientemente. Se creía que el reino astral estaba compuesto por diferentes energías de influencias planetarias y zodiacales que ejercían su voluntad sobre las personas, y que lo astral era el espacio entre el reino superior de los dioses y los humanos. Estas influencias estelares fueron llamadas «esferas celestes» por los antiguos platónicos. Por eso se le llama «astral», que deriva del latín *astrum*, que significa «estrella», ya que se refiere a la influencia celestial de la astrología. Como tal, también es donde experimentamos otros espacios de la realidad como lugares para interactuar.

Cuando se trata de la manifestación en el trabajo de hechizos, esta capa de realidad está conectada a la fuerza de voluntad primordial. Lo que quiero decir con esto es que es la capa en la que perfeccionamos nuestros deseos específicos para el trabajo del hechizo. Estos deseos primarios se clasifican como poderes planetarios. Por ejemplo, si quieres lanzar un hechizo de amor, te conectarás con la energía de Venus, el poder planetario que gobierna el amor. Entonces, en esta etapa, principalmente se elige con qué energía planetaria está alineada tu voluntad para el resultado de tu objetivo y para que vibre en armonía con esa energía planetaria. Cuando se trata de recibir nuestra manifestación, mantenemos ese deseo de fuerza de voluntad primordial y seguimos vibrando de acuerdo con esa energía planetaria. Así, con la capa etérica, hemos creado un espacio y un contenedor para la energía del trabajo del hechizo, y con la capa astral le damos la carga de nuestra voluntad planetaria y comenzamos a separarla de nuestros campos de energía para que pueda irse hacia el Universo para su manifestación.

## Cuerpo emocional

La tercera capa del aura es el cuerpo emocional. El cuerpo emocional es donde los cuerpos de energía comienzan a perder su forma, alejándose más del cuerpo etérico de la forma, pero lo suficientemente cerca para mantener un poco de forma. Se parece mucho al cuerpo astral, y son remolinos de colores y luz como nubes dentro del aura. El cuerpo emocional es el puente entre el cuerpo mental y el cuerpo astral. También es el puente entre el Yo Inferior y el Yo Medio. Como tal, el cuerpo emocional puede transmitir la información con respecto a las energías sutiles e influencias que el cuerpo astral detecta y expresarlas como sentimientos de intuición a través de sensaciones físicas y sensaciones emocionales que el cuerpo mental puede luego traducir y comprender.

Por otro lado, muchas de nuestras emociones se ven afectadas por nuestros pensamientos. El cuerpo emocional procesa esto y lo traduce al cuerpo astral. El cuerpo emocional cambia a medida que atravesamos diversas emociones a lo largo del día. Las emociones que sentimos continuamente sin cambiarlas a otro estado, como la depresión, se imprimen en el cuerpo astral y se arraigan más profundamente. En el caso del trauma, una experiencia mental procesada a través del cuerpo emocional se envía al cuerpo astral, que puede romperla y desmembrarla.

El cuerpo emocional se puede entrenar y trabajar a través del cuerpo mental. Podemos aprender a utilizar nuestros pensamientos para condicionar nuestros sentimientos, como en el caso de las afirmaciones. También podemos crear estados de dolor y sufrimiento emocional a través de pensamientos negativos repetidos, miedos al futuro y arrepentimientos del pasado. Al ser parte del alma del Yo Medio, el cuerpo emocional comprende el tiempo y el espacio y puede experimentar y reflejar esas percepciones. Al limpiar nuestros cuerpos emocionales del Yo Medio con regularidad, podemos lavar nuestro cuerpo astral del Yo Inferior.

En la Tradición de la Brujería Feérica, los practicantes realizan un ritual de limpieza llamado «Kala», que se origina en la tradición espiritual llamada «Huna». Durante el Kala se utiliza agua (que tiene resonancia con el cuerpo astral) como elemento recíproco de la energía emocional que queremos limpiar. Los sentimientos que se consideran de naturaleza más negativa, como la ira, la vergüenza, el arrepentimiento o el dolor, se transfieren al agua y se invoca lo divino para purificar y transmutar como curación. Luego, el brujo bebe el agua como remedio para las heridas más profundas a las que se aferra el Yo Inferior del cuerpo astral, para sanar y relajar las emociones estancadas que afectan la forma en que interactuamos, sentimos y pensamos.

El cuerpo emocional también es aquel con el que nos conectamos con los demás a través de las relaciones y cómo nos sentimos con los demás. Éste es el aspecto de la encarnación de la araña del Yo Medio que nos conecta a través de hilos emocionales llamados hilos «*aka*» en Huna. Estos hilos conectan a dos o más personas a través del cuerpo emocional. También es el cuerpo energético que contiene cuerdas y ganchos energéticos en relaciones más tóxicas. Ésta es la parte del yo de la que los vampiros emocionales drenan energía, creando un cordón con el cuerpo emocional y el cuerpo mental y manipulando los dos para ganar su sustento. A veces, el vampirismo emocional es inconsciente y, en algunos casos raros, consciente.

Cuando se trata de la manifestación en el trabajo de hechizos, esta capa de realidad está conectada a cómo nos sentimos emocionalmente. En primer lugar, es cómo queremos sentir nuestra manifestación deseada a nivel emocional cuando la recibimos. En estos términos, dividimos las emociones en dos aspectos principales: positivo y negativo. Si bien esto puede parecer una simplificación excesiva del espectro de emociones que se pueden sentir, es básicamente en lo que se centra este proceso de trabajo de hechizos. Por ejemplo, si estamos lanzando un hechizo para encontrar un nuevo trabajo, querremos sentirnos positivos sobre el hechizo y no sentirnos dudosos, tristes o preocupados.

Entonces, energéticamente hemos creado un contenedor para la energía, nos hemos alineado con nuestra fuerza de voluntad al conectarnos a un poder planetario y lo hemos separado de nuestro campo energético, y ahora estamos diciendo el hechizo si queremos que la manifestación promulgue ese poder planetario, positiva o negativamente. La mayoría de las veces, a menos que estés trabajando con un hechizo vinculante, querrás cargarlo para que sea positivo para recibir resultados beneficiosos. Al recibir la manifestación, queremos ponernos en el estado de emoción que creemos que sentiremos cuando suceda. Por ejemplo, si estás buscando un trabajo, querrás sentirte emocionado, feliz, agradecido y aliviado tal como imaginas que estarás cuando lo hayas obtenido.

## Cuerpo mental

La cuarta capa del aura es el cuerpo mental. El cuerpo mental pierde su forma y aparece como una forma ovalada alrededor de una persona. No se percibe como colores en movimiento, sino más bien como una luz tenue, generalmente con un tono dorado o amarillo claro. Las figuras y las formas geométricas se crean dentro de la luz del cuerpo mental a medida que la mente tiene pensamientos diferentes. A través de una manera prolongada de pensar, estas figuras y formas geométricas pueden cristalizar dentro del cuerpo mental como «formas de pensamiento» dentro del campo áurico. Como tal, estos pensamientos pueden ayudarnos o entorpecernos.

A través del cuerpo mental, podemos expresarnos a nosotros mismos y a nuestras identidades únicas. Es el hablante y el oyente. Es la parte de nosotros mismos que tiene creencias, ideas, sueños para nosotros y para el futuro, posturas éticas y afiliaciones a grupos. El cuerpo mental es la parte de nosotros mismos con la que nos identificamos y entendemos más estrechamente y es la parte más identificada con el alma del Yo Medio. De hecho, es esa voz en este momento dentro de tu cabeza la que narra este texto que estás leyendo y crea imágenes basadas en eso. Se entiende a sí mismo como un individuo entre los demás y tiene un concepto de sí mismo a través del ego. Es el verdadero puente entre el Yo Superior y el Yo Inferior. Puede traducir los impulsos emocionales enviados desde el cuerpo astral como intuiciones, y puede traducir los pulsos divinos transmitidos a través del cuerpo psíquico para que sean comprendidos por la mente consciente. Comprende a fondo el concepto de tiempo y espacio y puede recordar el pasado, planificar el futuro, procesar información mediante el lenguaje y mantener pensamientos y filosofías abstractas.

El cuerpo mental como araña conecta diferentes ideas y pensamientos para obtener una imagen más amplia. También puede centrarse en los detalles. Además conecta a las personas a través de palabras y pensamientos, transmitiendo no sólo información sobre la realidad física a otra persona, sino también la inteligencia emocional del Yo Inferior, así como las ideas y filosofías abstractas del Yo Superior. Es esta parte de nuestro cuerpo energético la que puede manipular y mover cosas a través de las diferentes partes del Árbol del Mundo y lo que une a las tres almas de una persona. El cuerpo mental puede programar y curar nuestras emociones y así manipular el cuerpo astral y el Yo Inferior. También puede dirigir mentalmente meditaciones, visiones y trabajos de viaje para aprovechar los cuerpos psíquico y divino.

El término con el que los teósofos llamaron al cuerpo mental era «cuerpo causal». «Causal» literalmente significa que implica causalidad. La causalidad es el acto o agente que produce un efecto. Señala la idea de que el cuerpo mental puede expresar, indicar y crear una causa y, a su vez, devolver el efecto a la vida. El cuerpo mental es visto como el velo de la ilusión, que nos separa de los cuerpos áuricos del Yo Superior que comprenden su interconexión y unidad con todas las cosas. También fue visto como la sede del alma, el lugar donde nuestro enfoque consciente se encuentra predominantemente y está conectado a las facultades y procesos físico-mentales del cerebro. Por esta razón, tanto el lóbulo frontal, que controla el razonamiento, el autocontrol y la toma de decisiones (que yo identificaría con el cuerpo mental) como la glándula pineal que está en nuestro cerebro (que identifico con el cuerpo psíquico y que recibe información psíquica y divina) han sido históricamente referidas como la sede del alma.

Cuando se trata de la manifestación en el trabajo de hechizos, esta capa de la realidad es donde damos instrucciones y especificamos con claridad lo que queremos. Así es como le decimos al hechizo lo que queremos que haga. Entonces, si hemos creado un contenedor energético para nuestra energía, lo hemos cargado con nuestro deseo de poder planetario, lo hemos separado de nuestro propio campo y le hemos dado una carga positiva o negativa, el nivel mental es aquel en el que programamos toda esta energía bruta para crear instrucciones. Hacemos esto especificando explícitamente lo que queremos manifestar a través de palabras escritas y habladas elegidas cuidadosamente.

Por ejemplo, si buscamos manifestar dinero en nuestras vidas, no sólo pretendemos «tener dinero». Recuerda, la intención no lo es todo, y aquí es donde convertimos la intención en un comando directo de la fuerza de voluntad. Si lanzamos un hechizo para recibir dinero, es posible que encontremos cinco dólares en el bolsillo de unos pantalones viejos. Puede que eso no sea lo que realmente deseábamos o necesitábamos. Sin embargo, a través del lenguaje y del pensamiento podríamos aclarar: «Deseo tener suficiente dinero para pagar el alquiler y las facturas y que aún me queden 1200 euros».

Al recibir la manifestación, sabemos que el hechizo ha funcionado y que nuestro deseo se manifestará para cumplir con nuestras demandas. Mantenemos nuestro pensamiento positivo y no dudamos del funcionamiento, sino que conservamos un estado mental de fe y conocimiento.

## Cuerpo psíquico

La quinta capa del aura es el cuerpo psíquico. El cuerpo psíquico tiene una forma ovalada alrededor de la persona y generalmente se percibe como un fondo índigo profundo, similar al cielo nocturno. Este campo se considera como un espejo que refleja información del cuerpo divino. Estos bits de información se ven psíquicamente como corrientes de luz prismática que fluyen a través de esta parte del aura contra el cielo nocturno actuando como un espejo de la voluntad del cuerpo divino. La idea de que la luz es información es un concepto casi universal a lo largo de todos los tiempos entre los místicos de todo el mundo.

Desde el cuerpo psíquico, el cuerpo mental puede tomar esas «descargas» recibidas y procesarlas. Piensa en ello como el cuerpo divino que tiene la información que desea enviar al cuerpo mental. El cuerpo psíquico es donde esa información se comprime como un archivo zip en un paquete de información que está disponible para ser descargado por el cuerpo mental, que a su vez descomprime el zip para procesar todos los archivos individuales. Pero el cuerpo psíquico no sólo transmite información en una dirección. A través de la visualización, el trabajo de hechizos y la oración, también carga información.

La función del cuerpo psíquico y contraparte física es la glándula pineal. ¿Recuerdas que antes, cuando hablé de los estados de ondas cerebrales, dije que Laurie Cabot cree que la información psíquica es luz invisible y que la glándula pineal recibe esa información y la interpreta? Ésta es la luz que recibe, esas corrientes de luz que fluyen del cuerpo divino al cuerpo psíquico. La glándula pineal recibe la información y el resto del cerebro la procesa. Una vez procesada, la información pasa al cuerpo mental de percepción y comprensión.

El cuerpo psíquico no diferencia entre el yo y el otro como lo hacen los cuerpos mental y emocional. Es la primera parte de nosotros mismos que está conectada a un sentido de unificación con el tejido de la existencia, siendo la primera capa que compone el alma del Yo Superior. Como tal, puede recibir información sobre potencialmente cualquier cosa que uno pueda desear. Sin embargo, dado que tiene menos percepción de los límites, así como del tiempo y el espacio, no siempre transmite información en esos términos concretos, lo que hace que la mente racional tenga que reconstruir la información de una manera lineal lo mejor que pueda.

La palabra «psíquico» proviene de la palabra griega *psukhikos*, que significa «relativo al alma, al espíritu y a la mente». Esto nos da una pista sobre la función de este cuerpo energético. Es donde el espíritu o el alma del Yo Superior o el cuerpo divino interactúa con el cuerpo mental. El nombre teosófico de este cuerpo energético es «cuerpo búdico». Esto nos da aún más información sobre la naturaleza de este cuerpo energético. La palabra «búdico» lleva el nombre de Buda y se relaciona con la idea de estados superiores de sabiduría y amor universal en un estado de unidad y desapego del ego del cuerpo mental y del Yo Medio.

Cuando se trata de la manifestación en el trabajo de hechizos, esta capa de realidad es aquella en la que visualizamos lo que queremos con claridad en un estado alterado de conciencia. Lo vemos en nuestro Ojo de Bruja y obtenemos una imagen de los posibles resultados del hechizo. Entonces, si hemos creado un contenedor energético para nuestra energía, lo hemos cargado con nuestro deseo de poder planetario y lo hemos separado de nuestro propio campo, le hemos dado una carga positiva o negativa y lo hemos programado con instrucciones, aquí es donde visualizamos cómo esa manifestación puede elevar nuestra conciencia y vibración para elevarla al cuerpo divino.

### Cuerpo divino

La sexta y última capa del aura es el cuerpo divino. El cuerpo divino se percibe psíquicamente como luz pura que rodea a una persona y emana alrededor de su cuerpo. Esta luz emite desde la estrella del alma del Yo Superior. En algunas tradiciones feéricas, el Yo Superior se representa como una paloma que desciende y evoca imágenes del Espíritu Santo. Si miras las representaciones de la paloma del Espíritu Santo descendiendo sobre una persona o un lugar, verás que la luz emana de ella y envuelve a la persona. Ésta es la representación perfecta del cuerpo divino, la radiación del alma del Yo Superior.

El cuerpo divino también se conoce como «Plantilla Kethérica». La palabra «Kethérica» se refiere a Kether, un término cabalístico utilizado por los magos ceremoniales en su mapa de conciencia, divinidad y realidad llamado Árbol de la Vida. Kether significa «corona» en hebreo y se refiere a la más alta manifestación de conciencia que la humanidad puede comprender intelectualmente. Es el brillo puro de lo Divino, así como nuestra conexión con la divinidad. El cuerpo divino contiene la plantilla divina de nuestra Voluntad Verdadera, tanto si elegimos cumplirla o no durante nuestra vida, así como nuestros acuerdos y contratos del alma que hacemos antes de la encarnación. El cuerpo divino contiene la Sabiduría Divina y tiene la plantilla para el camino de nuestra vida. En muchos sentidos, es nuestro yo divino individual y personal el que guía nuestro camino, sin haber estado nunca separado de la Fuente misma.

El cuerpo divino también se conoce como «cuerpo átmico». «Átmico» se relaciona con la palabra sánscrita «*Ātmán*», que significa «alma, uno mismo, esencia, aliento». Es una gran pista sobre la naturaleza de este cuerpo energético y su función. El concepto de Atman en el Bhagavad Gita es simultáneamente la esencia del alma verdadera más íntima de uno, así como una fuerza omnipresente que es eterna y nunca se ha encarnado. Esto se relaciona con la idea del Nacido en la tradición oculta de Thelema. El No Nacido es el aspecto del Yo Superior que no se ha encarnado ni ha abandonado la Fuente. En nuestro modelo, la paloma/búho sería el No Nacido, y los rayos emitidos serían nuestro cuerpo divino, que es nuestra conexión con el Yo Superior.

Este concepto puede ser resumido por el fundador de la Tradición de la Brujería Feérica, Victor Anderson, quien declaró: «Dios es el yo, el yo es Dios, y Dios es una persona como yo».[2] Asimismo, el profeta de Thelema, Aleister Crowley, escribió en su libro *Gnostic Mass Ritual*: «¡No hay parte de mí que no sea de los dioses!».[3] O quizá se resume

---

2.   Coyle, T. Thorn: *Evolutionary Witchcraft*, Tarcher/Penguin, New York, NY, 2004, 43.

3.   Milo DuQuette, Lon: *The Magick of Aleister Crowley: A Handbook of the Rituals of Thelema*, Weiser Books, York Beach, ME, 2003, 241.

mejor en *Rogue One: Una historia de Star Wars*, donde el monje *Jedi* ciego Chirrut Îmwe canta el mantra «Soy uno con la fuerza, y la fuerza está conmigo». Todas estas declaraciones muestran la conexión y la unidad de la divinidad del yo y el dios que trasciende al yo.

Cuando se trata de la manifestación en el trabajo de hechizos, esta capa de realidad es aquella que enviamos al Universo. Entonces, si hemos creado un contenedor energético para nuestra energía, lo hemos cargado con nuestro deseo, lo hemos separado de nuestro propio campo, le hemos dado una carga positiva o negativa, lo hemos programado con instrucciones, hemos visualizado el resultado y hemos elevado nuestra energía y vibración, en esta fase alineamos nuestra divinidad interior con nuestra divinidad superior o con la ayuda de dioses externos (que están interconectados con nosotros a través del Yo Superior) y entregamos nuestro deseo por completo. Si pensamos en el hechizo tradicional en el que uno está dirigiendo y apuntando el Cono de Poder que se ha elevado, que es el depósito giratorio de energía generada dentro de un funcionamiento mágico, este paso en el proceso de manifestación lo libera al Universo para que se cumpla. Al recibir la manifestación, nuestras posibilidades aumentan cuando honramos lo divino dentro de nosotros mismos y lo divino en todos los demás y estamos alineados con nuestra Voluntad Verdadera.

*Figura 19: Niveles multidimensionales de realidad*

# Ejercicio 73

❦

## Magia mental multidimensional

Sintonízate y realiza una alineación del alma. Crea un círculo de energía. Vibra en armonía con la energía elemental apropiada para el deseo de tu hechizo y llena tu círculo con esa energía. Vibra en armonía con la energía planetaria apropiada para el deseo de tu hechizo y llena tu círculo con esa energía. Conjura la energía emocional apropiada para el deseo de tu hechizo y llena tu círculo con esa energía. Haz una declaración mental clara del propósito del hechizo, visualizando el círculo tomando eso como una orden. Visualiza cómo se verá el hechizo cuando se manifieste y dirige esa imagen al círculo imaginándolo en una escena corta que se reproduce en su interior, como una bola de cristal en las películas antiguas. Concéntrate en el círculo de energía en tus manos y en todo lo que está programado. Exhala con fuerza visualizando que estás soplando la esfera de hechizos hacia el Universo para manifestarse.

Por ejemplo, si lanzo un hechizo psíquico rápido para enviar curación a alguien llamado Samantha que tiene gripe, comienzo sintonizando y alineando mis almas. Creo un círculo de energía en mis manos y me concentro en la energía elemental de la Tierra y permito que llene mi cuerpo para la curación física y para infundir esa energía en mi círculo. Luego me concentro en el poder planetario y en el glifo del Sol, que rige la salud, y permito que llene mi cuerpo e infunda esa energía y la imagen del glifo en el círculo. A continuación, hago una declaración mental o verbal clara como «Es mi voluntad que Samantha se cure de la gripe para el mayor bien de todos». Veo que las palabras vibran como una onda sonora y entran en el círculo. Después de eso, visualizo a Samantha en un estado de salud perfecta y visualizo esa imagen dentro de la esfera. Me tomo un momento para sentir y visualizar el fortalecimiento de la energía en mis manos, y exhalo con fuerza soplando el hechizo hacia el Universo sabiendo que se manifestará.

# Ejercicio 74

≈

## Realización de un ritual completo de hechizo de magia

Este ejercicio puede realizarse físicamente o puedes visualizarlo en el interior de tu Ojo de Bruja. De cualquier manera, el procedimiento es el mismo.

La fórmula del hechizo es la siguiente:

1. Sintonízate.

2. Alinea tus almas.

3. Realiza una limpieza energética del espacio físico.

4. Lanza el círculo.

5. Llama a los cuartos.

6. Conjura la energía elemental que estás utilizando para el hechizo.

7. Conjura la energía planetaria que estás utilizando para el hechizo.

8. Siente la emoción que quieres que tenga el hechizo.

9. Haz tu declaración de intenciones para el hechizo.

10. Realiza el hechizo o el trabajo.[4]

11. Visualiza cómo se verán los resultados.

12. Suelta los cuartos.

13. Suelta el círculo.

14. Desactiva.

---

4. Consulta el capítulo siguiente para ver ejemplos de hechizos.

Permíteme ponerte un ejemplo para ayudarte a realizar esto en casa. Digamos que estoy haciendo un hechizo para asegurarme de tener suficiente dinero para pagar todas mis facturas. Empiezo como siempre sintonizándome y alineando mi alma. Me aseguro de que el área en la que estoy realizando la magia esté físicamente limpia y ordenada antes de realizar una limpieza energética en el espacio. Lanzo el círculo y llamo a los cuartos. Luego me concentro en el elemento Tierra en busca de abundancia y me lleno de su energía y lo visualizo llenando el círculo. Después invoco el poder planetario de Júpiter en busca de riqueza, abundancia y expansión, y me lleno con su energía y la visualizo llenando el círculo. Evoco las emociones de lo aliviado y seguro que me sentiré cuando el hechizo se haya manifestado como si ya se hubiera manifestado.

Hago mi declaración de intenciones, diciendo: «Deseo tener suficiente dinero para pagar el alquiler y las facturas y que me sobren 1000 euros». Luego procedo a realizar el trabajo del hechizo. Cuando se completa el hechizo, me tomo un momento para visualizar cómo se verá, imaginando mi cuenta bancaria con esa cantidad de dinero y escribiendo cheques por esa cantidad para mi alquiler y facturas. Luego suelto los cuartos.

Tiendo a pensar en el círculo mágico como en un caldero gigante de energía, una versión mucho más grande del trabajo del círculo de energía en la que lo infundo con ingredientes y comandos energéticos. Mi círculo mágico está ahora lleno de toda la magia que he elevado dentro, así que es hora de liberarla en el Universo. Libero el círculo y, mientras lo hago, digo:

«Lanzo este círculo al Universo. Como arriba, es abajo. Como dentro, es fuera. Está hecho. ¡Que así sea!».

Mientras digo esto, visualizo toda la magia discurriendo hacia el Universo como una esfera gigante. Luego desconecto, poniendo mayor énfasis en conectarme a tierra.

# Capítulo 15

# HECHIZOS PSÍQUICOS Y TRUCOS DE MAGIA

C reo firmemente que la magia se puede utilizar en casi cualquier momento si se realiza a través de las facultades psíquicas y la fuerza de voluntad, siempre que se tenga una comprensión firme de los elementos necesarios. No siempre tenemos acceso a nuestros altares, nuestras herramientas o nuestros lugares de poder. A veces necesitamos magia en el momento inmediato. Los siguientes son algunos de los hechizos psíquicos y trucos de magia que realizo con bastante regularidad, para que tengas una idea de cómo todo en este libro se entrelaza para crear una base para mejorar tu magia a través de tu habilidad psíquica, y tu habilidad psíquica a través de tu magia, uniendo las dos.

En estos ejercicios, asumiremos que dominas los otros ejercicios y que comprendes lo que significa sintonizarte (que a estas alturas deberías lograr fácilmente mediante el uso de tu comando psíquico), lo que significa conectar e invocar a cada alma, o realizar una alineación del alma, y cómo sintonizar con un poder planetario. Si el hechizo indica que te estás sintonizando con el Yo Medio, no es necesario que hagas nada especial, ya que se considera nuestra configuración predeterminada. Si por alguna razón no comprendes los pasos preliminares, vuelve a leer y examinar a fondo esos pasos si deseas que los hechizos psíquicos funcionen con eficacia. Cada hechizo indicará qué alma o almas invocarás y con qué poder planetario sintonizarás antes de comenzar. También indico qué habilidades psíquicas se están aprovechando y utilizando en el hechizo en sí.

# Ejercicio 75

## Absorber e imprimir energía en un objeto

**Posesión del yo:** Yo Inferior.

**Poder planetario:** Venus. ♀

**Habilidad psíquica:** Claritangencia.

¿Alguna vez has deseado poder «reprimir» cierta emoción o energía? Una manera sencilla de almacenar energía es despertar tus manos y luego sostener en tu mano proyectiva un objeto que quieras usar como recipiente para esa energía, como un cristal o un amuleto, y utilizar tu mano receptiva para evocar la sensación de que hay un remolino en la palma de la mano que absorbe la energía o la emoción que deseas reprimir. Lleva esa energía a tu mano receptiva y que suba por tu brazo receptivo y baje por tu brazo proyectivo y se imprima en el objeto que está en tu mano proyectiva. Siente que el objeto recibe un aura de la energía que estás «reprimiendo». Esto es extremadamente útil cuando necesitas un impulso rápido de energía, como el amor o la autoestima, cuando te sientes deprimido.

# Ejercicio 76

## Impulsar las ofrendas

**Posesión del yo:** Alineación del alma.

**Poder planetario:** Júpiter. ♃

**Habilidad psíquica:** Clarividencia.

Ya sean ofrendas a espíritus, a antepasados, a dioses o a la Tierra, ésta es una técnica que utilizo para reforzar las ofrendas que hago para endulzarlas más a sus gustos y preferencias. Básicamente, lo que quieres hacer es imaginar que todo lo que ofreces tiene una energía similar al humo que se eleva en el aire, tanto si quemas incienso como si ofreces otro objeto como comida o agua. Todo lo que necesitas hacer para realzar la ofrenda para que sea más placentera es visualizar elevándose entre el humo elementos que el espíritu disfruta como ofrendas o que son sagrados para ellos. Por ejemplo, digamos que estoy realizando una ofrenda a Hekate. Pongo mis manos sobre la ofrenda y visualizo la energía elevándose, llevándose cosas que son sagradas para ella. Así, en el caso de esta deidad, imagino llaves maestras, azafrán, ajo y jarras de vino elevándose hacia ella con esa energía similar al humo.

Ejercicio 77

## Despejar a una multitud

**Posesión del yo:** Yo Medio.

**Poder planetario:** Marte. ♂

**Habilidad psíquica:** Clarividencia.

¿Alguna vez has querido limpiar un espacio pero no quieres ser grosero? ¿Quizá tus invitados se quedan un poco más de lo que deseas o hay personas no deseadas en tu entorno? Éste es mi truco secreto. Lo bueno que tiene es que no necesitas nunca ser grosero o mostrar que no quieres a las personas que te rodean, y nadie sabrá lo que estás haciendo dentro de tu cabeza.

Una vez le mostré esto a un compañero de trabajo para enseñarle lo efectivo que es. Fue durante octubre en Salem. La tienda de brujería en la que estaba leyendo estaba a punto de cerrar porque ya casi era medianoche, cuando de repente unas quince personas muy intoxicadas entraron y comenzaron a dispersarse burlándose de todo lo que había en la tienda sin intención de comprar nada. Le dije a mi compañero de trabajo que me acompañara a la parte trasera de la tienda. Le pregunté si había visto *Laberinto* de Jim Henson y si recordaba la escena en la que Sarah y Hoggle corren por un túnel tratando de escapar de una horrible perforadora que ocupa todo el espacio del túnel. Él asintió con la cabeza y me preguntó que a dónde quería ir a parar con aquello.

Presumiendo un poco, sonreí y le dije que observara. Me sintonicé con Marte y procedí a visualizar la perforadora yendo desde donde estábamos en la parte trasera de la tienda hasta la entrada. Mientras lo hacía, los visitantes borrachos comenzaron a retroceder de golpe hasta que salieron por la puerta.

Si no has visto *Laberinto* (lo cual es una pena), otra buena visualización sería *Star Wars: Una nueva esperanza*, cuando están en el compactador de basura y las paredes avanzan desde ambos lados para aplastar a los personajes. Sin embargo, en lugar de visualizar las paredes entrando por ambos extremos de una habitación, imagínate una que viene desde la parte de atrás haciendo que la habitación sea cada vez más pequeña y empujando a las personas hacia fuera.

Ejercicio 78

## Comunicar con claridad

**Posesión del yo:** Yo Medio.

**Poder planetario:** Mercurio. ☿

**Habilidad psíquica:** Clarigusto.

Hablar con claridad a veces puede ser difícil, especialmente si compartimos algo con mucha carga emocional, hablamos frente a multitudes, nos entrevistan para un trabajo o somos un poco tímidos. Todo lo que necesitas hacer después de sintonizarte con Mercurio es evocar el sabor de la miel tibia y suave en tu boca mientras hablas. Es posible que incluso desees solidificar el recuerdo del sabor para evocarlo probando un poco de miel caliente antes de salir a hablar.

Ejercicio 79

## El sombrero del pensamiento creativo

**Posesión del yo:** Alineación del alma.

**Poder planetario:** Mercurio. ☿

**Habilidad psíquica:** Clarividencia.

Este ejercicio es particularmente útil cuando se intercambian ideas y se tienen epifanías y revelaciones de naturaleza creativa. Después de realizar la alineación de tu alma y sintonizarte con Mercurio, siéntate y cierra los ojos. Imagina que te has puesto un sombrero. A algunos les gusta imaginarse un sombrero *steampunk* con engranajes y demás, mientras que otros optan por un sombrero de aspecto más *ciberpunk* que se acerca más a un ordenador de ciencia ficción, y a otros simplemente les gusta imaginarse un simple sombrero de copa. Independientemente del que elijas, asegúrate de que la visión evoque la sensación de impulsar tus procesos mentales. Visualiza en la parte superior de tu sombrero una bombilla encendida que atrae nuevas ideas. Dedica un poco de tiempo a la meditación contemplativa con un enfoque en la lluvia de ideas que estás generando, sabiendo que te llegan nuevas ideas creativas.

Ejercicio 80

## Atraer algo hacia ti

**Posesión del yo:** Yo Inferior.

**Poder planetario:** Venus. ♀

**Habilidad psíquica:** Clarividencia.

Este ejercicio puede ayudar a impulsar cualquier tipo de hechizo que hayas lanzado o trabajo de manifestación que realices mientras estás fuera de casa, y es mejor realizarlo al comienzo del día, todos los días hasta que hayas logrado tu manifestación. Visualiza un símbolo para representar tu objetivo. Digamos que tratas de manifestar una nueva casa. Sintonízate con tu Yo Inferior, sintonízate con Venus e imagina que tienes un arpón plateado. Observa el símbolo en la distancia y dispara tu arpón, visualizando un cordón plateado entre tú y él y viendo cómo tu objetivo se acerca lentamente hacia ti.

## Ejercicio 81

### Atraer a los demás

**Posesión del yo:** Yo Inferior.

**Poder planetario:** Venus. ♀

**Habilidad psíquica:** Clariaudiencia.

Es perfecto si estás buscando una cita o simplemente quieres que la gente se sienta cómoda contigo en general. Después de sintonizarte con tu Yo Inferior y sintonizarte con Venus, simplemente evoca el sonido de un gato ronroneando extremadamente fuerte. Escucha ese ronroneo que rodea y envuelve toda tu aura y siente esa energía de relajación y disfrute asociada al ronroneo de un gato. Descubrirás rápidamente cuántas personas se sienten atraídas por ti, ya sea románticamente o no.

## Ejercicio 82

### Mejorar los hechizos de velas

**Posesión del yo:** Alineación del alma.

**Poder planetario:** Venus. ♀

**Habilidad psíquica:** Clarividencia.

He aquí una manera sencilla de mejorar las velas que utilizas en los hechizos. Todo lo que necesitas hacer después de alinear tus almas y sintonizarte con Venus es mirar la vela con la que está trabajando y agregar una visualización a la vela en sí. Por ejemplo, si realizas un hechizo de amor, imagina hermosas rosas saliendo de la vela y floreciendo. Si realizas una curación, es posible que desees visualizar un aura de curación y un halo a su alrededor. Si el hechizo que lanzas es por dinero, imagina monedas de oro saliendo de la vela. Las posibilidades son infinitas, pero esta simple adición de clarividencia a la magia con velas realmente fortalece el hechizo que estás realizando.

## Ejercicio 83

## Encontrar objetos perdidos

**Posesión del yo:** Yo Medio.

**Poder planetario:** Venus. ♀

**Habilidad psíquica:** Clarividencia.

Éste es un hechizo que uso a menudo, ya que siempre estoy perdiendo cosas. Si te estás volviendo loco tratando de encontrar algo que has perdido, simplemente respira hondo y relájate. Sintonízate con Venus y mantén una imagen del objeto en tu Ojo de Bruja. En tu mente, llámalo:

«[Nombre del objeto perdido], por ti anhelo.
Sin dudarlo, ahora vuelve».

Visualiza el objeto brillando, elevándose y flotando hacia ti. Es posible que también desees prestar atención al escenario donde está el objeto cuando comienza a brillar y elevarse en tu Ojo de bruja. A menudo, esto puede ser una pista de dónde está el artículo, si no de la ubicación exacta. Si no puedes encontrar el artículo durante los diez minutos posteriores a la búsqueda, simplemente repite el proceso hasta que lo encuentres. La clave de esto es asegurarse de estar relajado y no estresado por perder el artículo. El estrés bloquea la percepción psíquica.

## Ejercicio 84

## Bendición de la buena suerte

**Posesión del yo:** Yo Medio.

**Poder planetario:** Júpiter. ♃

**Habilidad psíquica:** Clarividencia.

¿Necesitas un impulso extra de suerte? Prueba esto la próxima vez que visites un casino o compres lotería. Podría decirse que no hay más símbolo asociado con la buena suerte que el trébol de cuatro hojas, que se dice que atrae la buena suerte a su dueño. Sintonízate con Júpiter (que gobierna la suerte) e imagina un trébol mágico de cuatro hojas con un aura de arcoíris. Imagina el trébol de cuatro hojas girando a tu alrededor dejando un rastro de arcoíris que realza tu aura con buena suerte. Declara mental o verbalmente:

«Arriba y abajo y alrededor. La buena suerte
me llega como un trébol de cuatro hojas».

Ejercicio 85

## Receptividad psíquica aumentada

**Posesión del yo:** Yo Superior.

**Poder planetario:** Luna.

**Habilidad psíquica:** Clarividencia.

Este ejercicio es útil si deseas profundizar en tu sesión psíquica con resultados más claros. Y es particularmente útil si estás realizando una mediumnidad o cualquier tipo de canalización. Invoca a tu Yo Superior y sintonízate con las energías planetarias de la Luna. Imagina que tu mente es un lago cristalino, completamente prístino y quieto. Mira la Luna llena sobre tu cabeza en tu Ojo de Bruja y visualiza su luz y reflejo apareciendo sobre el lago cristalino de tu mente, sabiendo que tu receptividad psíquica y claridad están mejorando.

Ejercicio 86

## Capa de invisibilidad

**Posesión del yo:** Yo Inferior.

**Poder planetario:** Luna.

**Habilidad psíquica:** Clarividencia.

Esto no hará que desaparezcas literalmente ante los ojos de alguien, sino que te hará menos visible. Piensa en ello más como en un camuflaje o en un deflector. Es ideal para cuando estás entre una multitud y no quieres que se fijen en ti. Originalmente aprendí algo similar de un amigo cuando visitábamos un cementerio por la noche cerca de una zona residencial y no queríamos llamar la atención. Todo lo que necesitas hacer para este ejercicio, después de sintonizarte con la Luna y el Yo Inferior, es imaginar que llevas puesta una capa gris compuesta de niebla. Mantén en tu mente la capa gris de niebla que te cubre de pies a cabeza. Mantén en tu Ojo de Bruja la capa que refracta toda la luz y el color a tu alrededor y que hace que te mezcles con tu entorno.

Ejercicio 87

## Detector de mentiras

**Posesión del yo:** Yo Inferior.

**Poder planetario:** Júpiter. ♃

**Habilidad psíquica:** Clarividencia y claritangencia.

Este ejercicio requerirá que realices algunos experimentos con otra persona para ajustar tu detector, ya sea cara a cara o a través de un chat o por teléfono. Lo que vas a hacer es imaginar que la persona tiene sus dedos en un detector de mentiras y establecer tu intención de sentir una sensación corporal cada vez que mienta. Por lo general, yo siento un ligero zumbido u hormigueo cuando hago esto, pero es posible que experimentes algo un poco diferente. Haz que la persona te diga diez cosas, la mitad de las cuales sean falsas. Asegúrate de que las respuestas no sean demasiado obvias.

Después de cada afirmación, predice si es verdadera o falsa y pídele que te lo confirme antes de pasar a la siguiente afirmación. Independientemente de cuál ha sido tu predicción, evoca la sensación programada del zumbido u hormigueo de una mentira en tu cuerpo cada vez que dice que es una mentira. Así es como ajustarás tu detector de mentiras. Repite el ejercicio y comenzarás a notar que puedes detectar cuándo alguien te está mintiendo siempre que mantengas tu indicación psíquica, te conectes con tu Yo Inferior y visualices sus dedos conectados a la máquina del polígrafo.

Ejercicio 88

∽

## Multiplicador magnético de dinero

**Posesión del yo:** Yo Medio.

**Poder planetario:** Júpiter. ♃

**Habilidad psíquica:** Clarividencia.

Para este ejercicio, necesitarás un billete de cinco euros. Un jueves durante la luna creciente, sintonízate y sintonízate con Júpiter. Sostén el billete en tu mano e imagina que se vuelve magnético. Dibuja el glifo de Júpiter en algún lugar del billete. Sostén el billete en las manos y visualiza el dinero en todas las formas que puedas imaginarte. Euros en todas sus formas, monedas, cheques, oro, joyas, números cada vez mayores de cuentas bancarias o cualquier cosa que se te ocurra relacionada con el dinero. Ahora dobla el billete y colócalo en algún lugar de tu billetera o bolso donde no lo toques, cerca pero separado del resto de tu dinero.

En tu Ojo de Bruja, visualiza cada euro de tu billetera siendo cargado por el euro magnético multiplicador de dinero. Sabes que cada cantidad de dinero que gastes te será devuelta aumentada. No te sugiero gastar todo tu dinero en algo frívolo, más bien asegurarte de que gastas parte de tu dinero en cosas que te gustan y que te dan placer y no únicamente en facturas, alquileres o hipotecas. Si sientes que los efectos mágicos del multiplicador magnético de dinero se están debilitando, saca el billete y vuelve a realizar el trabajo otro jueves durante la luna creciente y dibuja otro glifo de Júpiter en el billete. Para que funcione, es importante mantener el mismo billete, independientemente de cuántos glifos de Júpiter tenga.

# Ejercicio 89

## Sustituciones psíquicas por materia

**Posesión del yo:** Alineación del alma.

**Poder planetario:** Sol. ⊙

**Habilidad psíquica:** Todas.

A veces simplemente no tenemos un ingrediente que necesitamos para un hechizo. ¡No te preocupes! Siempre puedes convocar al espíritu de la materia que te falta. Para esto, sintonízate con el Sol independientemente de la correspondencia que tenga el elemento que te falta. Cuanto más familiarizado estés con el elemento que te falta, mejor, y si el elemento es una planta, asegúrate de conocer su nombre científico.

Por ejemplo, digamos que estoy creando una mezcla de hierbas que requiere varios ingredientes, pero me falta menta, cuyo nombre científico es *Mentha spicata*. Lo que haría es sintonizarme y realizar una alineación del alma y luego sintonizarme con la energía planetaria del Sol. Luego llamaría al espíritu de la menta diciendo:

> «Invoco el poder y el espíritu de la menta. *Mentha spicata*,
> ven y únete a mi trabajo y presta tu poder a este hechizo».

Mientras invocara el espíritu de la menta, involucraría a todas las claridades psíquicas que pudiera. Evocaría su sabor, su olor, su apariencia y la sensación entre mis dedos y me imaginaría echando el ingrediente en la fórmula. Puedes hacerlo con casi cualquier elemento, ya sea cristal, resina, piel de animal o lo que sea que se requiera y a lo que simplemente no tengas acceso.

# Ejercicio 90

❧

## Recarga de tus baterías mágicas y psíquicas

**Posesión del yo:** Alineación del alma.

**Poder planetario:** Luna. ☽

**Habilidad psíquica:** Claritangencia.

Todos tenemos momentos en los que nos sentimos completamente fuera de lugar y podemos sentirnos totalmente desconectados de nuestras habilidades y sentir que nada nos funciona. Es normal y no hay nada de qué preocuparse. Aquí está mi remedio. Para este ejercicio, necesitarás una masa de agua poco profunda, como la orilla de un lago, de un mar o de un arroyo. Realiza el ejercicio durante una noche cálida. También deberás saber en qué fase lunar naciste; un astrólogo profesional puede ayudarte a averiguarlo o puedes buscarlo *on-line* poniendo tu información de nacimiento en diferentes sitios web de astrología.

El agua es conductora de las energías mágicas y psíquicas y receptiva a ellas, y la Luna gobierna ambas. Mientras estás de pie en el agua poco profunda durante esa fase lunar, realiza la alineación del alma y sintonízate con la energía planetaria de la Luna. Visualiza la luz de la luna cayendo a tu alrededor y bendiciéndote. No te preocupes si no puedes ver la luna o si lo estás haciendo durante una luna nueva. Sólo visualiza la luna enviándote su energía. Observa la energía blanca con destellos plateados. Proclama:

«Me alineo con la Luna en esta noche para recargar
mi magia por derecho de nacimiento.
Me alineo con la Luna en esta noche, para recargar
mi Visión de Bruja.
Uno y el mismo, yo y la Luna. Estoy completamente
colmado de bendición lunar».

## Eliminar una maldición sobre un objeto

**Posesión del yo:** Alineación del alma.

**Poder planetario:** Saturno. ♄

**Habilidad psíquica:** Clarividencia y claritangencia.

Eliminar una maldición o energía realmente negativa de un objeto suele ser menos difícil de lo que parece, a menos que la persona que maldijo el objeto fuera una bruja o brujo extremadamente hábil. Simplemente realiza una alineación del alma y conjura tu Fuego de Bruja. Sintonízate con Saturno y sostén el objeto en tu mano imaginando que está envuelto en tu Fuego de Bruja. Ahora, en tu Ojo de Bruja, cambia el fuego de su color azul eléctrico a un violeta vibrante. El Fuego de Bruja violeta quemará todas las maldiciones, impurezas y energías negativas adheridas al objeto. En tu Ojo de Bruja, observa la llama que quema la maldición alrededor del objeto hasta convertirla en cenizas. Observa la ceniza que se quema hasta la nada. Mientras realizas esto, repite el canto:

«La maldición se ha eliminado, la energía ha cambiado».

Si sientes que eres tú mismo u otro el que sufre la maldición, puedes realizar esto en ti mismo o en otro, en lugar de en un objeto.

Ejercicio 92

## Para quedarte solo

**Posesión del yo:** Yo Inferior.

**Poder planetario:** Saturno. ♄

**Habilidad psíquica:** Clariaudiencia.

A veces sólo quieres que te dejen solo y te muestras amenazante. Esto se lo enseño a utilizar a las personas cuando atraviesan vecindarios peligrosos o sospechosos o cuando caminan solos hacia su automóvil por la noche. En muchos sentidos, ésta es la versión inversa de «Atraer a los demás». Después de sintonizarte con tu Yo Inferior y sintonizarte con Saturno, simplemente evoca el sonido del perro más feroz, que gruñe y ladra extremadamente fuerte. Escucha esos ladridos que rodean y envuelven toda tu aura y sintonízate con la sensación de que los demás no deberían meterse contigo.

## Ejercicio 93

❧

## Proteger un objeto

**Posesión del yo:** Yo Medio.

**Poder planetario:** Saturno. ♄

**Habilidad psíquica:** Clarividencia y claritangencia.

¿No quieres que alguien toque un objeto específico tuyo? Quizá sea tu diario o tu *Book of Shadows*. A veces, proteger un objeto no es suficiente. En ocasiones, deseas que el objeto parezca realmente desagradable para quien lo toque. Para eso, debes combinarlo con la «Contraseña psíquica» (Ejercicio 47). El truco que utilizo para hacer que las cosas que son importantes para mí parezcan poco atractivas es sintonizarme con Saturno y luego sostener el objeto y evocar la imagen de él mientras le crecen espinas a su alrededor, junto con la sensación de ser pinchado por las espinas. Realmente se trata de evocar la sensación de lo mucho que duele tocar el objeto. Bloquea este sentimiento e imágenes con tu contraseña psíquica y utilízala de nuevo cuando quieras desbloquear el hechizo.

# CONCLUSIÓN

**E**spero sinceramente que este libro te haya proporcionado el conocimiento y la experiencia para aprovechar tu capacidad psíquica y tu poder mágico, y para utilizar ambos en tu beneficio. A menudo se genera un debate sobre la autenticidad cuando se trata de brujería y habilidad psíquica. A veces, los brujos cínicos se burlarán de los demás por «interpretar el rol» de brujos o dirán que están perdidos en su imaginación. No les hagas caso. Por eso el primer ejercicio del libro incluye la interpretación de roles y hace hincapié en la necesidad de sumergirse en la propia imaginación, para mostrar cuán poderosa es la imaginación animada por la fuerza de voluntad.

La importancia de la imaginación ha sido destacada por brujas, ocultistas, psíquicos y místicos a lo largo de todas las épocas. Sin embargo, en nuestra era moderna, en la que la imaginación está mal vista, el énfasis en implicar a la imaginación y experimentar con la magia se está dejando de lado casualmente en favor del ateísmo secular, e incluso de la brujería, por prácticas dogmáticas. El autor y Magister del Cultus Sabbati escribe maravillosamente que «la Naturaleza Interna del Culto a las Brujas es tal que durante mucho tiempo ha reconocido a la imaginación como uno de los mayores poderes encarnantes del hombre. Esta facultad, especialmente en los últimos cuatro siglos, ha sido reprimida, aprisionada, silenciada y agredida en el orden profano; contento de atrofiarse en la Estación del Mono, se convierte así, en nuestra era actual, en un arte prohibido».[1]

---

1. Schulke, Daniel y Haeresis, Lux: *The Light Heretical*, Xoanan, Hercules, CA, 2011, 72.

La magia se define a menudo como una ciencia y un arte. El aspecto científico refleja los fundamentos mágicos y la mecánica que crean un cambio exitoso.

El aspecto artístico es la interpretación y aplicación personal de esa ciencia. La brujería nunca es sencilla. Al igual que las recetas de un libro, las de la brujería a menudo se adaptan a los gustos individuales siempre que se comprendan la fórmula general y los pasos. Te animo a experimentar con el material de este libro y hacerlo tuyo. Haz que refleje tus propias creencias e ideales. Modifícalo en función de nuevas experiencias y experimentos. Crea nuevas técnicas basadas en los elementos proporcionados. Tu imaginación es el límite y lo que mantendrá la brujería en constante evolución a medida que avances hacia el futuro. Tu magia debe ser tan exclusivamente personal como tú como persona.

Espero que hayas obtenido una nueva perspectiva a través de la cual ver y experimentar el mundo que te rodea. No te preocupes si al principio no tienes las soluciones interiores o las herramientas. El poder está dentro de ti y sólo se hará más fuerte cuanto más lo uses. Al ser consciente de lo que hay dentro de ti, puedes comenzar a alterar tu vida y tu entorno para estar más alineado con la obra maestra que estás creando. Tu vida es tu propia obra maestra en elaboración. No se perfeccionará de la noche a la mañana. Practicamos la magia y la brujería porque las estamos perfeccionando, como cualquier talento. Las únicas limitaciones que tienes son las que permites que se te impongan.

# BIBLIOGRAFÍA

Anónimo: *The Kybalion: Hermetic Philosophy by Three Initiates*. The Yogi Publication Society, Chicago, IL, 1912.

Belanger, Michelle: *The Psychic Energy Codex: A Manual for Developing Your Subtle Senses*, Weiser, San Francisco, CA, 2007.

Brennan, Barbara: *Light Emerging: The Journey of Personal Healing*, Bantam, Broadway, NY, 1993.

Bruce, Robert: *Astral Dynamics: A New Approach to Out-of-Body Experiences*, Hampton Roads Publishing, Charlottesville, VA, 1999.

Cabot, Laurie, con Cabot, Penny y Penczak, Christopher: *Laurie Cabot's Book of Shadows*, Copper Cauldron, Salem, NH, 2015.

—: *Laurie Cabot's Book of Spells & Enchantments*, Copper Cauldron, Salem, NH, 2014.

Cabot, Laurie, y Cowan, Tom: *Power of the Witch: The Earth, the Moon, and the Magical Path to Enlightenment*, Delta, New York, NY, 1989.

Coyle, T. Thorn: *Evolutionary Witchcraft*, Tarcher/Penguin, Nueva York, NY, 2004.

Crowley, Aleister: *The Book of the Law*, Weiser, San Francisco, CA, 1976.

—: *The Book of Thoth*, Weiser Books, York Beach, ME, 2004.

Dominguez, Ivo, Jr.: *Practical Astrology for Witches and Pagans: Using the Planets and the Stars for Effective Spellwork, Rituals, and Magical Work*, Weiser, San Francisco, CA, 2016.

—: *The Keys to Perception: A Practical Guide to Psychic Development*, Weiser Books, Newburyport, MA, 2017.

DuQuette, Lon Milo: *The Magic of Aleister Crowley: A Handbook of the Rituals of Thelema*, Weiser Books, York Beach, ME, 2003.

Faerywolf, Storm: *Betwixt and Between: Exploring the Faery Tradition of Witchcraft*, Llewellyn Publications, Woodbury, MN, 2017.

—: *Forbidden Mysteries of Faery Witchcraft*, Llewellyn Publications, Woodbury, MN, 2018.

Foxwood, Orion: *The Candle and the Crossroads: A Book of Appalachian Conjure and Southern Root-Work*, Weiser Books, San Francisco, CA, 2015.

—: *The Flame in the Cauldron: A Book of Old-Style Witchery*, Weiser Books, San Francisco, CA, 2015.

—: *Tree of Enchantment: Ancient Wisdom and Magic Practices of the Faery Tradition*, Weiser Books, San Francisco, CA, 2008.

Fries, Jan: *Visual Magic: A Manual of Freestyle Shamanism*, Mandrake, Oxford, GB, 1992.

Gardner, Gerald: *The Meaning of Witchcraft*, Weiser Books, York Beach, ME, 2004.

Gass, George H. y Harold M. Kaplan, eds.: *Handbook of Endocrinology*, segunda edición, volumen 1, CRC Press, Boca Ratón, NY, 1996.

Grimassi, Raven: *Communing with the Ancestors: Your Spirit Guides, Bloodline Allies, and the Cycle of Reincarnation*, Weiser Books, Newburyport, MA, 2016.

—: *Encyclopedia of Wicca & Witchcraft*, Llewellyn Publications, St. Paul, MN, 2003.

—: *Grimoire of the Thorn-Blooded Witch: Mastering the Five Arts of Old World Witchery*, Weiser Books, San Francisco, CA, 2014.

—: *Old World Witchcraft: Ancient Ways for Modern Days*, Weiser, San Francisco, CA, 2011

Hauck, Dennis William: *The Complete Idiot's Guide to Alchemy*, Alpha Books, New York, NY, 2008.

Hunter, Devin: *The Witch's Book of Mysteries*, Llewellyn Publications, Woodbury, MN, 2019.

—: *The Witch's Book of Power*, Llewellyn Publications, Woodbury, MN, 2016.

—: *The Witch's Book of Spirits*, Llewellyn Publications, Woodbury, MN, 2017.

Jung, Carl Gustav: *The Collected Works of C.G. Jung: Volume 9, Part II, AION: Researches into the Phenomenology of the Self*, Princeton University Press, Princeton, NJ, 1959.

—: *The Collected Works of C.G. Jung: Volume 13: Alchemical Studies*, Princeton University Press, Princeton, NJ, 1983.

Kaye Sawyer, Irma: *The Brightstar Empowerments: Compilation Edition*, Self-published, 2016.

Lévi, Éliphas: *Transcendental Magic*, Weiser Books, York Beach, ME, 2001.

Locklove, James: *Gaia, a New Look at Life on Earth*, Oxford University Press, Oxford, NY, 1995.

Miller, Jason: *The Elements of Spellcrafting: 21 Keys to Successful Sorcery*, Weiser, Newburyport, MA, 2017.

—: *Protection and Reversal Magic: A Witch's Defense Manual*, New Page, Franklin Lakes, NJ, 2006.

—: *The Sorcerer's Secrets: Strategies in Practical Magic*, New Page, Franklin Lakes, NJ, 2009.

Nema: *The Priesthood: Parameters and Responsibilities*, Back Moon Publishing, Cincinnati, OH, 2008.

Niedermeyer, Ernst, y Lopes Da Silva, Fernando: *Electroencephalography: Basic Principles, Clinical Applications, and Related Fields*, quinta edición, Lippincott Williams & Wilkins, Philadelphia, PA, 1996.

Orapello, Christopher, y Love Maguire, Tara: *Besom, Stang & Sword: A Guide to Traditional Witchcraft, the Six-Fold Path & the Hidden Landscape*, Weiser Books, Newburyport, MA, 2018.

Oschman, James L.: *Energy Medicine: The Scientific Basis*, Elsevier, Dover, NH, 2016.

Pascal, Eugene: *Jung to Live By: A Guide to the Practical Application of Jungian Principles for Everyday Life*, Warner Books, New York, NY, 1992.

Penczak, Christopher: *The Inner Temple of Witchcraft: Magic, Meditation and Psychic Development*, Llewellyn Publications, Woodbury, MN, 2002

—: *Instant Magic: Ancient Wisdom, Modern Spellcraft*, Llewellyn Publications, Woodbury, MN, 2006.

—: *The Outer Temple of Witchcraft: Circles, Spells and Rituals*, Llewellyn Publications, Woodbury, MN, 2004.

—: *The Plant Spirit Familiar: Green Totems, Teachers & Healers on the Path of the Witch*, Copper Cauldron, Salem, NH, 2011.

—: *The Shamanic Temple of Witchcraft: Shadows, Spirits, and the Healing Journey*, Llewellyn Publications, Woodbury, MN, 2005.

—: *The Temple of High Witchcraft: Ceremonies, Spheres and The Witches' Qabalah.* Llewellyn Publications, Woodbury, MN, 2014.

—: *The Three Rays: Power, Love and Wisdom in the Garden of the Gods*, Copper Cauldron Publishing, Salem, NH, 2010.

Platón: *Phaedrus*, Edited by R. Hackforth, Cambridge University Press, Cambridge, 1972.

Rankine, David, y d'Este, Sorita: *Practical Planetary Magic: Working the Magic of the Classical Planets in the Western Mystery Tradition*, Avalonia, Londres, GB, 2007.

RavenWolf, Silver: *MindLight: Secrets of Energy, Magic & Manifestation*, Llewellyn Publications, Woodbury, MN, 2006.

—: *The Witching Hour: Spells, Powders, Formulas, and Witchy Techniques that Work*, Llewellyn Publications, Woodbury, MN, 2017.

Regardie, Israel: *The Golden Dawn: A Complete Course in Practical Ceremonial Magic*, Llewellyn, St. Paul, MN, 2003.

Salisbury, David: *A Mystic Guide to Cleansing & Clearing*, Moon Books, Winchester, GB, 2016.

Schulke, Daniel: *Lux Haeresis: The Light Heretical*. Xoanan, Hercules, CA, 2011.

Starhawk: *The Spiral Dance: A Rebirth of the Ancient Religion of the Goddess: 20th Anniversary Edition*, HarperCollins, Nueva York, NY, 1999.

Wachter, Aidan: *Six Ways: Approaches & Entries for Practical Magic*, Red Temple Press, Albuquerque, NM, 2018.

Zakroff, Laura Tempest: *Weave the Liminal: Living Modern Traditional Witchcraft*, Llewellyn Publications, Woodbury, MN, 2019.

# ÍNDICE ANALÍTICO

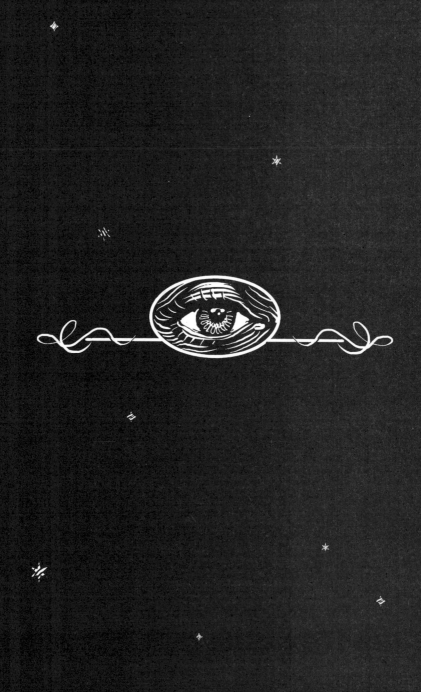

© Shane Ernest, Rare Photography

## Acerca del autor

Mat Auryn es un brujo, psíquico profesional y profesor de ocultismo que vive en Nueva Inglaterra. Se ha sentido atraído por lo oculto y lo metafísico desde una edad muy temprana, y ya leía libros sobre brujería con tan sólo ocho años. Es un iniciado en la Brujería de la Rosa Negra, en la Tradición de la Brujería Cabot y en la Tradición de la Brujería del Templo. Actualmente es sumo sacerdote en la Tradición de la Brujería de los Fuegos Sagrados. Mat ha tenido el honor y el privilegio de estudiar con Christopher Penczak, Laurie Cabot, Devin Hunter, Storm Faerywolf, Chas Bogan, Jason Miller y otros destacados maestros y decanos de la brujería.

Dirige el blog *For Puck's Sake* en *Patheos Pagan*, es creador de contenidos para *Modern Witch*, escribe una columna en la revista *Witches & Pagans* titulada «Extrasensory Witchcraft» y otra en la revista *Horns*. Ha aparecido en varias revistas, programas de radio, *podcasts*, libros, antologías y otras publicaciones periódicas. Mat fue el primer destinatario del premio Most Supportive Witch Award presentado por la revista *Witch Way* por ayudar a otros en la comunidad de la brujería y hacer todo lo posible para que otros practicantes de la brujería se sientan acompañados.

Mat ha tenido el honor de ayudar a miles de personas en todo el mundo a ganar claridad a través de sus habilidades psíquicas y de lectura de tarot durante la última década. Enseña varios temas metafísicos y ocultos como desarrollo psíquico, empoderamiento mágico, trabajo con espíritus, adivinación, sanación energética, sueños lúcidos, adivinación y proyección astral.

Para obtener más información sobre él y su trabajo, visita la página www.MatAuryn.com

# ÍNDICE DE EJERCICIOS

## Capítulo 5

## Capítulo 6

## Capítulo 7

## Capítulo 8

# ÍNDICE DE ILUSTRACIONES

# ÍNDICE